한일역사의 쟁점 2010
― 하나의 역사 두가지 생각

①

景仁文化社

한일역사의 쟁점 2010
―하나의 역사 두가지 생각

발 간 사

한국과 일본은 상호 인접한 국가로서 서로의 역사에서 많은 부분이 중첩되어 있다. 서로의 역사에서 공유하거나 중첩된 부분이 많다는 사실은 상호간의 관계가 그만큼 깊었음을 의미한다. 그러나 한일 양국은 지나온 역사과정에서 선린우호의 관계를 유지했던 경우도 있었지만, 동시에 상호투쟁하거나 지배와 예속의 관계에 놓여 있었던 때도 있었다. 여기에서 상호 중첩된 역사사실에 대한 이견이 발생하게 되었다.

역사적 사실은 객관적 존재이다. 객관적 존재인 역사적 사실 자체를 인정하는 데에는 의견을 달리하기가 어렵다. 반면에 역사는 객관적 사실에 대해서는 다양한 해석을 용인하고 있다. 우리는 그 다양한 해석을 통해서 역사의 진실에 한걸음 더 다가설 수 있기 때문이다. 그러나 역사의 해석에는 건강한 역사관이 전제되어야 한다. 그렇기 때문에 군국주의적 역사관에 입각하여 사실을 해석하거나, 제국주의의 침략을 정당화하려는 입장에서의 해석은 용납될 수 없다.

그런데 한일 간에는 역사적 사실의 존재 자체를 인정하는 문제에 대해서까지도 의견을 달리하는 부분이 있다. 이 경우는 의견을 달리하는 두 집단 가운데 하나는 사실 인식의 오류를 범하고 있는 것이다. 또한 함께 인정하고 있는 역사적 사실에 대한 해석도 현격한 차이를 드러내기도 한다. 역사적 사실에 대한 인식의 차이 및 사실 해석에 대한 이견으로 인해 한일 양국 사이에는 역사분쟁이 발생하고 있다.

한일 간의 역사 이해에서 드러나는 이러한 차이점은 기본적으로 과거 일본제국주의 학자들이 한국사에 대해 가지고 있던 식민사관 내지 황국사관皇國史觀 때문에 발생하였다. 그리고 20세기 후반기에 이르러서도 한국사의 해석에 제국일본帝國日本이 가지고 있었던 쇼비니즘적·군국주의적·극우적 역사관을 적용하고 있다는 '사실' 때문에 역사분쟁은 가열되었다.

오늘날 한일 간의 역사분쟁의 현장은 일본 중등학교 역사교육 부문이었다. 여기에서 역사교과서는 분쟁의 가연제可燃材가 되고 있다. 그 분쟁이 재연再燃되는 시기는 역사교과서에 대한 검정작업을 전후한 때였다. 따라서 역사분쟁의 실체는 일본 중등학교 역사교과서 검정에 대한 문제로 나타났다.

오늘날 한국과 일본은 모두 중등학교 역사교과서에 대한 검정제도를 시행하고 있다. 역사교과서의 자유선택제가 아닌 검정제가 시행되는 한, 검정된 교과서에 나타나는 오류의 일차적 책임은 교과서의 저자에게 있음은 분명하다. 그러나 그 최종 책임은 검정의 기준을 마련하고 검정작업을 수행한 정부당국이 짊어져야 하였다. 이와 같은 논리에서 일본 정부는 중등학교 역사교과서의 '오류'에 대한 최종 책임을 짊어지는 것으로 판단되었다.

이 때문에 역사분쟁은 양국 학자간의 학문적 문제에 그치지 않고 양국 정부 간의 외교문제로 비화되기도 하였다. 이 역사분쟁은 한일 양국의 상호이해에 손상을 주고, 국제평화와 이 지역의 공동번영에도 저해되는 일이 되었다. 물론 한일 양국 간에 역사분쟁이 발생할 경우, 적지 않은 역사연구자들이나 교육자들은 자신의 양심에 따라 이를 바로잡고자 노력하기도 하였다. 또한 양국의 민간단체들도 분쟁의 해소를 위해 일정한 노력을 기울였다.

그러나 역사분쟁의 최종 책임이 정부에 있는 이상, 정부 당국도 이 분쟁의 해결을 위한 노력을 기울여야 하였다. 이 때문에 2002년 이후 한국과 일본 양국의 정상들은 역사분쟁의 해결을 위해 민관民官 합동기구인 '한일역사공동연구위원회'를 발족시키는 데에 합의하였다. 한일역사공동연구위원회는 공동의 역사인식에 이르는 첫 단계로 상호간의 역사인식에서 차이점과 공통점을 분명히 하는 작업을 먼저 수행하였다.

한일 양국의 연구위원들은 역사적 사실에 대한 해석상의 다양성을 인정하면서도, 그 해석상 이견의 폭을 좁히고자 하였다. 그리하여 한일 양국의 연구위원들은 역사분쟁의 소재가 되고 있는 여러 문제 가운데 일부만을 공동연구 주제로 선정하였다. 그 연구 결과로 공동연구주제에 대해서는 양측의 입장을 보다 선명히 인식할 수 있었다. 그리고 그동안 이견이 있었던 일부 문제에 대해서 상호간의 공동인식을 확보하기도 하였다.

그러나 한일역사공동연구위원회의 위원들은 한일 간에 제기되고 있는 역사분쟁에 관한 모든 문제를 다룰 시간적 여유를 가지지 못하였다. 반면에 한국 사회에서는 한일 간의 역사분쟁에 관한 정확한 해답을 요구하고 있다. 이에 제2기 한일역사공동연구위원회의 위원으로 일본과의 역사대화에 참여한 적이 있었던 우리들은 이러한 한국 사회의 요구에 대답해야 할 책임이 있음을 공감하였다.

지난날 위원회에 참여했던 모든 분들은 역사분쟁과 관련된 주제에 관해서는 가장 정통한 전문가들이었다. 이 전문가들이 현행 역사분쟁과 관련된 여러 주제 가운데 비교적 중요하다고 생각되는 18개의 주제를 선정하여 각자가 원고를 작성하였다. 물론 이 글들이 역사분쟁을 완전히 해소시키는 데에 결정적 역할을 할 수 있는 것은 아니다.

한일 간의 역사분쟁을 다룬 저서들이 간혹 있었다. 그러나 이 책과 같이 각 주제별로 해당 분야의 전문가들이 직접 집필한 책자는 아직 없는 듯하다. 그러므로 이 책은 우선 역사교육의 현장에서 유용하게 사용될 수 있을 것이다. 또한 한일 간의 역사분쟁에 대해 관심을 가지고 있는 모든 분들에게도 한일 간의 역사분쟁에 대한 구체적 내용과 이에 대한 한국학계의 입장을 이해하는 데에 도움이 되기를 바란다.

역사적 사건에 대한 정확한 이해는 역사분쟁을 해소하는 데에 지름길이 된다. 그러므로 필자들은 무엇보다도 이 책의 간행이 한일 간에 가로놓여 있는 해묵은 역사분쟁을 해소하고 미래를 향한 문을 여는 데에 기여할 수 있기를 바라 마지않는다. 그리하여 이 책이 한일 간의 우호와 친선을 다지는 데에 하나의 밑돌이 되기를 기원한다.

2010. 3.
필자들을 대신하여
조 광 · 손승철

목 차

발간사 ● 5

한일간 역사분쟁의 발생과 한국의 대응 ● 11
| 조 광 |

총론1 − 한일간 역사교과서 문제의 배경과 과제 ● 35
| 이찬희 |

총론2 − 한일간 역사문제의 경과와 전망 ● 64
| 신주백 |

야요이 문화의 기원과 한반도 농경·금속문화 ● 94
| 조법종 |

임나일본부설의 흐름과 쟁점 ● 119
| 김태식 |

백제 부흥 운동 백강구 전투 ● 151
| 노태돈 |

왜구와 조일통교 ● 178
| 손승철 |

임진왜란과 동아시아—국교 재개 교섭기를 중심으로 ● 207
| 이계황 |

조선후기 왜관의 역사적 의미 ● 233
| 한명기 |

2

발간사 ● 5

'정한론'과 '강화도사건' ● 11
| 현명철 |

청일전쟁의 '조선독립론' 비판 ● 36
| 주진오 |

일본의 한국침략과 조약 체결 ● 59
| 김도형 |

식민지공업화론—일제하의 공업발흥과 사회변화를 어떻게 볼 것인가 ● 86
| 정재정 |

군 '위안부' ● 113
| 정진성 |

일제의 침략전쟁과 강제동원—노동력동원을 중심으로 ● 147
| 하종문 |

황민화정책 ● 178
| 류승렬 |

샌프란시스코 강화조약과 전후 동북아국제질서의 재편 ● 213
 —독도 영유권 문제를 중심으로
| 이석우 |

현대사 인식을 통해 본 상호인식 ● 238
| 신주백 |

한일간 역사분쟁의 발생과 한국의 대응

조 광[*]

목 차

들어가는 말
1. 역사왜곡의 발단
2. 역사분쟁의 진행
3. 역사분쟁의 해소를 위한 노력
맺음말

들어가는 말

역사교육은 과거의 역사적 사실에 대한 객관적 인정과 그 사실에 대한 올바른 해석을 통해 현재와 미래의 삶에 영향을 주고자 한다. 또한 역사교육의 목적 가운데 일부로는 인접국 상호간의 이해증진과 평화공존 및 공동발전에 이바지해야 한다는 점이 강조되고 있다. 역사교과서가 가지고 있는 이러한 목적을 성취하기 위한 노력이 세계 도처에서 진행되고 있다. 특히 1940년대 후반기 이후 유네스코에서는 역사교육은 이 목적을 달성하기 위해 특별히 노력해야 한다고 권장해 왔다.

---

[*] 고려대학교 한국사학과 교수

그러나 일부 교과서들은 쇼비니즘적·군국주의적 역사이해를 통해서 주변국에 대한 편견을 조장하고, 인접국 간의 갈등이 심화되는 원인을 제공하기도 하였다. 이 때문에 역사교육계에서는 역사교육의 주요 도구가 되는 역사교과서의 편찬에 특별한 주의를 기울이기 마련이었다. 이와 같은 행동은 역사교과서가 국제분쟁의 원인으로 작용해서는 안 된다는 반성에서 나왔다.

한편, 한국과 일본은 상호 인접한 국가로서 서로의 역사에서 많은 부분을 공유하고 있다. 서로의 역사에서 공유하고 있는 부분이 많다는 사실은 그 상호간의 관계가 그만큼 깊었음을 의미한다. 여기에서 한일 양국은 공유하는 역사적 사실에 대한 공통된 이해를 추구해야 하는 책임을 가지고 있다고 하겠다. 물론 한일 양국은 역사교육 일반에서 논의하는 바와 같이 역사적 사실에 대한 인정을 공유해야 함을 말하되, 그 해석상의 다양성을 인정해야 할 것이다.

그러나 한일 양국은 상호 공유하고 있는 역사적 사실에 대한 객관적 인식이나, 그 역사 사실에 대한 해석에 있어서 현격한 차이를 드러내고 있는 부분이 적지 않다. 한일 간의 역사분쟁은 기본적으로 일본제국주의 학자들이 한국사에 대해 가지고 있던 식민사학 때문에 발생하였다[1]. 20세기 후반기에 이르러서도 일부 문제되는 일본 중등학교 역사교과서들은 과거 제국일본帝國日本이 가지고 있었던 쇼비니즘적·군국주의적, 극우적 역사이해를 반영함으로써 인접국에 대한 편견을 조장하고 있었다. 이로 인해 오늘날에 이르기까지 양국 간에는 역사분쟁이 지속되고 있다.

제2차 세계대전 이후 일본의 역사교육계는 황국사관과 군국주의적 침략성을 찬양하던 역사교육의 전통으로부터 벗어나야 하였다. 그 당연한 결과로 패전 직후 일본학계 일각에서는 제국주의적 역사인식을 바로잡고자

---

[1] 趙東杰, 2004,「한·일간의 역사분쟁과 전망」『역사교육논집』32, 역사교육학회, 1쪽.

하는 노력이 전개되기도 하였다. 그러나 1949년 중화인민공화국의 성립과 1950년 한국전쟁을 계기로 하여 일본 사회의 우경화 경향이 강화되었다. 그리하여 일단의 극우세력들은 일본의 제국주의적 침략을 정당화고, 국수주의적 역사인식을 강조하려는 의도 아래 일본 중등학교 검정 역사교과서의 서술 내용에 문제를 제기하였다.

이 과정에서 일본에서는 1955년, 1982년, 2001년도에 세 차례에 걸쳐 이른바 '교과서 공격'이 일어나게 되었다. 일본에서의 '교과서 공격'은 검정 역사교과서에 국수주의적 이념이나 주장을 포함시키려던 시도 때문에 발생하였다. 그러므로 일본의 정상적 교과서 집필자들은 이를 '교과서 공격' 즉, 자신들이 집필한 교과서를 공격하는 행위로 인식할 수 있었다. 그렇지만 한국학계의 입장에서 볼 때 그러한 주장은 '교과서 공격'이라는 차원을 넘어 역사적 사실에 대한 은폐와 왜곡으로 판단되었다.

또한 일본 중등학교 역사교과서 왜곡의 시도는 '교과서 공격' 시에만 드러나지 않고, 일본 문부성의 교과서 검정과정에서 지속적으로 나타나고 있었다. 그래서 한국학계는 일본에서 '교과서 공격' 사건이 일어나거나, 역사교과서의 검정과정에서 극우적 주장의 내용들이 용납될 때, 이를 '역사왜곡' 또는 '역사도발'로 규정하였다. 이로 인해 한일 양국사이에는 역사분쟁이 일어났고, 이 역사분쟁은 교과서 검정 시기와 맞물리며 거의 주기적으로 반복되고 있다.

한일 양국의 역사분쟁 과정에서 제기되는 문제는 고중세사와 근현대사에 걸쳐 광범하게 걸쳐 있다. 일본의 역사교과서들 가운데는 한국사의 자율적 발전을 부인하고 타율성을 강조하는 식민사관을 답습 반복하기도 하였다. 일본 고중세사의 왜곡 서술로 인한 역사분쟁은 일본 측이 과거 황국사관에 의해 왜곡되었던 역사인식을 답습하려는 문제와 관련되어 있다. 그리고 이러한 고중세사의 왜곡은 근현대사의 왜곡과 표리관계에 놓여있고, 근현대사 왜곡을 위한 전제 작업으로 인식되기도 하였다.

즉, 고대사의 서술에서는 한반도 남쪽이 일본의 식민지 지배를 받고 있었다는 임나일본부설, 삼한과 삼국이 일본에 조공했다는 삼한·삼국조공설 등이 있다. 또한 한국 측 연구자들은 일본 역사교과서에서는 일본 고대사회의 발전에 미친 한반도의 긍정적 역할을 인정하는 데에 인색하다는 점을 지적하였다. 그리고 중근세사 서술에서도 조선의 연해민이 '왜구'의 주요 구성원이었다는 주장, 임진왜란의 일본군 침략을 일본적 시각에서만 설명하려는 시도 등을 들 수 있다.

한편, 한국은 근대사회에 들어와서 35년간 일본의 식민지 지배를 경험하였다. 일본은 조선을 식민지화함으로써 동일문명권 내의 국가를 식민지로 전락시켰다. 이 점에서 서구 열강들이 제3세계 지역을 식민지화한 경우와는 분명한 차이가 드러나고 있다. 그리고 일본의 역사학계 일부에서는 그 제국주의적 침략과 식민지 지배의 정당성을 강변하기 위해 한국의 역사를 왜곡해 왔다. 이런 이유로 한일 양국의 역사분쟁은 특히 근현대사 분야에 집중되어 있다.

즉, 일본의 역사왜곡은 운요호雲揚號 사건과 조선 개항에서 일본의 침략적 의도가 없었고, 조선독립의 계기를 마련했다는 강변으로 나타났다. 또한 그들은 동학농민전쟁과 청일전쟁에 대한 올바른 설명을 거부하며, 이를 침략전쟁으로 규정하기보다는 조선의 독립을 위한 전쟁으로 미화하였다. 그리고 을미사변에 관한 내용을 약화 축소시켰으며, 러일전쟁이 가지고 있는 제국주의국가의 식민지 쟁탈 성격을 방위전쟁으로 호도하였다. 한일 강제병합의 합법성을 주장하기도 하였다. 이러한 왜곡작업은 한마디로 일본의 침략성을 부인하거나 약화시키려는 의도 아래 진행되었다.

또한 식민지시대의 서술에 있어서는 식민지 지배의 정당성과 식민지 지배 시혜론에 대한 주장, 독립운동에 대한 탄압, 관동대지진과 조선인학살, 종군위안부를 비롯한 강제동원에 관한 문제 등도 뜨거운 주제로 논의되고 있다. 현대사에 있어서도 동해 표기 문제, 독도 영유권 문제, 전후 배상 문제 등이 남아 있다. 이러한 문제들로 인한 역사분쟁은 장기간에 걸쳐 지속되어 왔다. 그리고 이 문제의 해결을 위한 노력들도 점차 구체적으로 드러나게 되었다.

1. 역사왜곡의 발단

한일 양국의 역사분쟁은 대체로 일본 측의 역사 교과서 서술에서 드러나는 문제점에 대한 한국 측의 문제제기라는 형식으로 전개되었다. 역사분쟁이 발생하게 되면 한국 측은 대체적으로 교육부를 중심으로 하여 역사학계 및 역사교육학계의 의견을 수렴해 왔다. 그리고 그 결과에 국민감정을 반영하여 외교부가 일본 정부기관인 외무성에 문제를 제기하는 형식을 취했다.

한편, 일본의 중등학교 역사교과서는 교과서 집필자의 서술내용에 대한 문부과학성의 검정을 통해서 간행되고 있다. 그러므로 역사교과서의 문제점에 대한 실질적인 책임은 교과서 검정의 최종 권한을 가지고 있는 일본 교육행정 당국 내지 일본 정부의 문제점이기도 하였다. 따라서 교과서 분쟁에 대한 일본 정부의 대응도 외무성이 문부성의 견해를 참작하여 이루어지고 있었다.

한일 양국 간에 역사분쟁이 일어나게 된 주요 원인은 일본의 교과서 검정제도에서 확인된다. 즉, 전후戰後 일본은 검정제도를 시행하여 1948년 이후부터 문부성 주관으로 교과서 검정기준을 정해서 제시했지만, 그 검정은 공선제 도도부현都道府縣의 지방자치단체 교육위원회에 부여하였다. 그러다가 1953년 이후부터 문부대신이 교과서의 검정권한까지 갖게 되었다.[2]

---
2) 조동걸, 2004, 위의 논문, 4-5쪽.

그러므로 일본의 역사교과서는 문부성이 제정한 검정기준에 따라 심사를 거친 검정제도에 따라 간행되고 있다.

검정을 거친 일본의 역사교과서에 왜곡된 내용이 있을 경우에 그 일차적 책임은 교과서 저자가 짊어져야 한다. 그렇다 하더라도 일본 문부성은 검정기준을 제시했고, 검정 업무를 주관한 당사자이므로, 교과서왜곡의 최종적 책임은 문부성 즉 일본 정부가 감당해야 했다. 이러한 논리에서 역사분쟁이 일어날 경우 한국 정부가 제기하는 항의의 대상은 일본 정부기관인 외무성이 되어왔다.

이처럼 역사분쟁은 외교문제임과 동시에 학술적, 교육적 문제이기도 하였다. 물론 한국 측은 교과서 분쟁을 한일 양국 간의 외교문제로 이해하고자 하였다. 그러나 일본의 경우에는 상당기간 동안 교과서 공격이나 역사교과서의 검정에 관한 일은 일본 국내의 문제로 외교적 분쟁의 대상이 아니라는 주장을 견지해 왔다. 그러나 현재에 이르러 중등학교 역사교과서 검정문제와 관련된 역사분쟁은 한일 양국 간의 주요 외교현안 가운데 하나로 자리 잡게 되었다.

일본의 역사교과서에 대한 왜곡시도는 제2차 세계대전 이후에도 계속되었다. 특히 1955년 이후 일본의 극우세력들은 역사교과서에 대한 본격적 통제를 기도하며 군국주의를 찬양하는 등 황국사관의 부활을 기도하였고, 그들의 입장이 교과서 검정에 반영되기에 이르렀다. 이와 같은 극우세력들의 교과서 비판을 '제1차 교과서 공격'이라 부르고 있다.

그러나 일본 중등학교 역사교과서가 한국사와 관련된 내용을 서술하면서 이를 왜곡하고 있던 상황에 대해서 한국학계는 해방공간의 혼란과 한국전쟁의 참화에서 벗어나지 못한 조건에서 이에 항의할 여력을 갖추지 못하였다. 또한 한국 근현대사에 대한 연구가 1950년대 전 기간을 통해서 정체되어 있었다. 이러한 당시 학계의 상황에서 근현대사 문제를 중심으로 한 일본교과서 왜곡에 대한 항의의 제기는 거의 불가능한 일이었다.

이때 일본에서는 제1차 교과서 공격이 일어났다. 이 교과서 공격은 주로 부적절한 역사관 내지 역사해석에 근거하여 역사적 사실을 왜곡시켜, 자신들의 침략성을 부인하는 형식이었다. 이와 같은 내용은 학생들의 역사관을 심각하게 오도할 우려가 있는 것들이었다. 그리고 교과서 공격의 여파로 1963년에 《신일본사》新日本史가 교과서 검정에서 탈락하자 저자인 이에나가 사부로(家永三郞) 교수는 1965년 제1차 교과서소송을 제기하였다.[3]

일본역사교과서에 나타난 한국사 관계 내용에 대한 문제 제기는 1965년 한일국교 정상화 직후부터 시작되었다. 그러나 이미 한일회담이 진행되던 과정에서 식민지시대에 대한 역사적 연구의 필요성이 제기되었다. 그리고 독립운동에 대한 연구의 필요성이 제기됨에 따라 청구권자금의 일부로 1969년에는 독립운동사편찬위원회가 발족되었다. 이 위원회는 한일기본조약의 취약성을 호도하기 위한 방안 가운데 하나로 구성된 측면이 있었다. 그러나 이 위원회의 출범은 한국현대사의 일부 자료가 정리되고 근현대사에 관한 연구가 진행될 수 있는 새로운 전환점이 되었다.

이처럼 한국 내에서는 근현대사를 중심으로 한 역사대화를 위한 준비가 점차 갖추어져갔다. 이때 유네스코는 국제이해의 수단으로 역사교육을 중시했고 국가 간의 학술교류를 계속하여 장려하였다. 이에 따라 유네스코 한국위원회와 유네스코 일본위원회는 역사교육관계 세미나의 개최를 처음으로 시도했다. 그러나 이 시도는 이에나가(家永三郞) 교과서 재판의 여파에 따른 일본 측 위원회의 자세 변화로 말미암아 무산되었다.[4]

---

3) 이에나가 교수의 교과서재판은 1967년에 제2차 소송이 있었고, 제3차 소송은 1984년부터 1997년까지 승소할 때까지 모두 13년간에 걸쳐 진행된 사건이었다. 또한 일본 보수 극우세력들에 의한 '제2차 교과서 공격'은 1982년부터 1983년까지 전개되었다. 그리고 2001년 제3차 교과서 공격이 일어났다. 君島和彦, 1997,「歷史學は敎科書裁判から何を學んだか」『敎育』621號 ; 정재정, 1998,「이에나가 교과서 재판을 통해서 본 역사학과 역사교육」『일본의 논리; 전환기의 역사교육과 한국사인식』, 50-69쪽 참조.
4) 신주백, 2001,「일본의 역사왜곡에 대한 한국사회의 대응」『한국근현대사연구』17, 한국근현대사연구회, 2

한편, 이에나가 교수의 교과서 소송의 진행과정에서 일본의 역사교과서 문제를 한국학계도 점차 주목하게 되었다. 그리하여 1970년대 일부 한국측 연구자들은 일본 역사교과서에 실린 한국사 관계 내용 중 왜곡된 부분들에 관한 문제를 제기하기 시작하였다.[5] 그리고 1975년 이후 한국에서는 '한국관 시정사업'의 일환으로 문교부 편수국이 중심이 되어 일본 역사교과서의 문제점을 정리하려 시도하다가 2년 후에 이 작업이 중단된다.

특히 1976년 이후 국내외 연구단체에서는 일본교과서의 왜곡 시정을 위한 학술회의를 개최하기도 하였다. 예를 들면, 1976년 일본 조선사연구회는 이 문제에 관한 세미나를 개최한 바 있었다. 그리고 국내에서도 대한교련과 역사교육연구회 등에서 이 문제의 극복을 위한 협의회, 심포지엄 등이 개최되었다. 이와 같이 1970년대에 이르러 일본 역사교과서 문제가 좀 더 본격적으로 거론되기에 이르렀다.

이때 이원순은 「일본사 교육에서의 한국사의 제문제」를 발표하였다. 이 논문은 《한국학보》 제4집(1976.9.)에 게재되어 이 분야에 관한 학문적 연구의 단초를 제공하였다. 그리고 1976년말에 역사교육연구회에서 간행한 《역사교육》에서도 일본교과서 왜곡문제가 논문으로 발표되었다. 그리고 1979년에는 문교부 차관을 위원장으로 하는 한국관시정사업추진협의회韓國觀是正事業推進協議會가 정부차원에서 다시 결성되어 외국 교과서의 한국 관계 왜곡 서술 문제를 다루기도 하였다.[6]

이상의 사례들에서 볼 수 있는 바와 같이 1970년대까지만 하더라도 일본의 역사왜곡에 관한 문제는 전문적 연구자들 사이에서 진행되던 우려사

---

5) 咸星洸, 1970, 「中日兩國의 初·中·高校 歷史敎科書上의 韓國史에 관한 敍述問題硏究」, 고려대학교 교육대학원 교육학석사 학위논문.
6) 1979년 문교부 편수국에서는 일본 역사교과서 상에 왜곡된 내용을 분석하여 외무부를 통해서 일본 역사교과서 저자와 출판사 9개소에 제공했다. 그러나 3개 출판사에서 역사 용어 일부만을 바꾸는 등 그 성과는 미미했다. 韓國敎育開發院, 1982, 『韓日歷史敎科書 內容分析』, 69쪽 이하 참조 ; 신주백, 2001, 위의 논문, 221쪽.

항에 불과하였다. 특히 당시 일본에서 연구를 진행하던 재일한국인 학자들 사이에서는 이 문제가 좀 더 심각하게 인식되고 있었다. 그러나 일본 역사교과서 문제는 전 국민적 관심의 대상이 되지는 못하였다. 이에 대한 언론계의 반응도 미미했을 뿐이었다.

이러한 상황에서 1982년 일본에서는 '제2차 교과서 공격'이 발생하였다. 즉, 1980년 일본 자민당은 '교과서에 관한 소위원회'를 설치하고 '국책에 따른 교과서'의 제작을 주장하였고, 그 결과 검정제도가 더욱 강화되었다. 그리하여 1982년에는 삼일운동을 '폭동'으로 서술하는 등 개악된 교과서들이 검정에 통과되었다. 그리고 군국주의적 침략을 정당화하려는 시도가 부분적으로 일어나기도 하였다.

이로써 '제2차 교과서 공격'이 본격화되었다. 이때 한국의 언론에서는 일본 정부가 교과서 검정권한을 악용해서 일본 역사교과서의 왜곡작업을 수행하고 있다는 비난을 제기하였다. 그러나 일본 정부는 이와 같은 한국 언론의 주장을 부인하면서, 한국이 일본 역사교과서에 대한 문제제기를 일종의 내정간섭이라고 주장하기에 이르렀다.[7]

이 주장의 부당성은 일본 중등학교 역사교과서 왜곡문제를 종전과는 달리 한국 사회의 전체적 관심사로 부각시켜 주었다. 이로써 한일 간의 역사분쟁이 본격화되었고, 중국 정부도 자국과 관련된 역사문제에 관해 일본에 항의하였다. 이때를 계기로 하여 일본 역사교과서 문제는 더 이상 일본 국내의 문제에만 그치지 않고 본격적인 국제분쟁으로 전개되어 갔다. 그리하여 1982년 7월 말 이후 국내에서는 반일여론이 급등하였다.

그러나 한국 정부에서는 일본의 경제협력에 차질이 발생할 것을 우려하여 반일여론을 극일여론으로 희석하고자 하였다. 그리하여 '한국관 시정사업'의 강화책을 다시 제시하는 한편, 비등한 반일여론을 독립기념관 건립

---

[7] 『동아일보』 1982년 7월20일자, 7월28일자 참조 ; 신주백, 위의 논문, 227쪽.

운동으로 유도하였다. 1982년 8월에 독립기념관 건립 발기대회가 열렸고, 국민성금을 모금하여 세워진 독립기념관이 1987년에 개관하게 되었다. 그리고 그 부설기관으로 독립운동에 관한 관계 자료수집 및 보존을 위해 한국독립운동연구소가 세워져 자료의 정리와 연구를 표방하였다.

한편, 일본에서 전개된 제2차 교과서공격과 관련하여 1982년 국가기관인 국사편찬위원회는 일본 역사교과서의 한국사 왜곡 내용의 분석에 착수했다. 그 결과 한국정부는 근현대사 부분의 13개 항목을 포함하여 39개 항목이 왜곡되었음을 지적하여 일본 정부에 전달하면서 이에 대한 시정을 요구하였다. 당시의 항의내용은 국사편찬위원회가 1983년《일본역사교과서의 한국사 왜곡내용의 분석》(245쪽)이라는 제목의 책자를 통해서 확인할 수 있다.[8]

이에 대해 일본 정부에서는 역사교과서 왜곡 내용에 대한 시정을 약속하면서 1982년 9월 14일 문부대신 이름으로 '교과용 도서검정조사심의회 사회과부회'에 한국 정부의 항의 내용에 대한 자문을 요청하였다. 그 결과로 1982년 11월에는 "인근 아시아 제국과의 관계에 관한 근현대의 역사적 사실에는 국제이해와 국제협조의 견지에서 필요한 배려가 있어야 한다"는 '근린제국조항'이 새로운 검정 기준으로 설정되었다.[9]

그리하여 일본 정부는 이 새로운 검정기준에 의해서 1982년에 7개항, 1984년까지 8개항 합계 15개항이 수정되었다고 한국정부에 통보해 주었다. 일본 정부가 교과서의 시정을 약속한 것은 1955년도와 비교할 때 상당히 전진적인 것이었다. 그러나 그 시정은 부분적 시정에 불과하였고 성실하게 수행되지 않았다는 평가를 받기도 하였다.[10]

---

8) 국사편찬위원회, 1983, 『일본역사교과서의 한국사 왜곡내용의 분석』, 국사편찬위원회, 1-245쪽
9) 『아사히신문』1982년 11월24일자 ; 『동아일보』1982년 11월25일자.
10) 조동걸, 2004, 앞의 논문, 12쪽.

이러한 분위기에서 한국과 일본은 양국 간 문화교류의 촉진을 목적으로 각기 '한일문화교류기금'과 '일한문화교류기금'日韓文化交流基金을 발족시켰다. 일본 측에서 구성된 일한문화교류기금은 1983년에 일한의원연맹과 경제단체연합회가 주도한 재단법인체로 발족되었다. 그후 일한문화교류기금은 학술회의의 개최와 함께 청소년·교사·연구자의 교류 등 다방면에 걸쳐 상호 이해를 위한 사업을 진행하였다.

한편, 1983년《역사교육》에서는 일본의 역사교육을 특집으로 다루어 중등학교 역사교과서의 한국사 관계 왜곡 문제에 대한 본격적인 학술연구를 통한 대응 방안이 촉진되기 시작하였다. 이 특집에는 〈일본 역사교육의 변천〉(이원순), 〈일본의 역사교육과정과 교과서〉(윤세철), 〈일본역사교육의 한국관〉(최양호·정재정) 등의 논문이 수록되어 있다. 이 특집의 편집에 참여했던 연구자들 가운데 이원순, 정재정 등은 일본의 교과서 왜곡문제에 대해서 지속적이며 심층적인 연구를 수행하였다.

2. 역사분쟁의 진행

일본의 중등학교 역사교과서 왜곡은 1980년대 후반기에 이르러서도 한국사회에 지속적인 반발을 야기하였다. 특히 1986년 '일본을 지키는 국민회의'가 제출한《신편일본사》新編日本史가 일본의 '고교용 도서검정조사심의회'의 검정에 통과하였다.[11] 그 결과 또다시 한국 사회의 여론이 비등해 졌고, 역사분쟁이 재연되었다. 역사교과서 왜곡이 또다시 진행되던 1984년 이에나가 교수는 교과서 소송을 다시 제기하여 일본의 침략, 조선인의 저

---

11) 金渙, 1990, 『日本歷史敎科書의 韓國史敍述에 관한 硏究』, 국민대학교 박사학위논문, 142쪽.

항, 731부대의 만행, 남경대학살 등 검정에서 문제가 된 역사적 사실과 사상문제에 관한 10개 항에 대해 검정의 위헌성을 제기하였다.[12]

이때에 이르러 일본 측의 일한문화교류기금과 한국 측의 한일문화교류기금의 활동도 점차 강화되었다. 특히 한일문화교류기금은 학술회의 등을 주관하면서 한국학자들의 연구를 지원하는 사업 등을 전개하였다. 또한 그 지원사업의 일부로 한일 간의 역사분쟁과 관련된 주제에 대한 연구를 추진한 바 있다.[13] 특히 한일문화교류기금은 양국 간의 역사분쟁의 해소를 위한 노력을 직접 전개하여, 1989년 사업에 '역사교과서 서술의 제문제'에 관한 심포지엄을 개최하였다. 그리고 일본교과서의 고대 한국에 대한 기술, 조선시대 및 식민지 지배에 관한 서술상의 문제점 등을 밝히는 연구서를 간행하였다.[14]

한일문화교류기금은 그 후에도 일본 역사교과서 문제로 인한 갈등 극복을 위한 노력을 전개하였다. 즉, 역사분쟁의 궁극적 해결을 지향하면서 서독西獨과 폴란드 간에 진행되던 역사교과서 문제 협의과정을 주목하였고, 민족적 편견과 차별을 극복하기 위해서 역사교육이 중요함을 확인하였다. 또한 이 기금에서는 한일 역사교육이 가지고 있는 문제점을 본격적으로 거론하면서 역사교육에서 보편성과 개별성의 문제에 대한 논의를 전개하였다.[15]

---

12) 이 사건은 '제3차 교과서소송'으로 불리며, 이 소송은 1997년 大野判決을 통해서 그 검정내용의 문제점을 일부 인정했지만, 교과서 검정제도 자체를 옹호하는 판결이었다.

13) 李進熙, 1986, 『古代韓日關係史硏究上의 諸問題』, 한일역사교류기금 ; 高柄翊, 1989, 『群倭와 琪花瑤草;朝鮮通信使 本觀』 ; 한일역가교류기금 편, 1990, 『開港後 日本의 對韓利權侵奪에 나타난 諸特性 ; 특히 電線鑛山利權을 中心으로』, 한일문화교류기금 등.

14) 한일문화교류기금 편, 1989, 『일본고교 역사교과서의 고대 한국에 대한 기술의 문제점』 ; 1989, 『일본에 있어서의 교과서문제와 식민지 지배의 반성』 ; 1989, 『일본의 교과서에서 본 조선조 시대 ; 한일간의 신시대에 상응하는 서술을 바라며』, 한일문화교류기금 간행.

15) 崔槙鎬, 1987, 「日本의 教科書歪曲是非에 부치는 旁註:獨逸現代史에 관한 論議를 中心으로」, 한일문화교류기금 간 ; 한일문화교류기금 편, 1989, 『서독의 역사학과 역사

일본 외무성 산하의 재단법인인 일한문화교류기금도 그 사업을 더욱 발전시켜 1995년에는 일본정부로부터 양국 간의 평화우호사업을 수탁받았고, 1999년에는 한일 간의 학술 문화와 청소년 교류에 관한 사업을 수탁받았다. 이 과정에서 일한문화교류기금은 역사문제의 분쟁 해결을 위한 작업에 수행하기 시작하였고, 2002년 이후에는 한일역사공동연구위원회의 일본 측 사무국 기능을 담당하고 있다.

한일문화교류기금 내지 일한문화교류기금은 역사문제를 전담하는 기구로 설립된 기관은 아니었다. 그러나 이 기금의 설립으로 비록 부정기적이었다 하더라도 일본 중등학교 역사교과서가 가지고 있는 문제를 논의할 수 있는 창구가 한일 양국에 '민간차원'에서 마련될 수 있었다. 이후 한일 양국에서는 일본 중등학교 역사교과서와 관련되어 발생하는 역사분쟁의 해결을 위한 순수 민간차원의 노력이 좀 더 활발하게 진행될 수 있었다.

한편, 1990년대에도 역사분쟁은 그치지 않았다. 당시 교과서 분쟁 해소 노력과 관련된 한국의 움직임 가운데에는 민간연구기관인 국제교과서연구소의 활동이 주목된다. 이 연구소는 1995년 국제화시대의 역사교육과 역사교과서에 대한 연구를 주도하였다. 그리고 이듬해에는 역사학과 역사교과서 관계를 주목하였다. 물론 이 연구소는 일본교과서 왜곡문제만을 전문적으로 다루지는 않았다. 그렇다 하더라도 이 연구소의 주요 활동 가운데 일부로 일본 역사교과서 문제가 포함되어 있었다.[16]

그리고 1990년대 후반에 이르러 유네스코 한국위원회가 중심이 되어 교과서분쟁을 해결하여 국제이해를 심화시키고자 하는 노력이 전개되었다.

교육; 서독 폴란드 역사교과서협의를 중심으로』; 1989,『國家像과 民衆像; 민족적 편견과 차별의 근원을 밝히는 장으로서』, 한일문화교류기금 ; 1998『역사교육에 있어서의 보편성과 개별성의 문제; 한일의 역사교육에 초점을 맞추어』, 한일문화교류기금 간행.

16) 국제교과서연구소, 1995,『국제화시대의 역사교육과 역사교과서』; 1996,『세계화시대의 역사학과 역사교과서』; 2005,『한일역사교과서 수정의 제문제』, 국제교과서연구소 간행.

그 결과 유네스코 한국위원회는 1997년 유네스코 독일위원회와 함께 '21세기 교과서포럼'을 개최하여 역사교과서가 국제평화에 미치는 영향을 집중적으로 검토하였다.[17] 그리고 이와 같은 작업을 바탕으로 하여 1998년 유네스코 한국위원회에서는 《21세기 역사교육과 역사교과서 : 한일 역사교과서 문제해결의 새로운 대안》을 간행하여 역사분쟁 해결을 위한 방안이 모색되었다.[18]

또한 1990년대에 접어들어 한국의 역사교육연구회, 한일관계사연구회 등의 학술단체에서 일본 역사교과서와 관련된 문제에 대해 꾸준한 관심을 가져왔다. 1990년에는 역사교과서 문제에 대한 전문적 연구서들이 간행될 수 있었다.[19] 또한 1990년에는 한일 양국의 학자들이 '한일역사교과서연구회'를 민간 차원에서 결성하여 정기적 만남을 통해 일본 역사교과서와 관련된 문제를 지속적으로 협의하였다. 이 단체에서도 연구성과를 모아서 책자로 간행하였다.[20]

역사분쟁과 관련된 민간의 활동이 전개되던 시기와 병행하여, 1993년 김영삼 대통령의 문민정부가 수립된 이후 대일외교의 치욕적 과거를 청산해야 한다는 여론이 비등하였다. 특히 1990년부터 '한국정신대문제대책협의회'에서는 '종군위안부' 문제에 대한 역사적 반성과 교육을 주장해왔다. 이에 일본 정부에서는 종군위안부 문제를 역사교육에 포함시키겠다는 뜻을 천명하였고, 1994년 '종군위안부'에 관한 내용이 9종의 고등학교 역사교과서에 수록되었다. 그리고 1997년에는 중학교 역사교과서 일부에도 이

---

17) 유네스코 한국위원회, 1991, 『근대 한일관계사 왜곡과 수정의 제문제』(심포지엄 발표논문집)
18) 유네스코 한국위원회, 1998, 『21세기 역사교육과 역사교과서 ; 한일 역사교과서 문제해결의 새로운 대안』, 오름.
19) 황백현, 1992, 『일본교과서 한국역사왜곡의 실제』, 국민독서운동회 ; 李元淳, 1994, 『韓國から見た日本の歷史敎育』, 靑木書店.
20) 정재정, 2000, 「쟁점과 과제;한국과 일본의 역사교육」 『역사교과서 속의 한국과 일본』(역사교육연구회 편), 혜안.

와 같은 내용이 수록되었다.

한편, 이와 같은 상황에 대한 일본 보수진영의 반발이 일어났다. 일본의 집권 자민당은 1993년 '역사검토위원회'를 만들었다. 이들은 일본의 침략을 인정하는 역사관을 자학사관(自虐史觀)으로 규정하여 반대하고, 중등학교 교육을 통해 일본 국가에 대한 긍지를 강화하려 하였다. 1995년에는 동경대학 교육학과 교수 후지오카 노부카쓰(藤岡信勝)는 '자유주의사관연구회'(自由主義史觀硏究會를 창설하였다. 이들은 중등학교 역사교과서에 종군위안부 문제 등이 수록된 것은 자학사관의 연장으로 규정하였다. 그리고 동유럽 공산주의 국가의 몰락 이후 보수적 성향을 더욱 강화한 이들은 1997년 1월 '새로운 역사교과서를 만드는 모임'을 결성하였다.[21]

이와 관련하여 1995년에는 역사 왜곡문제가 다시 발생하였고, 한국 사회는 과거사 문제에 관해 일본 헌법상 일본국을 대표하는 천황의 사과를 요청하였다. 그러나 이 요구는 관철되지 못하였고, 대신 무라야마(村上) 수상이 "통절히 반성하고 자라나는 세대들의 역사인식을 심화시킴으로써 우호협력의 미래를 열어가자"라는 사과담화를 발표하였다. 이를 계기로 하여 역사 문제에 대한 좀 더 심화된 접근이 가능하게 되었다.

그리고 1997년에는 '한일역사연구촉진 공동위원회'가 양국의 학계와 언론계 인사들로 구성되어 두 차례에 걸쳐 전체회의를 가졌고, 2000년 5월 31일에는 〈최종보고·건의서〉를 양국정부에 제출하였다. 이 〈최종보고·건의서〉에는 '역사연구를 촉진하기 위한 한일역사연구회의의 설치'를 비롯하여, 상호이해의 촉진을 위해 지방자치단체, 학교, 시민단체 등의 교류 확대 지원 등 6개에 걸친 건의사항이 담겨 있었다.[22]

---

21) 西尾幹二·藤岡信勝 外, 1997, 『歷史敎科書との15年戰爭』, PHP硏究所, 44-45쪽.
22) 외교통상부, 2000.5.1., 「보도자료 ; 한일역사연구촉진 공동위원회의 최종보고·건의사항」 ; 조동걸, 앞의 논문, 22쪽.

3. 역사분쟁의 해소를 위한 노력

한국의 민주화가 진전되던 과정에서 1998년 10월 김대중 대통령은 오부치(小淵惠三) 수상과 함께 '21세기 한일 파트너쉽 공동선언'을 발표하였다. 이 선언을 통해 한일은 "과거사에 대해 통절히 반성하고 자라나는 세대들의 역사인식을 심화시킴으로써 우호 협력의 미래를 열어가자"라고 하였다.

그러나 이 선언의 정신과는 대조적으로 이른바 '새로운 역사교과서를 만드는 모임'은 '자학사관'(自虐史觀)을 극복하고 '자유주의사관'(自由主義史觀)을 제창하면서, 1999년에는《국민의 역사》(國民の歷史)를 산케이신문을 통해서 간행하였다. 그리고 이어서 2001년 산케이신문의 산하기관인 후소샤(扶桑社)에서 간행한《새로운 역사교과서》(新しい歷史敎科書)가 검정에 통과되었다.[23] 이것이 이른바 '제3차 교과서공격'에 해당된다.

후소샤의《새로운 역사교과서》의 검정통과로 인한 파문은 여기에 그치지 않았다. 역사교과서 문제로 인해 한국 측의 반일감정이 강화되고, 이로 인해서 양국관계가 급속히 냉각되었다. 이에 한국의 교육인적자원부에서는 일본역사교과서왜곡대책반을 조직하여 이에 대한 대응책을 모색하였다. 이와 같은 상황에서 양국 정상들은 2001년 10월15일 양국 학자들 간의 역사연구회의를 국가 지원 하에 구성하기로 합의하였다. 그러나 일본 국내에서는 보수파 의원들로 구성된 '역사교과서 문제를 생각하는 초당파 모임'이 결성되어 정부의 직접적인 지원에 반대하였다.

이 과정에서 2002년 3월 5일 양국의 외무장관 회담에서 지원위원회는 정부기구가 아닌 민관합동기구로 설정하고, 연구위원회는 민간기구로 설치하기로 합의하였다. 그리하여 한일 양국에서는 각기 역사연구자를 중심

---

23) 후소샤판『새로운 역사교과서』의 채택률은 전체 0.039% 정도에 불과했으나, 일반 시판용으로 75만부가 판매되었다.

으로 하여 활동기간 2년을 원칙으로 하는 '한일(일한)역사공동연구위원회'를 각각 설치하였다. 또한 한일 양국은 민관합동기구로 '한일역사공동연구위원회 지원위원회'를 구성하였다. 그리하여 한일역사공동연구위원회는 2002년 5월 25일 공식 발족하여 서울에서 제1차 합동회의를 개최할 수 있었다. 이 위원회는 한일 양국 정부의 공식 지원 아래 역사분쟁을 해소하기 위해 조직된 첫 번째의 연구위원회였다.

한일역사공동연구위원회의 활동이 전개되던 기간 중에 이 활동에 지장을 준 외부의 문제도 있었다. 즉, 2002년 9월 18일 고이즈미 총리의 평양 방문을 계기로 하여 일본인 납치문제가 본격적으로 제기되었고, 일본 내에서는 신보수주의가 강화되었다. 일본인 납치문제는 한일 간의 역사문제에 대한 공동연구 분위기를 조성하는 데에 부정적 영향을 간접적으로나마 미쳤다. 일본의 정계 일각에서는 역사문제에 대한 신중한 접근을 요구하기 하였다.

그러나 제1기 한일역사공동연구위원회는 양국의 합의에 의해 그 활동기간을 1년 더 연장하여 2002년 5월부터 2005년 5월까지 활동하였다. 이 위원회는 모두 19개의 대주제를 선정하여 공동으로 연구를 진행시켰다. 그리고 한국 측은 19개의 대주제와 직결되는 세부 사항에 대한 105개의 소주제를 정하여 연구를 독자적으로 진행시켰다.

그 결과로 한일 양국의 동 위원회에서는 6책에 이르는 공동보고서를 한국어와 일본어로 간행하여 교과서 집필자와 출판사 및 관계기관에 참고하도록 배부하였다. 그리고 한국측위원회에서 추진했던 소주제에 관한 연구 결과는 한일 양국의 공동보고서와는 별도로 10권의 책으로 경인문화사에서 간행되었다.

제1기 한일역사공동연구위원회의 활동으로 역사교과서 문제가 결코 종료될 수 없었다. 이에 제1기에 이어서 제2기 한일역사공동연구위원회가 2007년 6월에 발족하였다. 제2기 위원회의 활동은 원래의 계획이었던 2년

간보다 6개월이 더 연장되어 2009년 12월에 그 사업을 종료하였다. 제2기 위원회에서는 모두 24개의 대주제에 대한 공동연구를 진행시켰다. 한일 양국의 위원회는 제2기 위원회의 공동연구보고서를 2010년 2월말까지 지원위원회에 제출하여 이를 공간하기로 합의하였다.

한일 양국의 학자들은 한일관계사 및 식민지통치와 관련된 공동연구 주제 가운데 일부를 선정하여 연구하였다. 그들은 이 연구를 통해서 일부 문제되는 주제에 대해서는 동일한 인식에 도달할 수도 있었다. 그리고 그들은 상호간의 연구에서 드러나는 차이점에 대한 정확한 인식을 가질 수 있었다. 그러나 이 위원회는 공동연구를 통해서 모든 연구주제에서 공통된 연구결과를 추출하는 데에는 한계가 있었다. 그렇다 하더라도 이 위원회는 한일 양국의 정부와 학자들이 역사교과서 문제 내지 역사분쟁의 해소를 위해 공식적인 관심을 표명했고, 공동으로 노력하기 시작했다는 데에서 그 의의를 찾을 수 있을 것이다.

한편, 한일역사공동연구위원회의 활동이 전개되던 기간에 국내의 일부 기관도 일본과의 역사분쟁 해소를 위한 노력을 전개하였다. 즉, 2000년을 전후하여 한국교육개발연구원은 일본 중등학교 교과서 문제를 주목하여 이 문제의 해결을 모색하며 연구를 지속하였다. 한국교육개발원은 일본 중등학교 역사교과서의 내용을 분석하고, 일본 교과서에 대한 왜곡대책을 모색하였다. 그리고 일본의 교과서 검정규정 및 역사교육과정 등에 관한 연구를 수행하였다.[24] 이와 함께 역사분쟁을 해소시키기 위한 국제적 경험에 관한 연구를 수행하였다. 또한 이 시기 일본교과서 문제의 연구에는 정신

---

24) 한국교육개발원, 1999, 『일본중등학교 역사교과서의 한국관계 내용에 대한 분석』; 장영순·김기봉·한운석, 2002, 『독일폴랜드 역사교과서 협의사례연구』; 이찬희, 2002, 『일본역사교과서 왜곡대책 및 한국바로알리기 수탁사업결과 평가분석 보고서』; 이찬희, 2002, 『일본 고등학교 교과용도서 검정규정 및 역사교과서 검정결과』; 한국교육개발원 편, 2002, 『국제화해 게오르크 에케르트 국제교과서연구소 25주년 기념논총』; 이찬희, 2007, 『한일역사교육과정 비교』.

문화연구원/한국학중앙연구원 및 고구려연구재단/동북아역사재단을 비롯한 여러 연구기관의 노력이 합쳐지고 있었다.[25]

한일 양국의 역사분쟁과 관련하여 한국학계는 2001년 한국사연구회가 중심이 되어 이에 대한 반대의 입장을 분명히 하였고, 역사학 관련 학회의 공동심포지엄을 개최하여 이 문제에 대한 학문적 대응방안을 모색하였다. 그리고 2001년 12월에는 일본을 대표하는 역사학연구회・일본사연구회・조선사연구회 등 학회와 역사교육자협의회・역사과학협의회 등 단체, 합계 5개 학회와 단체들이 한국을 대표하는 한국사연구회와 역사학회 그리고 한국역사연구회・역사교육연구회・일본사연구회 등 5개 학회를 초청한 공동심포지엄을 일본에서 개최하였다.

이때 양국의 학자들은 일본에서 부적절한 교과서가 간행된 사실을 비판하는 등 7개항의 '합의문'을 채택하였다.[26] 이 모임은 2003년 6월 30일 한국의 서울에서 계속되었다. 이 심포지엄은 일본과 한국의 전문적 역사연구자들이 일본 중등학교 역사교과서 상에 나타난 한일 양국관계사 부분의 서술이 가지고 있는 문제점을 상호 검토하고 그 해결방향을 토론하였다.

또한 일본 역사교과서 왜곡에 대해서 남북한의 공동대응이 시도되기도 하였다. 즉, 2001년 3월에는 평양에서 '일제의 조선강점 비법성에 대한 남북 공동자료전시회'와 함께 학술토론회가 개최되었고, 교과서 왜곡의 시정을 요구하는 공동성명이 발표되었다.[27] 이와 같은 공동성명의 발표가 가능

---

25) 한국학중앙연구원 한국문화교류센터, 2006, 『민족주의와 역사교과서;역사갈등을 보는 다양한 시각』, 에디터 ; 한운석・김용덕・차용석・김승렬, 2008, 『가해와 피해의 구분을 넘어 ; 독일폴란드 역사화해의 길』, 동북아역사재단 ; 동북아역사재단, 2009, 『한일역사현안 관련 일본역사교과서 연구논저 목록』

26) 국사편찬위원회, 2001, 『일본역사교과서에 반영된 일본학계의 연구성과 보고서』, 28쪽.

27) 북한의 경우 金錫亨 등의 연구를 통해서 한일관계사에 대한 새로운 주장이 제기되기도 했고, 일본교과서 왜곡 문제에 관해서는 1960년내 후반기에 다음과 같은 한편의 논문이 확인되고 있다. 함창조, 1967, 「일본역사교과서들에 날조되고 있는 조선관계 서술 비판」『역사과학』, 1967년 2호.

했던 까닭은 남북한이 현실적으로는 비록 상이한 역사관을 가지고 있다 하더라도, 남북한이 오랫동안 하나의 역사공동체를 이루어온 단일한 역사단위였기 때문이다.

한편, 한일 간의 역사분쟁을 위한 해결책을 모색하면서 역사분쟁을 성공적으로 해소시킨 다른 나라의 사례들에 대한 연구자의 관심도 높아졌다. 그리하여 독일과 프랑스, 독일과 폴란드 사이에 전개된 역사대화의 사례에 관한 검토 작업이 수행되었다. 그리고 전시의 점령자와 피점령자 사이의 관계에 대한 연구와 함께 식민지 지배국과 피식민국 사이의 대화에도 관심을 갖게 되었다. 이러한 학문적 노력은 한일 간의 역사교과서 분쟁을 해결하는 데에 서 도움을 줄 수 있을 것으로 생각된다.

한일 간의 역사분쟁을 해소하는 데에 도움이 되는 외국사례에 대한 연구는 이미 한일문화교류기금 및 유네스코 한국위원회의 활동업적을 통해서도 확인된다. 그러나 이때에 이르러 외국사례에 대한 심층연구가 진행되었다.[28] 이 연구는 주로 독일과 폴란드의 사례를 비롯하여, 독일의 게오르크-에케르트 연구소에서 전개하고 있는 유럽에서의 국제교과서 협의활동을 검토하였다. 그리고 2008년에는 독일과 프랑스의 공동역사교과서인 《1945년 이후 유럽과 세계》(휴머니스트)가 간행되기에 이르렀다.

또한 2001년에 후소샤의 《새로운 역사교과서》 문제가 제기되자 시민단체에서도 역사분쟁의 해소를 위한 노력을 강화하였다. 예를 들면, 한국에서는 84개의 시민단체들이 연합하여 '일본교과서 바로잡기 운동본부' 등을 발족시켜, 이 문제에 대해 지속적인 반대여론을 제기하였다. 그리고 일본에서도 '어린이와 교과서 전국 네트워크21'과 같은 NGO 및 역사교육자협

---

28) 한국교육개발원, 2002,『국제화해 게오르크-에케르트 국제교과서연구소 25주년 기념논총』, 한국교육개발원 ; 장영순·김기봉·한운석, 2002,『독일·폴란드 역사교과서 협의사례연구』, 한국교육개발원 ; 한운석, 2008,『독일의 역사화해와 역사교육』, 신서원 ; 한운석·김용덕·차용석·김승렬, 2008,『가해와 피해의 구분을 넘어 ; 독일폴란드 역사화해의 길』, 동북아역사재단.

의회를 비롯한 학계와 교육계의 결속이 진행되었다. 이러한 시민단체들은 한중일 3국의 연대활동을 전개하였고, '아시아평화와 역사교육연대'와 같은 단체의 활동으로 발전되었다.

같은 기간 동안 한국과 일본의 학계와 비정부기구에서는 한일 간의 공동역사교과서의 편찬문제가 연구·협의되었다. 이에 관한 주요 업적으로는 다음과 같은 저서를 들 수 있다.

① 鄭在貞·石渡延男, 2001, 《韓國發日本の歷史敎科書への批判と提言；共存の敎科書づくりのたぬに》, 桐書房
② 韓日가톨릭主敎會議 編, 2002, 《가갑고도 가까운 나라》, 한국천주교주교회의
③ キリスト敎學校敎育同盟 關西地區國際委員會編, 2003, 《日韓の歷史敎科書を讀み直す;新しい相互理解を求ぬて》
④ 한일공통역사교재 제작팀, 2005, 《조선통신사》, 한길사
⑤ 한중일3국 공동역사편찬위원회, 2005, 《미래를 여는 역사》, 한겨레신문사
⑥ 전국역사교사모임·역사교육자협의회 한일공동역사교재 편찬위원회, 2006, 《마주보는 한일역사》, 사계절
⑦ 역사교육연구회·역사교과서연구회, 2007, 《한일교류의 역사》, 혜안
⑧ 歷史敎科書硏究會·歷史敎育硏究會, 2007, 《日韓歷史共通敎材;日韓交流の歷史》, 明石書店

이와 같이 공동역사교과서를 편찬하고자 하는 시도가 2000년대에 들어와서 여러 방면에 걸쳐 전개되었다. 이와 같은 성과는 그동안 한일 양국의 학계와 교육계에 축적된 연구성과와 반성에 힘입어 나타날 수 있었다. 그러나 한일 양국은 역사교과서를 검정제도 아래에서 간행하고 있으므로 엄밀한 의미의 공동 역사교과서 채택에는 정당한 절차가 따라야 할 것이다.

그렇다 하더라도 학계와 시민단체에서 전개되고 있는 공동 역사교재의 편찬 시도는 역사분쟁의 해소에 긍정적인 역할을 하게 될 것으로 생각된다.

요컨대, 한국과 일본은 2001년 이후 후소샤의 《새로운 역사교과서》로 상징되는 역사분쟁에 대처하기 위해 한일역사공동연구위원회를 설립하였다. 이로써 양국의 정부와 연구자들은 역사분쟁의 해소를 위해 공식적으로 공동노력을 전개하기 시작하였다. 그리고 양국의 학계와 시민단체에서도 이를 위한 노력을 배가해 갔다. 그 결과 양국 간의 역사문제에 대한 차이점과 공통점을 좀 더 분명하게 정리해갔다. 그리고 학계와 교육계의 일각에서는 한일 양국의 공동역사교재를 편찬하기 위한 노력들이 전개되었다. 이러한 움직임은 모두 역사분쟁의 해소를 위한 노력의 전개를 뜻한다.

맺음말

한일 양국 사이에는 상호 중첩되거나 공유하고 있는 역사적 사건들이 있다. 그런데 한일 양국은 이 사건들에 대한 사실 인식이나 그 평가에 있어서 일정한 편차를 드러내기도 하였다. 한일 양국의 역사분쟁의 현장은 일본 중등학교 역사교육 부문이었다. 역사교과서는 분쟁의 가연제可燃材가 되었고, 그 분쟁이 재연再燃 되는 시기는 역사교과서에 대한 검정작업을 전후한 때였다. 한일 간 역사분쟁의 실체는 일본 중등학교 역사교과서 검정에 대한 문제로 나타났다.

오늘날 한일 양국에서는 역사교과서의 자유선택제가 아닌 검정제를 채택하고 있다. 검정제 아래에서 교과서에 나타나는 오류의 일차적 책임은 교과서의 집필자에게 있음은 분명하다. 그러나 그 최종책임은 검정의 기준을 마련하고 검정작업을 수행한 정부당국이 짊어져야 했다. 이와 같은 논리에서 일본 정부가 중등학교 역사교과서의 '오류'에 대한 최종책임을 짊어지는 것으로 한국 측에서는 판단하였다.

이 때문에 일본 중등 역사교과서를 중심으로 한 역사분쟁이 발생하게 되면, 한국사 연구자들과 역사교육학자 그리고 역사교육 분야에서 직접 종사하고 있는 교사 및 시민사회 구성원들이 그 수정을 요구하였다. 이 요구가 강하게 제기되는 경우 한국 정부는 일본 당국에 대해 역사교과서의 수정을 요청하였다. 한국 정부의 이와 같은 항의는 한국 사회의 뒤끓는 여론을 반영한 것이기도 하였다.

일본 문부과학성의 검정을 통과한 중등학교 역사교과서 가운데 특히 문제되었던 사례로는 1985년도의 교과서 분쟁을 우선 주목할 수 있다. 또한 2001년도에는 후소샤(扶桑社)판 역사교과서로 인한 분쟁이 심각히 전개되기도 하였다. 그리고 2009년도 지유샤(自由社)에서 간행한 교과서의 사실 왜곡을 해결하는 일은 현안의 과제로 남겨져 있다.

역사교과서의 서술 내용으로 인한 역사분쟁의 발생은 한일 양국의 우호와 친선에 큰 장애가 되었고, 동아시아의 평화를 위해서도 결코 바람직한 일이 되지 못했다. 그러므로 오늘날 한일 양국 NGO에서는 상호 이해와 우호를 증진시켜 공동발전과 번영을 이루고 동아시아의 평화 증진에 기여하기 위해 국제적 연대를 기초로 하여 많은 노력을 기울이고 있다. 일본의 양심적 지식인들도 과거사를 반성하면서 역사교육이 오도되는 현실을 비판하고 있다. 이와 같은 노력들은 매우 긍정적으로 평가받을 수 있다. 또한 한국의 역사연구자들도 역사교과서가 가지고 있는 문제점들에 대한 신중한 검토작업을 수행하고 있다.

그렇다 하더라도 한일 간의 역사분쟁은 NGO 차원의 노력에 의해서 해결될 수 있는 문제가 아니다. 역사분쟁을 해결하기 위해서는 역사교과서에 대한 검정권을 가지고 있는 정부 당국의 성의 있는 노력이 수반되어야 했다. 한일 양국 사이에는 역사와 관련된 많은 미해결 사항이 있고 이로 말미암아 분쟁이 계속되었다. 이와 같은 분쟁의 해결을 위해 양국의 당국자와 학자들은 상호 진지한 노력을 강화시켜 나가야 한다. 이를 통해서 한일 양국은 상호이해를 증진시킬 수 있고, 공동번영의 미래를 향한 새로운 길을 함께 걸을 수 있으리라 판단되기 때문이다.

〈참고문헌〉

※ 동북아역사재단, 2009, 《한일역사현안관련 일본역사교과서 연구논저 목록》, 동북아역사재단
※ 전국역사교사모임·역사교육자협의회 한일공동역사교재편찬위원회, 2006, 《마주보는 한일역사》, 사계절
※ 일본교과서바로잡기운동본부, 2003, 《한국교과서의 희망을 찾아서 ; 21세기 한국사 교과서와 역사교육의 방향》, 역사비평사

한일간 역사교과서 문제의 배경과 과제

이 찬 희[*]

> **목 차**
>
> 머리말
> 1. 일본의 역사교과서 왜곡사
> 2. '새역모'의 등장과 우익 교과서의 확대
> 3. 동북아의 평화를 위한 교과서 대화
> 결론 : 한일 관계의 미래를 위하여

머리말

일본은 1945년 태평양전쟁에서의 패전을 계기로 잘못된 '과거사 청산'의 기회로 삼고, 전후 새 시대에 임할 '새로운 역사교육의 정체성'을 정립하는 호기로 삼았어야 하였다. 그러나 일본은 이를 위한 기초 작업이라 할 '역사적 고해'를 뒤로 미루었으며, 황국주의·제국주의적 과거사의 과감한 청산을 소홀히 하였다. 그리하여 현재까지도 이 문제는 손상 받는 '아킬레스건' 처럼 일본 외교의 발목을 잡고 일본 현대사에 작용하고 있다. 오늘날 우리

---
[*] 한국교육개발원 석좌연구위원

가 당면하고 있는 일본 역사교과서의 왜곡문제도 바로 이 연장선 위에서 발생한 문제라 할 수 있다.

2010년은 한국이 일본의 식민지로 전락한지 100년, 일본의 식민지배로부터 광복을 되찾은 지 65년, 그리고 한국과 일본 두 나라 간에 국교가 정상화 된지 45년이 되는 해이다. 그러나 아직까지도 한국인의 눈에 일본은 우리의 재부를 약탈하고 생존을 위협하던 적대적 타자의 모습으로 비친다. 한국인이 일본을 증오하는 이유의 하나는 과거사의 잘못을 스스로 뉘우치지 않는 일본 주류사회의 오만 때문이기도 하다. 그러나 손바닥도 마주쳐야 소리가 나듯이, 우리의 학교 교육과 언론매체들이 주도해 재생산되는 증오의 기억도 세대를 넘어 한국인들이 일본을 부정적 타자로 보게 하는 또 하나의 이유라고 볼 수 있다. 광복 후 한국인은 한편으로는 일제의 식민통치를 증오하면서, 다른 한편으로는 일본을 모방하는 애증상반적 갈등 중세를 무의식중에 표출하고 있는 것이 오늘의 현실이다.

한국은 왜 일본을 따라 배우면서도 고마워하지 않는 것인지, 일본은 과거의 잘못에 대해 독일처럼 진솔하게 반성하지 않을까? 한국과 일본 두 나라도 독일과 프랑스처럼 해묵은 갈등과 반목을 넘어 화해와 연대의 새 시대를 열 수는 없을까? 우리는 갈등과 반목을 넘어 두 나라 관계를 주체적이고 상호 평등한 화해와 협력의 선린관계로 발전시키기 위해 무엇을 해야 할 것인가? 아마 그 첫 걸음은 불행한 과거 역사의 기억에 대한 반성과 화해에서 시작해야 할 것이다.

한일관계의 역사에 대해 민감한 의미를 갖고 있는 해를 맞이하여, 먼저 과거 일본의 역사 왜곡의 의도는 무엇인지, 왜 역사교과서를 의도적으로 왜곡하였는지, 그 내용은 무엇인지를 살펴 왜곡사를 정리해보고, 그러한 문제를 해결하기 위한 지속적인 역사대화 필요성을 제기하고, 앞으로 양국이 화해·협력하기 위해서는 한국과 일본은 각자 어떠한 노력을 해야 하는지를 제시하려고 한다.

1. 일본의 역사교과서 왜곡사

1) 역사 왜곡의 의도

1868년 메이지(明治)유신으로 천황중심의 통치체제를 수립한 일본은 천황을 살아있는 신으로 추앙하여 "천황이 통치하는 일본국은 세계에서 으뜸가는 나라"라는 철저한 자국, 자민족 우월주의로 나아갔다. 일본의 건국신화에 나오는 황조신 아마테라스 오미카미(天照大神)의 후예가 일본국을 건설하여 초대 진무(神武) 천황이 되었고, 그 후손들이 대대로 통치권을 계승했다는 만세일계 사상이 강하게 반영되어 있다.

메이지시대에는 교육칙어와 군인칙유를 통해 교육의 현장과 군대에 천황에 대한 절대 충성을 강조하는 강령을 주입시켰다. 일본의 역사교과서와 역사교육은 이러한 이념에 바탕을 두고, 국가권력에 의한 공교육을 통해 충군애국을 구현하는 국민교화의 수단으로 이용되었다.

패전 후 미군정 하에서 미국교육사절단은 일본 정부에 대해 교과서의 자유발행, 자유선택을 권고하였다. 황국사관의 폐해를 없애고 자유민주주의의 이념을 바탕으로 한 교과서를 기대하였다. 그러나 일본 문부성은 검정제도를 채용하고 집필지침인 학습지도요령을 통하여 교과서 집필과 학교의 교육내용을 통제하였다.

1952년 미군정이 끝나면서 민주교육을 비판하는 교육정책이 시작되었다. 전후 민주주의 체제하에서 과거 군국주의 침략사에 대한 반성과 자기성찰을 외면한 채, 황국사관에 기초한 일본의 정체성을 확립하고자 역사교과서에 대한 철저한 검열을 시작하였다. 이른바 '교과서 공격'이라는 것이 그것이다.

2) 역사 교과서 왜곡의 시작(1955~1981)

연합국군 최고사령부(GHQ)의 지도로 1946년에 제작된 소·중·고교 및 사범학교용 역사교과서는 제2차 세계대전에서 일본이 패전하기 이전과 크게 다른 내용으로 기술되었다. 아시아태평양전쟁의 책임을 일부 우익정치인과 군부에 전가한 역사관이 문제였지만, 1931년 일본의 만주침략, 1937년 중일전면전쟁, 동남아시아 점령 등을 모두 '일본의 침략'으로 기술하였기 때문이다.

일본 정부는 1953년 교과서 용지가 부족하다는 것을 이유로 '당분간' 문부성에서 교과서 검정을 담당한다고 결정하였다. 1955년 일본의 극우 세력들은 역사 교과서에 대한 본격적인 통제를 기도하며 군국주의를 찬양하는 등 황국사관의 부활을 기도했고, 역사교과서의 '침략' 기술을 문제 삼아 제1차 교과서 공격을 시작하였다. 일본 정부 스스로 내외적인 정책 목표를 교육정책에 본격적으로 반영하기 시작했으며, 검정을 전문으로 하는 교과서 조사관 인력을 확보하여 교과서 검정을 강화하려고 하였다. 그래서 문부성령으로 교과용도서 조사관제도를 상설화하고 교과용도서 검정심의회의 인원도 16명에서 80명으로 대폭 늘렸다. 이들 가운데 사회과 교과서 조사관은 황국사관을 견지한 사람들이었다. 당시 문부성은 검정제도를 강화하고 문제의 교과서들을 불합격시켜 일본의 가해 사실을 은폐하려 하였다. 더구나 1958년《학습지도요령》개정판이 일본 정부의 기관지인《관보》에 고시되면서 이 법령 자체가 법적 구속력을 갖기 시작하였다.

일본 정부는 검정에 필요한 인적·제도적 장치를 갖추자, 1961년도용 소학교 교과서의 82%를 제1차 검정에서 불합격 처리하는 등 교과서 검정제도를 사실상 국정으로 제도화하려고 시도하였다. 중·고교 역사교과서 가운데서도 검정에 불합격된 경우가 속출하였다. 가령 역사교과서에서는 조선을 식민지로 지배하며 한국인들에게 고통과 피해를 주었다는 사실,

1937년의 남경대학살 등 중국을 침략하고 중국인들에게 고통을 주었다는 서술, 그리고 한국인과 중국인의 저항에 관한 언급이 없었다. 왜냐하면 일본 정부가 검정 지도를 통해 일본이 일방적으로 나쁜 것처럼 기술해서는 안 되며 전쟁은 부득이했다고 취급하도록 했기 때문이다. 이에 따라 일본이 한국에 '진출'했으며 한국병합을 합법적이고 정당한 것처럼 언급하도록 했을 뿐만 아니라, 일본이 중국을 지배하고 불행하게 했다는 것은 부적당하며, 태평양전쟁이란 단어는 역사적 용어가 아니므로 대동아전쟁으로 표기하라는 등을 검정 지도한 경우도 있었다. 이와 같은 극우세력들의 교과서 비판을 '제1차 교과서 공격'이라고 한다.

일본의 침략을 은폐·옹호하고 황국사관을 조장하는 등 교과서에 대한 국가통제의 강화는 1965년 이에나가 사부로(家永三郎, 당시 동경교육대학 교수)를 중심으로 한 교과서재판이란 형태의 저항을 야기하였다. 흔히 이를 '이에나가 교과서 소송'이라고 하는데, 재판은 1965년부터 시작된 제1차 소송(손해배상), 1967년부터 시작된 제2차 소송(검정처분의 취소), 1984년부터 1997년까지 13년간 진행된 제3차 소송(손해배상) 등 32년간 진행되었다. 특히 제2차 소송에 대한 1970년 7월 동경지방재판소의 판결, 곧 스기모토(杉本) 판결은 1970년대 역사교과서 서술에 큰 영향을 끼쳤다. 왜냐하면 이에나가 측에서 승리했을 뿐만 아니라 재판과정에서 벌어진 논쟁으로 교육이론과 법이론에서 명쾌한 결론이 내려졌기 때문이다. 즉, 재판에서는 첫째, '국가의 교육권'과 '국민의 교육권' 가운데 어떤 것이 헌법정신에 맞는 것인가, 둘째, 역사교육이 국가에 의해 국민을 교화시키는 수단으로 되어야 하는가 아니면 '진리교육'이 되어야 하는가, 셋째, 검정이란 이름 아래 학설을 포함하는 교과서 집필자의 사상까지 심사하는 것은 올바른 검정기준인가 아닌가라는 쟁점 가운데 모두 후자의 의견이 지지를 얻었다.

이에 따라 자유서방自由書房 출판사의 1974년도판 고등학교 일본사교과서에서부터 남경대학살에 관한 언급이 다시 등장하고, 1975년도판 중학교 역사교과서 가운데 2개 출판사의 교과서에서 이를 언급하였다. 중국에 대한 침략 사실을 있는 그대로 서술하려는 경향은 1970년대 후반으로 갈수록 더욱 강화되었다. 뿐만 아니라 1970년대 한국의 민주화운동이 활발하게 일어나기 시작한 것도 요인의 하나였지만, 이에나가 교과서 소송은 일본의 식민지 지배정책에 관한 서술에도 영향을 끼쳤다. 즉, 조선에 대한 지배를 '식민지 정책'이란 이름으로 언급하고 일본의 침략과 지배과정에서 의병운동과 3·1운동이 일어나는 등 한국인이 저항했으며, 이를 일본군이 무력을 앞세워 진압했다는 사실을 모든 출판사의 교과서에서 언급하기에 이르렀다.

3) 1982년 1차 역사 교과서 왜곡 사건

일본의 식민지배와 침략이 모든 교과서에 기술되자, 이에 위기감을 느낀 자민당과 일본 정부는 반격을 시작하였다. 1979년 11월 이시이(石井一朝)는 〈새롭게 우려할만한 교과서 문제〉라는 글에서 교과서 집필자 등을 실명 거론하며 공격하였고, 자민당은 《자유신보》에 1980년 1월부터 8월까지 19회에 걸쳐 〈지금 교과서는 - 교육정상화 문제〉라는 글을 연재하였다. 일본 정부와 자민당, 우익 인사 등이 이렇게 공공연하게 교과서 내용에 대해 공격할 수 있었던 바탕은 1980년 6월의 중의원과 참의원 선거에서 자민당이 압승을 거둔 현실과 깊은 연관이 있었다. 더구나 1980년 7월 법무상인 오쿠노(奧野誠亮)가 "현재의 교과서는(나라를 사랑하자라는 말을 버리고 있다 등) 대단히 큰 문제가 있다"고 발언하는 등 우익 정치인들의 우경적인 발언도 잇따랐다. 정치 현장에서의 이와 같은 교과서 공격에 대해 우익 언론과 경제계도 호응하였다.

일본 정부와 자민당은 이 여세를 틈타 교과서 검정을 신청한 출판사에서 교과서의 내용을 '자주적'으로 규제할 수 있도록 유도하였다. 다른 한편에서는 1980년 12월 자민당에 교과서문제소위원회를 설치하여 검정을 강화하고, 교과서 채택지구를 광역화하며, 교과서통제법을 제정하는 것을 골자로 하는 〈교과서제도개혁초안〉을 확정하였다. 일본 문부성은 이것을 받아 1981년 11월에 발족한 제13기 중앙교육심의회에서 교과서문제소위원회를 설치하고 교과서제도를 전반적으로 수정하는 작업에 착수하였다.

그런데 역사왜곡을 주도하는 일본 정부·자민당·우익 인사와 이에 저항하는 양심적인 학자·변호사 및 교과서운동 관계자 등의 사이에서 갈등이 고조되고 있는 와중에 문부성의 검정사례가 일본의 언론을 통해 보도되면서 교과서의 내용이 세상에 알려지게 되었다. 예를 들어 언론에서는 교과서에 8·15 광복을 "일본이 지배권을 상실했다"로 언급하였고, '침략'을 '출병'으로, '출병'을 '파견'으로, '수탈'을 '양도'로, '정치'를 '통치'로, '3·1운동'을 '데모와 폭동'으로, 강압적인 신사참배에 대해서는 '신사참배도 장려됐다'라는 식으로 문부성에서 검정 지도했다고 보도하였다. 문부성의 검정지도가 '삭제하는 검정'에서 '지도를 통해 다시 쓰게 하는 검정'으로 바뀐 것이다. 이를 '제2차 교과서 공격'이라고 하고, 동시에 한국 측에서는 일본 교과서 왜곡 문제를 본격적으로 제기한 '1차 역사교과서 왜곡사건'이었다(일본은 이를 '오보사건'으로 축소하고 있음).

일본 정부의 검정지도 내용은 1982년 6월경부터 일본의 언론을 통해 국내에 전달되었다. 정부와 정치권이 이 문제에 대해 본격적으로 대응하기 시작한 것은 7월 말경부터였다. 국내 언론은 이미 7월 하순경부터 한국 정부의 미온적 대응에 대해 비판하는 기사가 연일 1면에 게재되고 있었다. 그에 따라 국민감정도 격앙되어 갔다. 정부와 국회는 언론이 선도하는 폭발적인 비판 여론을 무시할 수 없었다. 한국 정부는 8월 3일에 '상당한 각오'로 역사왜곡 문제에 대처하기로 결정하였고, 신속하고도 구체적인 시정을 요구하는 비망록備忘錄을 일본 정부에 전달하였다. 또 교과서 문제를 협의하기 위해 실무자를 파견하겠다는 일본 정부의 제의를 거부하였다. 중국

정부도 주일 대사를 일시 소환하는 강경 조치를 취하였다. 국회도 8월 5일 문교공보위원회를 열어 정부 측의 미온적인 대응을 질타하며 정부 측에 강경 대응을 주문하였다. 이에 따라 한국 정부는 일본 정부의 해명도 분명한 시정 의사가 아니면 해명 사절을 만날 필요가 없다고 하면서 면담을 거부하였다.

1982년 8월 한국 정부는 일본의 역사왜곡에 강력하게 대응하기로 결정함에 따라 경제협력자금을 빌리기 위해 그동안 벌여 왔던 외교 교섭을 중단하는 한편, 왜곡내용에 대한 분석 작업을 국사편찬위원회에 위탁하였다. 국사편찬위원회는 1983년도부터 사용될 예정으로 검정된 고등학교용 일본사(10종), 세계사(10종), 현대사회(2종) 등을 대상으로 ① 즉각 시정이 필요한 사항, ② 조기 시정이 필요한 사항, ③ 기 기시정이 필요한 사항 등으로 나누어 분석을 진행한 결과, 24항목 167곳이 왜곡되었다는 결론을 내렸다. 한국 정부는 이후 9월 27일에 '즉시 시정' 항목 19개를 포함하여 모두 45개 항목의 수정·검토사항을 일본 정부에 정식으로 제출하고 수정을 공식적으로 요구하였다. 이를 정리하면 〈표 1〉과 같다.

주변국으로부터의 비판에 직면하자 8월 26일 시정을 약속한 일본 정부는 왜곡된 역사교과서에 대한 수습에 들어갔다. 일본 정부는 9월 14일에 문부대신의 이름으로 고교용도서검정조사심의회 사회과부회에 한국 측 의견에 대한 자문을 요청하는 조치를 취하였다. 그 결과는 11월 16일 '근린제국조항近隣諸國條項', 즉 "인근 아시아 제국과의 관계에 관한 근-현대의 역사적 사실에는 국제이해와 국제협조의 견지에서 필요한 배려가 있어야 할 것"이라는 새로운 교과서 검정기준을 추가로 신설한다는 사회과부회社會科部會의 자문사항이 일본의 문부대신에 통보되었고, 11월 24일 이것을 문부대신이 담화로 발표하였다. 이는 일본이 이웃 나라와의 우호관계를 저해하는 교과서 기술을 지양하겠다는 '공약'이라 할 수 있다. 1982년 9월 일본 정부는 한국 정부에서 '즉각 시정'을 요구한 19개 항목 가운데 1982년에 7개

〈표 1〉 일본 교과서 시정요구 항목

①즉각 시정이 필요한 사항	②조기 시정이 필요한 사항	③기타 시정이 필요한 사항
1. 일본의 한국 침략	1. 왜관	1. 한사군 위치
2. 제 2차 한일협약	2. 조선시대의 대일 교섭	2. 대방군 위치
3. 고종 퇴위	3. 임진왜란	3. 고구려 건국
4. 한일 신협약	4. 통신사 왕래	4. 발해 영토
5. 의병	5. 한일 교섭	5. 한국문화의 동류(東流)
6. 안중근 의사 의거	6. 운양호사건	6. 임나경영설(任那經營說)
7. 한국병합	7. 강화도조약	7. 통일신라와 일본과 관계
8. 무단통치	8. 임오군란	
9. 토지 약탈	9. 갑신정변	
10. 3·1독립운동	10. 방곡령	
11. 관동대지진	11. 동학농민운동	
12. 신사참배 강요	12. 갑오개혁	
13. 한국어 말살	13. 명성왕후 시해	
14. 창씨개명	14. 한일의정서	
15. 징병	15. 제 1 차 한일협약	
16. 징용	16. 해신밀사(海身密使)	
17. 정신대	17. 3·1운동의 원인	
18. 항일독립운동	18. 식민통치의 전환	
19. 일제의 강점연장	19. 광주학생운동	

자료 : 대한민국 문교부, 일본교과서 한국관계 내용 검토 및 의견(1982. 9.)

항목, 1984년에 15개항이 수정되었다고 한국정부에 통보해 주었다.

당시 일본 역사교과서 왜곡과정을 거치면서, 더 이상 일본에 대한 분노와 감정만을 갖고 그들과 싸워 이길 수 없다는 인식하에 '극일克日 문제'에 대한 여론이 조성되기 시작하였다. 그 상징이 8월 28일부터 본격화된 독립기념관을 건립하기 위한 범국민 모금운동이었다. 1982년 연말까지 모금된 성금액은 349억여 원, 추진위가 해산하는 1986년 5월말까지 모금된 성금은 총 492억여 원이었고, 이자가 188억여 원이었다. 당초 독립기념관 건립을 위해 목표로 세웠던 500억 원을 훨씬 상회하였다. 독립기념관에 '벽돌 한 개씩을'이란 구호 아래 진행된 이 운동을 계기로 정부와 일본을 향한 비판적인 국민감정도 일단 수그러들기 시작하였다.

국내 언론에서도 이즈음부터 일본제국주의의 침략사와 우리 조상들의 항일민족투쟁사에 관한 자료를 발굴하고 이를 적극 연구하는 작업이 필요하다는 문제를 제기하였다. 더 나아가 국내외 관련 학자들을 동원하여 〈현대사 재조명〉(동아일보), 〈다큐멘터리 : 일제 36년〉(월간조선)과 같은 기획된 연재기사를 보도하였다. 이러한 기사들의 내용은 '민족사관'을 재정립하자는 것으로 압축될 수 있는데, 이는 새로운 국사교과서에 반영되어 역사교육을 강화하는 방향으로 이어졌다. 독립기념관의 건립이 '극일'의 형식을 상징한다면, 민족사관의 강조가 그 내용을 대표한다고 말할 수 있을 것이다.

언론과 함께 일본의 역사왜곡을 비판하고 대안을 모색할 수 있는 영역이 학계였다. 하지만 한국학계는 독자적인 자기 목소리를 내지 못하였다. 학계는 각 언론이 주도하는 기획기사나 좌담회에 참가하는 형식으로 이 파동에 개입하였다. 물론 개개인의 의견이 조금씩 다른 경우도 있었지만, 연구자들은 대체로 '민족사관'을 강조하는 방향에서 일제의 침략·수탈의 역사와 항일투쟁사를 집중 연구하고 역사교육을 강화해야 한다고 주장하였다.

하지만 친일 잔재를 청산해야 진정한 반일도 이룩할 수 있으며, 일본의 역사왜곡에 대해 정당하게 대응하는 것이라는 주장은 힘을 얻지 못하였다. 일본 전문가를 양성하겠다는 등 일본을 알기 위한 다양한 지원 사업이 약속되었지만 한국 정부 주도로 실현된 적은 거의 없었다. '이성적인 대처'라는 주장 자체는 맞는 말이었지만, 이후 그 내용을 무엇으로, 그리고 어떻게 채워 나갈 것인가를 제시하고 실천하는 경우는 그리 많지 않았다.

4) 1986년 고등학교 《신편 일본사》 왜곡 사건

1982년 고등학교 역사교과서 문제 이후, 1986년에 《신편 일본사》(原書房) 교과서의 내용이 문제가 되어 '2차 교과서 왜곡 사건'이 발생하였다. 이 교과서는 '일본을 지키는 국민회의'가 편집한 고등학교 역사교과서로 일본의 아시아 침략 사실을 은폐하는 논지를 담고 있었다. 문부성은 주변국의 반발로 검정 합격 상태에 있던 이 교과서를 이례적으로 재심사, 4차례에 걸쳐 문제된 기술을 수정시킨 후 최종 합격시켰다. 이 과정에서 《신편 일본사》에 가해진 기술 재수정은 무려 350곳에 달했을 정도로 역사 편향 기술이 두드러졌다. 일본 정부는 당초 "통계자료 변경, 법률 개정 등 객관적 사실의 변경에 한해 재수정이 가능하며 역사인식 문제는 대상이 안 된다"고 밝혔지만 정부가 관여해 바꾼 전례를 남긴 셈이다.

그런데 이 과정에서 문부상 후지오 마사유키의 다음과 같은 망언은 한국과 중국으로 하여금 일본의 진정성을 의심하게 하였다.

"… 당시 조선반도는 … 다름 아닌 청국의 속령이다. … 한일합방이라는 것은 형식적으로도 사실상으로도 양국의 합의 위에서 성립하고 있는 것이다."

"19세기의 조선제국에는 독립 국가를 유지해갈 능력도 기개도 없어 … 한일 간의 불행한 역사를 낳은 책임의 절반은 대한제국 측에도 있었던 것이 아닌가. … 병합된 한국에 대해 일본이 매우 악의를 가지고 있었을 리도 없는 것이 아닌가. 가령 기초적인 교육에 대해서도 일본은 많은 예산을 투여했던 만큼 … 반드시 나쁜 짓만을 한 것은 아니다."

결국 일본 정부는 한국 측의 계속되는 항의에 못 이겨 후지오 문부상을 사임시키고, 나카소네 총리가 중의원 본회의에서 후지오 발언에 대한 유감의 뜻을 표함과 동시에 중국에 대한 침략 사실을 인정함으로써 갈등 상황을 정리하였다. 그러나 이 나카소네의 발언도 기본적으로 '외교전략상'의 필요성에 의한 것이었다. 결국 1986년 교과서 왜곡사건도 한국 측의 공세에 일본이 일정 정도 응함으로써 일단락 될 수 있었다.

5) 2001년 일본 역사교과서 파동(3차 교과서 왜곡사건)

90년대에 들어 일본사회의 우경화 분위기 속에서 자민당은 자위대를 '전쟁 가능한 군대'로 만들기 위해 헌법 개정의 필요성을 제기하였다. 이를 실현하기 위해서는 국민의 역사인식을 바꿔야 한다는 필요성이 대두되어 역사검토위원회를 설치하였으며 침략사를 합리화하기 위해 현재의 교과서의 수정을 요구하는 등 '제3차 교과서 공격'을 시도하였다.

1982년의 '역사교과서 왜곡 사건'과 1986년의 《신편 일본사》에 이어 한일 양국 간에 역사교과서 문제가 현안으로 다시 등장한 것은 2001년이었다.

'새로운 역사교과서를 만드는 모임'(이하 '새역모')은 일본 중학교 《새로운 역사교과서》를 후소샤(扶桑社)에서 제작하여 2000년 문부성에 검정을 신청하였다. 2001년 이 교과서가 검정을 통과되자, 한국 정부는 '일본역사교과서 왜곡대책반'을 구성하고(2004.4.11) 일본 정부의 왜곡 실태를 조목조목 분석한 〈수정요구안〉을 일본 정부에 전달하였다(2001.5.9.).

우선 수정 요구한 내용을 후소샤와 기존 7종의 교과서와 구분하면 다음과 같다.

〈후소샤(扶桑社)〉

주 제 명	교과서 왜곡 내용
(1) 임나일본부설	- 바다를 건너 조선으로 출병 … 임나라는 곳에 거점을 둔 것 - 야마토 군대는 백제와 신라를 도와 고구려와 …싸웠다. - 고구려는 …백제와 임나를 지반으로 한 일본군의 저항으로 인해 - 임나로부터 철퇴하고, 반도정책에 실패한 야마토 조정

(2) 4세기 후반 삼국 관계	- 고구려는 반도 남부의 신라 및 백제를 압박	
(3) 6세기 삼국 및 국제관계	- 고구려가 쇠퇴하기 시작하고 지원국인 북위(北魏)도 조락 - 신라와 고구려가 연합하여 백제를 위협	
(4) 삼국의 조공설	- 고구려가 돌연 야마토 조정에 접근…신라와 백제가 일본에 조공	
(5) 왜구	- 일본인 외에 조선인도 많이 포함 … 대부분은 중국인	
(6) 조선 국호	- 고려를 무너뜨리고 이씨조선을 건국	
(7) 임진왜란	- 제목에 '조선 출병' - 히데요시는 명을 정복 …인도까지 지배하려는 거대한 꿈에 빠져들어 대군을 조선에 보내었다 - 출병 결과 조선의 국토와 사람들의 생활은 현저히 황폐해졌다	
(8) 조선통신사	- 막부는 … 조선과의 국교를 …회복 - 장군이 바뀔 때마다 사절이 에도를 방문 - 부산에 '소씨의 왜관'이 설치되어	
(9) 조선의 서구열강에 대한 인식과 국제적 지위	- 구미열강의 무력위협을 충분히 인식하지 못하고 있었다. - 중국의 복속국이었던 조선도 마찬가지	
(10) 전근대동아시아 국제질서와 조선	- 조선과 베트남은 완전히 그 내부에 들어가 중국 역대왕조에 복속 - 일본은 중화질서 바깥에서 자유롭게 행동	
(11) 일본=무가사회, 조선=문관사회론	- 중국·조선 양국은 문관이 지배하는 국가였으므로 열강의 위협에 충분히 대응하지 못했다는 생각도 있다.	
(12) 정한론	- 1873년, 개국 권유를 거절한 조선의 태도가 무례하다고 하여 … 정한론이 터져 나왔다 - (사이고는) 자신이 조선에 가서 살해당하면 그것을 명목으로 일본이 출병	
(13) 강화도사건	- 일본군함이 조선의 강화도에서 측량하는 등 시위행동을 하였기 때문에 조선의 군대와 교전한 사건	
(14) 한반도 위협설	- 일본을 향하여 대륙에서 한 개의 팔뚝이 돌출 - 조선반도가 일본에 적대적인 국가의 지배하에 들어가면 일본을 공격하는 절호의 기지가 되어	
(15) 일본 정부의 조선중립화안	- 일본 정부 가운데는 … 조선을 중립국으로 하는 조약을 각국에 체결하도록 하고, 중립보장을 위해 일본의 준비를 증강시켜야 한다는 생각도 있었다.	
(16) 조선의 근대화와 일본과의 관계	- 조선의 개국후, 그 근대화를 돕기 위해 군제개혁을 지원했다. 조선이 외국의 지배에 굴하지 않는 자위력 있는 근대국가가 되는 것은 일본의 안전에 있어서도 중요했다.	
(17) 조선을 둘러싼 청·일의 대립	- 청은 최후의 유력한 조공국인 조선만은 잃지 않으려고, 일본을 가상적국으로 하게 되었다 - 1884년 … 김옥균 등의 쿠데타가 일어났으나 … 청의 군대는 친일파를 철저하게 탄압	

주 제 명	교과서 왜곡 내용
(18) 동학농민운동과 청일전쟁	- 동학의 난(갑오농민전쟁)이라고 불리는 농민폭동 …동학당은 서양의 기독교(서학)에 반대하는 종교를 믿는 집단 - (동학농민군의 기세가) 수도 한성에 육박 - 일본도 갑신사변 후 청과의 합의에 따라 군대를 파견하였으며, 일청양군이 충돌하여 일청전쟁이 시작
(19) 러일전쟁	- 러시아는 … 조선 북부에 군사기지를 건설하였다 - 러시아의…극동에 있어서의 군사력은 일본이 감당할 수 없을 정도로 증강되는 것은 명확 … (일본)정부는 더 늦기 전에 러시아와의 전쟁을 시작할 결의를 굳혔다 - 일본은 한국(조선)의 지배권을 러시아에 인정받았고 … 유색인종국 일본이 당시 세계 최대의 육군대국이었던 백인제국 러시아에 승리한 것은 세계 속의 억압된 민족에게 독립의 한없는 희망을 주었다.
(20) 한국강제병합	- 일본 정부는 한국병합이 일본의 안정과 만주의 권익을 방위하기 위해 필요하다고 생각했다. 영국, 미국, 러시아 3국은 … 이에 이의를 제기하지 않았다. - 한국 국내에서는, 일부에서 병합을 수용하자는 목소리도 있었으나
(21) 식민지 조선 개발론	- 일본은 식민지화한 조선에 철도·관개시설을 정비하는 등의 개발을 하고
(22) 관동대지진과 조선인	- 조선인 및 사회주의자 사이에 불온한 책동이 있다는 소문이 퍼져 주민의 자경단 등이 사회주의자 및 조선인·중국인을 살해하는 사건이 일어났다.
(23) 강제동원과 황민화정책	- 징용이나 징병 등은 식민지에서도시행되어…조선에서는 일본인으로 동화시키려는 황민화 정책이 강화
(24) 군대위안부	[관련 내용 누락]
(25) 한국전쟁	- 맥아더가 지휘하는 미국군 주체의 국련군은 반격… 중국군이 북조선 측에 참가 - 종래의 국경선인 북위 38도선 부근에서 전황은 정체

〈기존 7종 교과서〉

주 제 명	교과서 왜곡 내용
(1) 고대 한일관계 (東京書籍, 大阪書籍, 教育出版, 日本書籍, 日本文教出版, 淸水書院)	- 한(漢)의 영향을 받아…조선반도 북부에서 소국을 통일한 고구려가 일어났다 - 한은 조선반도와 베트남의 일부까지 영토를 확장했다
(2) 임나일본부설 (東京書籍, 大阪書籍, 日本書籍, 淸水書院, 日本文教出版, 帝國書院)	- 6세기에 야마토국이 한반도에서 세력을 잃었다(약해졌다), 야마토 정권이 한반도 남부에 세력을 뻗쳤다

(3) 왜구 (淸水書院, 帝國書院)	- 무역에 종사하는 일본인을 중심으로 한 집단…때에 따라 무역을 강요하기도 하고, 물건을 빼앗기도 - 왜구란 제주도와 북구주의 섬들을 거점으로 - 일본인만이 아닌 조선인과 중국인 등도 섞여 합류
(4) 임진왜란 (東京書籍, 大阪書籍, 敎育出版, 淸水書院, 帝國書院, 日本文敎出版)	- 조선이 (명을 공격하기 위한) 일본군의 통행허가를 거절하자… 대군을 조선에 보냈다 - '군대를 보냈다', '바다를 넘는다'
(5) 정한론 (東京書籍, 敎育出版, 帝國書院, 日本文敎出版)	- 일본 정부는 조선에 국교를 열 것을 요구했으나 조선이 응하지 않아 국내에 정한론이 일어났다 - 중국의 속국으로 위치해 있던 조선은 …일본과의 국교도 거절했다
(6) 강화도사건 (帝國書院, 敎育出版)	- 일본의 군대가 강화도에서 포격당하는 사건이 일어났다 - 청은 조선을 종속국으로 간주
(7) 동학농민운동 (大阪書籍, 淸水書院)	- 동학을 믿는 농민들이 큰 반란을 일으켜 - 일본은 조선 지배를 계기로 삼아 중국으로의 진출 - 청의 출병을 알게 된 일본은 군대를 보내 …전쟁을 시작하였다
(8) 한국 강제병합 (日本文敎出版)	- 안중근이 이토를 암살했다. 그래서 일본은 한국을 병합하며, 식민지로서 지배했다
(9) 황민화정책 (東京書籍, 日本文敎出版)	- 지원한 조선의 젊은이들 (사진 설명), 조선에서는 지원병제도가 실시되었다 - '천황의 백성'에 걸맞은 황국신민이 되도록 동화를 강요 당했다
(10) 군위안부·강제징용 (東京書籍, 大阪書籍, 敎育出版, 日本文敎出版)	- 여성과 어린이를 포함한 일반 사람들도 많은 희생 (군위안부 관련 내용 누락)

다음으로 왜곡 내용을 살펴보면, 전체적으로 일본 중학교 역사교과서의 한국 관련 내용은 기존 교과서보다 상대적으로 분량이 줄어들었다. 이는 수업시수가 줄어들고 전반적으로 교과서의 양을 줄이는 추세이기 때문이다. 1982년 '교과서 파동' 이후 1990년대 말까지 기존 7종 교과서의 한국 관련 내용은 그 분량과 서술 면에서 긍정적인 변화도 있었다. 그러나 개정된 학습지도요령(교육과정)에 의해 개발된 '새역모' 측 새 교과서의 내용은 황국사관에 의한 역사 서술과 한국사 인식에서 다음과 같은 문제점이 있었다.

첫째, 이른바 임나일본부에 기초하고 있다. 이 교과서는 "이에 4세기 후반, 야마토 조정은 바다를 건너 조선으로 출병하였다. 야마토 조정은 반도 남부의 임나라는 곳에 거점을 둔 것으로 여겨진다"라고 하여 군사적 정복에 의한 지배기구로서 '임나일본부설'을 그대로 유지하고 있다. 임나일본부설은 한국과 일본 양국의 역사학자들 사이에 정설로 채택된 적이 없다. 아무리 단정적 표현을 피한다고 해도 이런 가설을 역사교과서에 소개하는 것은 의도적이라고 볼 수밖에 없다. 이런 문제를 잘 알면서도 굳이 임나일본부설을 교과서에 싣는 것은 이를 일본의 조선 침략과 식민지 지배를 정당화하는 근거로 설정하려는 의도이다.

둘째, 철저하게 일본의 역사를 미화하고 있는 반면에 일본과 관련된 다른 나라의 역사는 부정적으로 기술하고 있다. 고대부터 현대까지 일본사의 우월성을 증명하는 비교 대상으로 한국사를 폄하하고 있다. 한국사를 언급할 때는 조공·종속·복속(국)·속국·종주권 등의 용어를 자주 사용하고 있다. 예컨대 일본 측에서는 《일본서기》의 기술과 일부 중국 사료 등을 근거로 "고구려가 돌연 야마토 조정에 접근하였으며, 이어 신라와 백제가 일본에 조공을 하였다"라고 서술하고 있다. 신라·백제·고구려 삼국의 문화가 일본 야마토 문화 성립에 영향을 미쳤다는 사실은 정설로 굳어져 있다. 이들 삼국이 문화적으로 하위에 있던 나라에 오히려 조공을 바쳤다는 것은 납득할 수 없다.

셋째, 양국 사이에서 발생한 사건의 책임 소재를 모호하게 하고 있다. 이 교과서는 일본에게 불리하거나 부정적인 사건의 원인 등에 대해서는 기술하지 않고 있다. 그 예로 임진왜란이나 강화도 사건, 한국 강제병합 등에 대한 설명을 들 수 있다.

넷째, 일본이 한국 등 타국에 입힌 피해를 축소 내지 은폐하고 있다. 이 교과서는 일본이 침략 전쟁을 수행하면서 저지른 만행이나 식민지 지배 과정에서 다른 나라 사람들에게 입힌 피해상을 서술하지 않거나 축소하여 서술하고 있다. 왜구 침탈·임진왜란의 피해·제암리 학살 등을 누락시킨 것이 대표적인 예이다. 오히려 왜구의 인적 구성에 조선인이 다수를 차지하고 있는 것처럼 호도하고 있다.

다섯째, 식민지 지배에 대한 반성이 없다. 이 교과서는 식민지 지배 자체가 잘못이라는 반성이 없고 오히려 시혜를 베푼 듯이 서술하였다. 예컨대 "한국 병합 후 일본은 식민지화 한 조선에 철도·관개시설을 정비하는 등의 개발을 하고, 토지조사를 개시하였다"라고 하여 한국을 강제로 병합한 후 토지개량, 철도부설 등을 통해 조선을 '개발'했다고 주장한다. 그러나 이는 조선을 위한 개발이 아니라 일본인들의 식민지 수탈을 위한 '사업'의 일환이었다. 단적으로 일본에서 들어온 자금의 몇 배에 달하는 자금이 일본으로 반출됐으며, 여기에 일본으로 유출된 물자, 인력까지 포함한다면 이는 분명히 '개발'이 아니라 '수탈'시설을 마련한 것이었는데, 마치 식민지 근대화에 기여한 것처럼 왜곡하고 있다.

여섯째, 일본군에 의한 군대위안부 강제동원 사실을 고의로 누락하여 태평양전쟁 당시의 반인륜적 잔혹행위의 실체를 은폐하였다. 이 교과서는 태평양전쟁 때 조선에서 군위안부를 강제 동원한 사실에 대하여 전혀 언급하지 않고 있다. 군위안부의 강제동원은 여성에 대한 반인륜적 전쟁범죄 행위로 이를 고의로 누락시킨 것은 태평양전쟁 때 일본군의 비인도적 가혹행위의 주요 부분을 은폐하여 그 실체를 파악하지 못하게 하는 것으로, 이는 객관적 사실의 서술 원칙에 위배되는 것이다.

일곱째, 일본이 이웃나라와 평화적인 교류협력을 해온 사실을 경시하였다. 이 교과서는 일본 위주의 국가주의에 입각하여 외국과의 갈등 및 전쟁사를 중심으로 서술되었다. 따라서 다른 나라와의 우호협력이나 상호이해에 대한 관심이 반영되어 있지 않다. 예를 들면 가야 제국과의 평화적인 교역이나 조선시대의 통신사 왕래 등 우호적인 교류 사실까지 왜곡하고 있다.

여덟째, 인종주의적 시각이 강하게 나타나 있다. 서양의 백인종과 동양의 황인종의 대립을 부추기고 있다. 예를 들어 한국침략을 위하여 일으킨 러일전쟁을 마치 일본이 황인종을 대표하여 백인종과 싸운 것처럼 서술하였다.

끝으로 학술연구 성과의 반영이 미흡하다. 이 교과서에서는 한국의 역사연구 성과는 물론이고 일본의 연구 성과도 제대로 수용하지 않고 있다. 특히 일본에게 불리하거나 부정적인 내용을 담고 있는 연구 성과는 거의 무시하였다. 따라서 이 교과서는 사실의 서술과 해석에서 객관성을 결여하고 있다.

2. '새역모'의 등장과 우익 교과서의 확대

1) '새역모'의 등장

1989년 사회주의의 종주국 소련의 몰락과 함께 냉전체제가 허물어지고, 한국과 일본에서는 '대일과거청산운동'이 전개되기 시작하였다. 그 중심에 1990년 1월에 결성된 '태평양전쟁희생자유족회', 11월에 조직된 일본군 '위안부' 피해자를 지원하는 단체인 '한국정신대문제대책협의회'가 있었다. 새로운 움직임에 더욱 활력을 불어넣은 사건은 1991년 8월 김학순 할머니의 자기고백이다. 김학순의 고백은 가해자로서 일본 정부를 뚜렷이 지목하였고, 피해 여성의 자학과 침묵의 굴레를 벗어날 수 있는 발언을 하게 하였다. '한국정신대문제대책협의회'는 유엔인권위원회에 일본군 '위안부' 문제를 상정하고 국제사회와의 연대활동을 강화하는 한편 진상 규명 활동을 병행하였다. 또 1992년 1월 8일부터 일본대사관 앞에서 지금도 계속되고 있는 "일본군 '위안부' 문제 해결을 위한 정기 수요 시위"를 시작하였다.

이에 1993년 8월 일본 정부는 일본군 '위안부'에 관한 조사 결과를 발표하고, 과거 정부가 직·간접적으로 관여했음을 시인하는 담화를 발표하였다. 이에 앞서 5월과 6월에 일본 정부는 일본군 '위안부'에 관한 내용을 교과서에 수록한다고 공식 발표하였다. 그 결과 1993년에 검정한 9종의 고등학교 일본사교과서와 1997년에 검정한 중학교 역사교과서에 일본군 '위안부'에 관한 서술이 이루어졌다.

그러나 일본 내에서는 이러한 일본 정부의 움직임에 반대하는 목소리도 높아갔다. 그 결과 1996년 12월에 극우 성향을 보이는 인사들이 대거 참가하는 '새역모'가 결성되었다. 이 모임에는 교수・언론인・수필가・만화가・작가・기업인 등 다양한 분야의 사람 78명이 발족 당시 참여하였다. 2000년 3월에는 회원이 1만 여명 이상으로 늘어났고, 전국의 여러 곳에 지부가 설치되었다.

'새역모'는 "전쟁 후 일본의 역사 교육은 일본인이 계승해야 할 문화와 전통을 잇지 못하고 긍지를 잃게 하고 있다"면서 역사왜곡의 필요성을 은근히 역설하였다. "더욱이 자학적 경향은 냉전 종결 후에 한층 더 강해지면서 현행 역사 교과서가 한국, 중국 등 옛 적대국의 선전을 그대로 사실로서 기술하고 있다"고 주장하였다.

이 모임은 새로운 교과서를 작성하고, 이를 학생들에게 전하고, 나아가 전체적인 교육의 틀로 만들어 가는 3가지를 목표로 삼고 있다.

'새역모'는 지금까지의 역사교과서 서술 자세는 이른바 일본의 역사를 비하하는 '자학사관'이 깔려있다고 하며, 중학교 검정교과서에서 '종군위안부' 항목의 긴급 삭제를 요구하고, 새로운 역사교과서는 '일본국가 지상주의 역사관'에 입각할 것을 천명하였다.

'새역모'에서 집필한 《새로운 역사교과서》(후소샤)가 2001년 문부성 검정을 통과하였다. 이 교과서는 철저한 황국사관에 기초하여 침략을 부정하고 일본군 '위안부'와 같은 문제는 서술하지 않는 등 침략전쟁을 미화하고 정당화하였다. 2005년에 재검정된 이 우익교과서는 일부 서술의 변화도 있었으나 전체적인 역사인식은 전혀 변하지 않았다.

2) '새역모' 복수 다짐

후소샤 교과서 채택저지운동이 끝난 뒤, '새역모'의 사무국장 다카모리(高森明勅)는 기자회견에서 "4년 뒤에 복수하겠다"고 다짐하였다. '새역모'는 2001년 9월 23일 제4회 총회에서 임원진을 대폭 개편하고, 새롭게 시작하자는 의견광고를 9월 29일 《산케이(産經)신문》에 게재하였다. 이외에 총회에서는 교과서 채택의 참패 원인을 분석하고, '새역모' 제2라운드(2001~2005년)의 3대 활동을 결의하였다. 4년 후의 채택을 위한 활동, 새로운 역사교과서를 보급하는 활동, 일본문화의 가치를 인식하는 재평가운동 등이다. 2003년에는 소학교용 역사교과서, 2005년에는 중학교 역사교과서 검정에 다시 도전하겠다고 선포하였다.

한편 일본의 교과서운동과 한국의 교과서운동은 본질적으로 명백한 차이가 있다. 그것은 제도의 개선방향에서 나타난다. 일본의 교과서 운동은 '검정제도' 자체를 인정하지 않는다. 그래서 검정본의 내용을 문제 삼았지만, 검정 통과 여부를 문제 삼거나 재검정을 요구하지 않았다. 검정 내용을 문제 삼는다는 것은 자칫 '검정제도 부인'이라는 자신들의 원칙을 훼손하는 일이 되기 때문이었다. 결국 재수정 요구는 한국 등 주변국들만이 할 수 있는 문제였다. 그런데 그렇게 하지 못한 채 서둘러 마무리함으로써 4년 뒤의 싸움을 힘들게 만들었다. 2001년 교과서 서술을 논할 때 비교대상이 된 것은 1997년판이었다. 그렇지만 2005년도에는 역대 교과서 중 가장 좋았다는 평을 받았던 1997년판 대신 2001년 검정 통과된 교과서가 중요한 기준이 될 것을 우려하지 않을 수밖에 없는 것이다.

'새역모' 교과서에 대한 주변국의 비판과 시민단체 등이 연합하여 벌인 채택저지운동의 결과, 2005년도 '새역모' 발간 교과서 채택률이 0.39%에 그치자, '새역모' 내부에 분열이 일어났다. '새역모'에서 탈퇴한 세력은 2006년 10월에 애국심과 도덕, 전통을 강조하는 '일본교육재생기구'를 발족시키고, 전위기구로서 '교과서개선의 모임(이하 '교개모')'을 조직하였다. 제2의 '새역모'라고 할 수 있는 '교개모'는 2006년 12월에 개정된 '애국심' 함양을 강조하는 '학교교육기본법'에 기초한 교과서 출판을 목적으로 하고 있다.

'새역모'의 잔류 세력은 후소샤와 결별하고 새롭게 지유샤를 통해 중학교 역사교과서의 검정을 신청하였으며, 문부과학성은 2009년 4월에 지유샤판 교과서의 검정합격을 발표하였다. 지유샤판 교과서는 후소샤판 교과서의 체제와 내용을 그대로 답습하고 있다. 결과적으로 현재 일본 중학교 역사교과서 가운데에는 역사를 왜곡하고 침략전쟁을 미화하는 역사교과서가 2종으로 늘어났다.

3. 동북아의 평화를 위한 교과서 대화

1) 동북아 정세의 기본구도

1989년 소련이 몰락한 이후 세계정세를 근본적으로 규정했던 냉전구도는 해체되었다. 하지만 동북아에서는 아직까지 쌍무적 관계만이 지속되고 있다. 즉, 1951년의 미일안전보장조약, 1953년 한미상호방위조약, 1979년 대만관계법을 바탕으로 미국 중심의 한 축이 있고, 다른 반대편에 1961년 북중 우호협력 및 상호방위조약, 2000년 북러 친선선린 및 상호원조조약, 2001년 중러 선린우호협력조약을 바탕으로 한 또 다른 한 축이 있다. 결국 2005년 현재 동북아 국제관계는 1989년 이전의 동북아 국제질서체제를 근본적으로 부정하지 못하고 있다. '세계화시대'에 동북아에서 민족주의가 고조되는 기본적인 이유도 여기에 있다.

그렇다고 한·중·일 사이의 다자간 안전보장체제와 경제협력 체제를 구축하기 위한 현실적 로드맵을 짜는데 필요한 회의가 삼국 사이에 열리고 있지도 않다. 냉전적 질서구도를 근본적으로 부정하지 못한 가운데 삼국 협력체제를 구축하기 위한 공동노력이 부재한 상징적인 보기는 2005년 8월에 있었던 중러 간의 군사합동훈련이다.

그런데 삼국은 모두 국제화(일), 세계화(한·중)를 향해 다방면에서 노력하고 있다. 삼국이 모두 냉전적 국제구도를 무시하며 세계의 일원이 되겠다고 선언하고 정책을 집행하고 있는 것이다. 그래서 한국에서 중국은 사회주의국가라는 현실과 이미지가 더 이상 지배적이지 않다. 이렇게 된 배경을 냉전체제의 해체와 WTO의 등장을 빼고 설명할 수 없을 것이다. 경제적 협력관계는 이를 더욱 견고하게 하고 있는데, 중국이 사회주의국가이기 때문에 교역에 방해된다는 것은 아무런 의미가 없게 되었다. 이제 중국은 한국과 일본의 최대 교역국으로 부상하였다. 동북아 국제관계의 냉전적 잔재가 독자적인 역동성을 가질 수 없는 이유가 바로 여기에 있다. 삼국은 이제 어느 한 쪽을 무시·배제하고 자신만을 위해 무엇인가를 할 수 있는 상황이 아니다.

한편, 동북아 질서를 실질적으로 결정하고 있는 미국과 중국(G2)은 전략적 군사관계라는 측면에서 보면 서로 경쟁관계에 있기 때문에 견제하고 있지만, 경제성장 등의 측면에서는 서로 파트너십을 강화하고 있다. 요컨대 동북아 국제질서는 냉전구도를 완전히 벗어나지 못하고 있지만, 그렇다고 냉전적 국제관계 시기처럼 대결과 공존의 경계선이 명확한 것도 아니다. 때문에 어느 특정한 일방의 정세요인 때문에 장기지속적으로 국제관계가 요동치는 상황은 앞으로 없을 것이다.

그럼에도 불구하고 동북아 질서 속에서 냉전적 잔재가 여전히 강한 힘을 발휘하고 있는 현실은, 남북분단으로 인한 동북아의 긴장과 더불어 중국과 일본·미국 간의 주도권경쟁에 국지적으로 뒷받침되고 있는 것 또한 하나의 현실과 맞닿아 있다. 이 틈바구니에서 자극적인 언행을 하며 '정치운동'을 하고 있는 사람들이 일본의 우익과 일부 보수세력인 것이다. 역사교과서를 둘러싼 역사 왜곡문제, 야스쿠니신사 참배문제, 강제연행과 관련된 진상규명과 배상문제, 그리고 영토문제 등이 모두 이 틈바구니 속에서 해결의 기미를 보이지 않고 요동치고 있는 것이다. 더구나 동북아에서는 제2차 세계대전이 끝난 이후 65년이 지난 오늘까지 이러한 문제들을 해결하기 위해, 동북아인 스스로가 나서서 회의를 열어본 경험도 없다. 삼국은 자신의 주장이 정당하다는 것만 외치며 각자 장벽을 더욱 높이 쌓아오기만 하였다. 동북아인 스스로 문제해결의 경험이 전무한 것이다. 아니, 그 이전에 스스로 해결해 보려는 지속적인 노력 자체가 전무하였다. 지금 한일·중일간은 각각 '역사공동연구 위원회'를 통하여 서로의 역사인식차를 '확인'하고 있을 뿐이다.

결국 지난 2001년과 2005년의 역사교과서를 둘러싼 갈등에서 확인되었듯이, 역사인식을 둘러싼 갈등은 동북아 국제관계를 흔들 만큼 폭발력이 있을 정도로 정세의 독립변수로 자리 잡고 있다. 현재 동북아의 최대 현안은 정치·외교·군사·경제문제를 둘러싼 갈등만이 아니라 역사인식을 둘러싼 갈등이다. 그리고 이 갈등은 일본의 역사교과서 서술문제와 삼국간의 영토문제로 표출하고 있다. 더 큰 문제는 삼국의 정부와 민간, 어느 차원에서도 이를 해결하려는 구체적인 전망과 실천계획을 갖고 있지 못하다는 점이다.

2) 동북아에서 교과서 대화의 필요성

우리가 교과서 대화를 하는 이유는 교과서에서 언급하는 사실이 맞고 틀린지의 여부를 따지거나 특정한 서술을 배제한 문제를 검토하기 위해서만이 아니다. 교과서 대화를 해야 하는 진짜 이유는 상호인식을 심화시키고 협력을 공고하게 하기 위한 발판을 마련할 뿐만 아니라 반성적 자기성찰을 하기 위해서이다.

전자와 관련하여 국제 교과서 대화의 궁극적인 목적은 상대방에 대한 호혜적인 인식을 가로막고 있는 심리적 거부반응과 견고한 정서적 장벽을 허물고 상호 이해와 협력을 심화시키는데 있다. 역사교과서는 이 목적을 위해 특별한 역할을 해야 한다. 가령 한국인과 일본인이 상대방에 대해 갖는 편견과 공격적 적대감은 어느 날 갑자기 형성된 것이 아니다. 더구나 두 나라 국민은 하나의 사실에 대해 같은 정보량을 갖고 있지 않다. 풍부한 지식과 무지가 병존할 수 있다는 뜻이다. 문제는 이러한 편견, 공격적 적대감과 응어리, 나아가 무지가 '역사적으로 형성'되어 왔다는데 있다. 우리가 국제이해를 개선하기 위한 활동을 벌일 때 청소년교류, 학자교류와 더불어 역사교과서 대화를 우선해야 하는 이유가 바로 여기에 있다. 앞으로 '쪽발이'와 '조센징', '떼국놈'과 '까오리'란 호칭이 사라지고 '일본인'과 '한국인', '중국인'과 '한국인'이란 호칭이 내면에까지 울려 퍼질 수 있는 발판이 되어야 한다.

교과서 대화는 앞서 언급한 다양한 역사문제를 풀어가 가는 지침을 마련할 수 있는 기회를 제공할 것이다. 야스쿠니신사 참배문제, 강제연행문제, 영토문제 등을 교과서에 어떻게 쓸 것인가는 이들 문제에 대한 해결의 기본적인 지침을 알려줄 것이기 때문이다. 그러므로 역사교과서를 둘러싼 대화는 복잡하게 얽혀 있는 다양한 역사문제를 풀어가는 발판이자 촉매제이면서, 여러 역사문제가 마무리되고 수렴되는 지적 공간이다. 덧붙이자면 기념물 건립과 공원조성은 그것의 정치적·지리적 공간이다. 삼국의 정부와 민간단체는 역사교과서를 둘러싼 다자간 대화를 발판으로 지리교과서, 언어와 문학 관련 교과서, 나아가 학교교육을 벗어난 영역에서의 국제 협력으로까지 점차 확대시켜야 한다.

첫째, 교과서 영역만을 놓고 보면, 우리 정부와 민간 차원의 협력은 각자의 장단점을 고려하여 각각의 특성에 맞는 협력모델을 개발·병존하는 모양이어야 한다. 즉, 일본과 한국 정부 사이의 정례적인 협력모델인 한일역사공동연구위원회는 존속시켜 나가야 한다. 한편, 그동안 민간차원의 협력 모델은 《미래를 여는 역사》와 《조선통신사》처럼 구체적인 결과물을 제시하는 성과를 거두었다. 정부는 민간차원의 협력모델의 독자성을 인정한다는 전제 아래 여러 협력모델을 적극 지원하여야 한다.

둘째, 국제 교과서 대화의 결과물이 독일-프랑스, 독일-폴란드처럼 꼭 '권고안'일 필요는 없다. 동북아의 현실은 이것이 당분간 어렵다는 점을 고려해야 할 뿐만 아니라 이미 '동북아적인 협력물'이 나오고 있는 점에 주목할 필요가 있다. 그렇다고 유럽의 교과서 대화 경험을 완전히 무시해서도 안 된다. 교과서 대화의 목적이 상호인식의 변화를 통한 협력의 증대에 있다면, 유럽의 경험과 동북아의 새로운 노력이 본질적으로 상통할 것이기 때문이다.

셋째, 교과서 대화는 인적교류를 동반해야 한다. 특히 청소년층의 교류, 대학생과 대학원생들의 교류가 중요하다. 정부와 민간차원의 다양한 교류가 동반되어야겠지만, 학생들의 교류는 정부차원에서 조직적인 지원기구를 가질 필요가 있다. 가령 현재의 청소년위원회가 수행하고 있는 국제교류활동을 특별히 강화시키는 것도 하나의 방법이며, 별도의 재단을 설립하는 것도 한 방법이다.

넷째, 역사인식을 둘러싼 교류는 한일만으로 국한해서는 안 된다. 한국과 중국, 중국과 일본의 연구자 및 교사, 학생들과도 정례적이고 다양한 교류(학술적, 인적 교류)를 추진한다는 장기적인 전망과 계획을 가지고 있어야 한다. 왜냐하면 이제까지의 경험으로 볼 때 동북아의 역사 분쟁은 삼국을 중심으로 동시에 폭발하였기 때문이다.

다섯째, 이러한 활동은 한국이 동북아에서 다자간 협력체제를 구축하는데 일익을 담당하는 것을 의미하며 그러한 가운데 자연스럽게 동북아 균형자로서의 국민적 역량을 강화하고, 국제적 이미지파워를 키울 수 있는 밑거름이 되도록 해야 한다.

결론 : 한일 관계의 미래를 위하여

　오늘날 한일 양국은 서로 무시할 수 없는 존재가 되었다. 일본은 1945년 제2차대전의 패전을 극복하고 경제발전에 힘써 오늘날 세계 제2의 경제대국이 되었다. 한국도 1950년 6·25전쟁의 폐허를 딛고 북한의 위협 속에서도 오늘날 세계 13위의 경제 규모를 이루었다. 또한 과거 원조를 받던 나라에서 이제는 원조를 주는 나라가 되었다. 한일관계의 미래는 양국만의 관계에서가 아니고 한·중·일 삼국관계, 나아가 동아시아 국제관계 속에서 고려되어야 할 것이다. 장차 국제사회에서 동양 삼국의 우호친선과 경제협력은 동양 삼국의 경제발전뿐만 아니라 동양 평화, 세계 평화를 위해서도 필수 불가결한 것이다.
　그러므로 오늘날 시점에서 한일관계가 반목과 대결로 가는 것이 유익한가, 상호 이해와 협력의 관계로 나가는 것이 유익한가는 자명하다. 말할 것도 없이 갈등을 해소하고 상호 이해와 협력의 관계로 나가야 할 것이다. 미래지향적인 한일 우호관계를 유지하고 동북아의 역사 화해와 평화를 지향하기 위해서는 다음과 같은 노력이 필요하다.
　첫째로 한일 간의 우호협력을 위하여 한일 양국은 과거사 청산과 관련하여 상대국의 입장을 배려해야 한다. 과거에 대한 올바른 이해 없이는 바람직한 미래를 기대할 수 없다. 일본은 과거 일제가 한국에서 행한 가혹한 식민통치를 인정하고, 왜 한국인이 그처럼 일본에 대하여 원한을 잊지 못하는가를 이해하고자 노력해야 한다. 한편 한국인은 한국이 왜 일본의 침략을 받게 되었는가, 약육강식의 시대에 한국이 강국이었다면 어떻게 했을까도 생각해보아야 할 것이다. 과거 식민통치가 한국의 근대화에 기여했다든가 한국인에게 도움이 되었다는 일부 일본인의 주장은 일본에 아무런 도움이 되지 못하고 오히려 한국인의 반발을 살뿐이다. 한편 일본도 독일처럼 확실하게 과거를 청산하라는 한국인의 주장은 원칙적으로 옳지만 현실적으로 실현되기는 어려울 것이다. 전후 독일의 정치지도자들은 나치즘과 뿌리가 다르기 때문에 확실히 과거사를 청산할 수 있었으나, 군국주의자들의 맥을 이은 전후 일본의 정치지도자들이 천황제 하에서 확실하게 과거사를 청산하는 것은 불가능할 것이기 때문이다.

둘째로 한일 간의 우호협력을 위하여 한일 양국은 과거사 청산문제를 미래지향적으로 접근해야 한다. 한국인은 과거사와 관련하여 일본의 진정한 반성과 사죄를 하지 않는다고 반일 감정을 가져왔고, 일본인은 이에 반발하여 혐한감정을 가져왔다. 교차되는 한국인의 반일감정과 일본인의 혐한감정은 한일 간의 우호협력을 불가능하게 하고 있다. 과거에 대한 진정한 반성과 사죄는 일본인의 몫이다. 이제 한국인은 과거사와 관련하여 더 이상 일본을 꾸짖는 식으로 일본의 반성과 사죄를 요구할 것이 아니다. 우리는 다수의 일본인들이 한국에 호감을 가지고 있다가 역사문제로 혐한감정을 가지게 되었다는 현실을 직시할 필요가 있다. 역사를 잊어서는 안 되지만 과거에 집착하고 과거를 용서하지 못하면 미래를 열어갈 수 없는 것이다. 따라서 우리는 과거에 얽매이지 말고 미래를 향하여 한일 양국의 친선관계를 확대해가야 할 것이다. 이제 많은 한국인들이 자신있게 많은 일본 친구를 사귀는 것도 과거사 청산에 도움이 된다. 한국인을 좋아하는 일본인이 한일 간의 과거문제에도 스스로 반성하게 될 것이기 때문이다. 많은 한국인과 일본인이 서로 친구가 되는 것이 과거사 청산의 지름길이라고 생각된다.

셋째로 한일 간의 우호협력을 위하여 한일 양국은 감정적·민족적 차원을 넘어 이성적 인류적 차원에서 한일관계를 풀어가야 한다. 역사교과서 왜곡문제, 신사참배문제, 영토문제 등과 관련하여 한국인이 민족감정으로 일본과 일본 국민을 싸잡아 공격하면, 한일관계를 한국민족 대 일본민족의 대결구도로 끌고 가 양국 간 우호협력관계는 이룰 수 없을 것이다. 사실상 우리가 배격하는 것은 일본 자체가 아니고 일본의 제국주의이다. 일본의 제국주의는 주변 국가를 침략하여 망쳐놓았고 일본 자체도 망쳤다. 그러므로 제국주의는 우리만 배격해야할 대상이 아니고 일본도 배격해야 할 대상인 것이다.

그리고 제국주의 침략을 미화하는 일본 우익세력의 역사교과서 왜곡은 한국인의 대일감정을 악화시킬 뿐만 아니라, 일본의 올바른 역사교육도 망치게 한다. 그러므로 제국주의 잔재인 일본 우익세력을 견제하는 것은 한일 양심세력의 공동 과제라 할 수 있다. 따라서 한국인은 일본 우익세력과 일본국민을 구분하여 대응해야 하며, 한일 역사분쟁은 한일 양심세력이 연대하여 민족적 차원을 넘어 인류적인 입장에서 풀어가야 할 것이다. 문제가 된 후소샤판《새 역사교과서》2001년 판의 채택률이 0.039%에 머물렀고, 2005년판의 채택률이 0.4%에 머문 사실은 한일 양심세력의 연대 가능성을 보여준 것이다. 그리고 우리는 일제침략기에도 한국인과 일본인이 연대하여 반전투쟁과 반제투쟁을 벌인 사실, 그리고 한국과 한국인, 한국문화를 사랑한 일본인이 적지 않게 있었다는 사실을 기억할 필요가 있다.

넷째로 한일 우호협력을 위하여 한일 양국은 상대국에 유익한 존재가 되어야 한다. 근대 이전에는 한국인이 일본에 대하여 문화적 우월감을 가지고 일본을 멸시했으며, 근대 이후에는 일본인이 한국에 대하여 군사적 문화적 우월감을 가지고 한국을 멸시하였다. 곧 근대 이전에 한국에게 일본은 유익한 존재가 아니고 귀찮은 존재였으며, 근대 이후에 일본에게 한국은 유익한 존재가 아니고 나약한 침략의 대상에 불과하였다. 한국보다 먼저 근대문명을 수용한 일본의 개화 초기에 서양세력에 대응하기 위하여 한·중·일 연대론을 주장하기도 하였다. 그러나 일본은 한국이 파트너가 될 만큼 능력이 없다고 판단하여 한국을 침략했던 것이다. 한일 양국은 문화의 수준 차이 또는 국력의 격차가 심할 때 서로 유익한 존재가 될 수 없었다. 이러한 사실을 교훈으로 하여 한일 양국은 문화적 경제적 교류를 통하여 능력 있는 국가로서 서로 필요로 하는 유익한 존재가 되도록 노력해야 할 것이다. 한일 양국이 상대국에 유익한 존재가 될 때 한일 간의 현안 문제도 해결이 될 것이다.

끝으로 역사가 단순하게 과거의 문제만을 대상으로 하는 것이 아니라, 한국과 일본이 역사를 통해 상호 이해와 협력하는 미래를 만들어 가려면, 철저한 자민족 중심주의가 가지는 폐단(제국주의, 식민주의)을 반성하는 자세가 필요하다. 어느 하나의 민족 역사가 단순하게 홀로 존재하는 것이 아니라 이웃 민족·국가와의 교류·통교 속에서 이루어지므로, 이를 자신의 역사 속에서 조화롭게 결합해야 하는 것이다. 역사를 주체 세력의 활동으로 파악하여야 하지만, 이 활동이 새로운 미래를 만들어가는 미래지향적 활동이 되어야 할 것이다. 한일 간에 역사 분쟁이 있는 것이 현실이라면, 이를 풀고 역사인식을 접근시켜야 양국의 미래를 평화적인 차원에서 만들어 갈 수 있다. 한일 간에 교류가 증대되고, 앞으로 새로운 동반자 관계를 정립하기 위해서는 반드시 과거 역사 문제를 정리하기 위한 역사대화를 계속해 나갈 필요가 있다.

한일간 역사문제의 경과와 전망

신 주 백*

> **목 차**
>
> 1. 한일 간 기억충돌이 교과서 문제로부터 시작된 이유는?
> 2. 국경을 넘기 시작한 역사갈등
> 3. 역사문제에 관한 대중적 저변의 확대
> 4. 역사갈등의 전면화와 대안 모색의 시작
> 5. 역사교과서 대화와 전략적 접근으로서 '동아시아형 역사대화'

1. 한일간 기억충돌이 교과서문제로부터 시작된 이유는?

　한일 간 역사문제는 역사교과서 문제로부터 역사문제 전반으로 확대되어 왔다. 일본의 침략과 지배를 둘러싼 역사문제로부터 한중일 사이에 얽힌 복잡한 문제로, 더 나아가 동아시아라는 지역의 문제로 확대되어 왔다. 이와 같은 역사문제의 전개양상을 일으킨 원인을 해명하고, 앞으로 한국 정부와

---

* 연세대학교 국학연구원 HK연구교수

사회가 어떻게 대응하는 것이 좋은지를 정리하는데 이 글의 목적이 있다.

그러면 역사문제는 기억의 문제이니 기억이란 무엇인지부터 살펴보자.

전후 세계 질서를 규정하고 있던 냉전체제가 무너진 후 세계는 말 그대로 글로벌시대이다. 한중일 세 나라도 모두 세계화 또는 국제화를 내세우고 있다. 세계화시대란 나는 문을 꼭 닫은 채 상대방의 문을 열게 하는 시대가 아니다. 나의 문도 열어야만 하는 시대를 말한다. 나를 개방하지 않으면 글로벌시대에 동참할 수 있는 세계가 21세기인 것이다.

그런데 개방화가 어느 때보다 강조되고 있는 이 시대에 한중일 삼국은 지난 수백 년 전 또는 수십 년 전의 일을 놓고 마치 지금의 당면한 문제인 것처럼 열을 내며 싸우고 있다. 마치 과거가 현재를 발목 잡아 미래로 나아가지 못하도록 하고 있는 꼴인 것이다.

그렇다면 과거의 농축과정인 역사는 과거지향적인 것인가. 그렇지 않다. 이제는 상식처럼 이야기되는 말 가운데, 과거를 통해 현재를 보고 미래를 내다보는 것, 즉 과거와 현재의 대화가 역사라고 하지 않았던가. 대화과정에서 특정한 사실에 대한 이해나 시대의 역사상은 언제든지 바뀔 수 있다. 그것은 다른 말로하면 기억이 바뀔 수도 있고, 기념하는 형식과 내용이 달라질 수도 있다는 뜻이다.

역사적 기억은 그 사회의 구성원 모두가 동일한 폭과 깊이로 특정한 사실을 기억하는 데서 출발하지 않는다. 그때그때 개인이 처한 상황과 관심 등에 따라 그 편차는 제각각일 수 있다. 인간의 기억은 개별적 사실이 퇴적되는 그대로 보존된 결과가 아니라 현재와의 관계 속에서 끊임없이 생성·변화하기 때문이다.

문자가 발명되고 인쇄술이 보급되면서 사회구성원 개개인의 기억은 점차 국가에 의해 관리되어 왔다. 특히 18세기 프랑스혁명 이후 국민국가의 출현을 계기로 기념물과 기념일처럼 기념이란 이름의 집단적 기억, 백과사전·고문서제도·도서관 설립과 같은 거대한 프로젝트는 국가에 의해 시도되고 관리되면서 거대한 이미지 체계를 본격적으로 형성하기 시작하였다.

역사교육도 국민국가가 지향하고자 하는 특정한 이미지 체계를 만드는 중요한 통로였다. 그 공간은 학교였고, 지금도 그러하다. 학교는 오늘날 의무교육이 일반화되면서 국가가 관리하는 집단적 이미지 체계를 형성하는 데 더욱 큰 역할을 하고 있기 때문이다.

학교교육을 통해 끊임없이 재생산된 특정한 기억은 사회적 기억이 되고, 집단의 정체성을 형성하는 바탕으로 된다. 학교는 기억의 집합과 집단화 과정을 가장 광범위하고 지속적으로 진행할 수 있는 공간인 것이다.

학교교육에서는 기억을 집단화는 기본 기재로 교과서가 활용되고 있다. 국가는 특정한 지침을 갖고 교과서를 집필하도록 유도한다. 그 지침서를 한국에서는 교육과정, 일본에서는 학습지도요령, 중국에서는 과정표준이라 한다. 지침서는 특정한 기억을 하나의 주류 역사로 세우는 역할을 한다. 교육을 통해 기억을 합의하도록 유도하는 것이다. 학교의 교사는 학생 개개인이 사회구성원으로 성장할 수 있도록 교과서를 활용하여 훈육하면서 지침이 유도하는 특정한 기억을 합의된 것으로 만든다.

국민국가 단위에서 이루어지는 학교교육에 따라 형성된 특정한 기억은 다른 국민국가의 구성원과 다를 수 있다. 특히 서로가 관계되었던 영역에 대한 기억이 다를 경우 충돌할 수 있다. 기억의 충돌은 여기서부터 시작된다고도 볼 수 있다.

1982년 동아시아에서 일본의 '역사교과서 문제'가 처음 일어난 것도 바로 이 때문이다. 달리 말하면, 1945년 이후 처음 일본의 역사인식에 문제를 제기한 계기가 1982년 일본 역사교과서 문제였다. 그런데 문제가 된 영역은 교육주권이라고도 말해질 수 있는 학교교육이었다. 더 좁히면 역사교과서의 기술 내용이 문제였다. 그 가운데서도 한일관계사, 특히 민족의 형성사를 이해할 수 있는 고대사, 그리고 두 나라 관계의 현재적 특수성을 이해할 수 있는 근대사 영역의 관계사가 문제였다.

2. 국경을 넘기 시작한 역사갈등

1) 1982년 이전 : 구체적인 역사문제는 소수 피해자만의 문제

사실 한일 간의 특수한 역사적 관계로 인해 일어난 역사문제는 1982년 역사교과서 문제가 일어나기 이전에도 있었다. 잠시 이를 살펴보자. 1982년도 역사교과서 문제의 특성을 이해하는데 도움이 될 것이기 때문이다.

1982년 이전까지 만해도 한일 간 외교적 현안으로 대두된 역사문제는 사실 피폭자문제가 거의 유일하였다. 피폭자문제란 1945년 8월 나가사키와 히로시마에서 터진 원자폭탄으로 피해를 당한 한국인들, 즉 피폭자들에 대한 보상과 치료문제를 말한다. 일본정부는 한국에 거주하는 한국인 피폭자들에게 '피폭자 건강수첩'을 주지 않았으므로, 피폭자들은 치료를 받을 수 없었을 뿐만 아니라 원호수당도 받을 수 없었다.

한국에 거주하는 한국인 피폭자들에 대한 치료와 보상문제는 한일협정이 체결된 이후인 1967년 피폭자들이 모여 한국피폭자협회를 결성하면서부터 제기되기 시작하였다. 한국인 피폭자들은 애초 한국과 일본 정부에 기대를 걸었지만 그것이 성사될 가능성이 희박해자 본인들이 직접 나서기 시작하였다. 피폭자 손진두는 치료를 받기 위해 1970년 12월 일본으로 밀항을 시도하다 일본 경찰에 체포되었다. 이후 공소 중지 상태에서 치료를 받던 도중 일본 정부가 퇴거를 명령하자 이를 거부하고 일본 시민운동의 자발적인 지원을 받아 외국인등록증을 발부받았다. 그의 적극적인 행동은 한국인 피폭자들의 권리의식을 자극하였다.

손진두는 이후 후쿠오카현 지사를 상대로 피폭자건강수첩을 교부해 달라는 소송을 후쿠오카지방법원에 제기한 이래 고등법원, 1978년 최고법원을 거치며 승소하였다. 그는 법률을 통해 불법입국자라도 피폭자이므로 일본에 거주하면 치료를 받을 수 있다는 사실을 확인해 주었다. 손진두의 소송은 1945년 이후 대일 과거청산을 요구하는 첫 소송이었다.

그런데 피폭자의 치료문제는 1965년 한일협정에서 논의된 사안이 아니었다. 한일협정이 한일 간의 특수한 역사적 관계를 홀시했다는 사실은 여기에서도 확인되다. 그러한 문제점을 재삼 언급하지 않는 대신에 대일민간청구권 보상금으로 1인당 39만원(약 19만엔)을 한국정부가 지불한데 대한 피해자들의 반발에 대해서는 약간 언급해 두자.

일부 피해자들은 보상금 액수가 너무 적고, 유골 송환과 명단을 공개할 필요가 있다고 주장하며 보상금의 수취를 거부하는 활동을 벌이기도 하였다. 그러나 그들의 움직임은 조직화되지 못하였다. 유신정권이 법인화를 금지하고 정보기관까지 동원하여 집회도 방해하며 강력히 제동을 걸었기 때문이다. 경제정책과 남북대결 과정에서 일본의 지원을 필요로 하는 유신정권으로서는 보상금문제가 한일 간의 외교문제로까지 번지는 것이 부담일 수밖에 없었기 때문일 것이다. 또한 30만원의 보상금을 받은 피해자들도 움직이지 않았다. 피해자들의 움직임은 급속히 동력을 상실하였다.

더구나 당시 민주화운동 세력도 피해자들의 보상문제와 민주화를 연계시켜 사고하지 않았다. 일부 피해자가 자신들에게 보상금이 지불되기 이전에 여론화를 시도하고자 몇몇 대학의 학생운동 세력과 접촉했지만 그들은 움직이지 않았다고 한다. 1970년대 한국의 민주화운동 세력은 반박정희운동 곧, 반유신운동에 집중하는 가운데 민주화운동과 민족문제의 해결을 결합시키는 이론적 능력과 관심이 없었던 것이다. 똑같은 제한된 모습은 1982년 역사교과서 문제에서도 확인할 수 있다.

2) 1982년, 일본의 역사교과서 문제가 처음으로 국제화하다

1982년 일본 역사교과서 문제는 일본 내부에서부터 불거져왔다. 일본 내외, 특히 한국의 시민단체가 일본의 시민단체와 협력하여 적극적으로 대처한 2001년 및 2005년과 비교된다고 말할 수 있겠다.

사실 일본 정부는 1965년 교과서 검정에서 '강제연행'이란 말을 사용하지 못하게 할 정도로 자신들의 제국주의적 침략과 지배에 대해 정면으로 마주하지 않았다. 이런 와중에 검정 불합격 처분을 받은 이에나가 사부로(家永三郎) 교수가 1965년 취소 소송을 제기하였다.[1] 이후 이에나가는 모두 세 차례 소송을 제기하여 검정제도 자체는 합헌이지만 그것을 운영하는 문부성이 교과서 기술 내용에 관한 수정 지시를 과도하게 함으로써 운영을 잘못한 부분이 있다는 판결을 얻어냈다. 이에 따라 일본의 침략과 지배를 둘러싼 교과서 기술 내용이 개선되는 방향으로도 이어졌다.

그런데 교과서 내용을 둘러싼 일본사회 내부의 갈등이 1979년부터 급속히 바뀌어 갔다. 그때까지는 교과서 내용을 둘러싸고 정부와 필자 간의 법정 다툼 형식으로 전개되었으므로 교육문제의 영역을 벗어나지 않았다. 하지만 1979년 하반기 경부터 자민당과 우익 인사들이 나서서 교과서 필자의 이름을 공공연하게 거론하면서 성격이 변화되었다. 그들은 교과서의 기술 내용이 좌익사상에 편향되어 있다고 색깔 공격을 하고, 나라를 사랑하지 말라는 내용으로 쓰여 있다고 비판하였다.[2] 자민당이 교과서 검정을 강화

---

1) 특히 1970년 제2차 소송의 1심 판결은 원고 측의 주장을 거의 전면적으로 인정하고 교과서 검정제도를 사실상 부정하였다[스키모토(杉本)판결]. 이에나가 소송은 1997년 8월 제3차 소송의 상고심 판결을 끝으로 끝났다.

2) 石井一朝, 〈新・憂うべき教科書の問題〉《じゅん刊世界と日本》253・254 합병호, 1979.11 ; 〈いま教科書は-教育正常化への提言〉1-19, 《自由新報》1980.1-8 ; 森本眞章・淹原俊彦, 1981 《疑問だらけの中學教科書》(ライフ社)

하기 위한 법률을 제정하려 하자, 문부성은 교과서 제도 전반을 손질하려는 검토작업을 시작하는 한편, 검열 같은 검정을 실시하였다. 일본에서는 일련의 과정을 통틀어 '제2차 교과서 공격'이라고 말한다.

제2차 공격이 이루어지고 있던 와중인 1982년 6월 25일 문부성은 1983년에 사용할 고등학교 사회교과서의 검정 결과를 발표하였다. 일본 언론은 검정에서 '침략'이란 표현을 약화시키려 했다든지, 오키나와전에서 일본군에 주민이 살해당한 기술을 삭제하도록 했다는 비판을 제기하였다. 나중에 잘못된 보도로 판명 났지만 문부성이 검정심사 과정에서 '침략'을 '진출'로 바꾸도록 했다는 보도까지 나왔다.

일본의 교과서 검정 내용에 대해 국내 언론에서도 보도하기 시작하였다. 전두환 정권은 검정을 통과한 교과서의 내용을 분석하는 한편 중국 정부처럼 일본의 역사교과서 문제를 비판하였다. 그렇다고 외교적인 갈등을 일으킬 정도까지 강력하게 문제를 제기한 것은 아니었다. 아니, 당시 전두환 정권으로서는 그렇게 할 수 없었을 것이다.

당시 한국 사회는 당시 우리 경제에 큰 충격을 주었던 이철희·장영자 사건의 공판이 진행 중이었고, 극심한 가뭄에 시달리고 있었으므로 국민의 관심이 역사교과서 문제로 모아질 수 없는 상황이었다. 더구나 전두환 정권은 일본 정부로부터 경제협력자금을 얻어 경제 안정과 발전을 통해 집권의 정당성을 획득할 필요가 있었다. 사실 1982년 들어 경제협력자금의 제공은 원칙적으로 합의된 상태나 마찬가지였으며, 남은 문제는 액수문제 등이었다. 이런 상황에서 역사교과서 문제로 국내 반일여론이 비등하면 전두환 정권으로서는 일본과의 협상에 부담을 가질 수밖에 없었다. 따라서 전두환 정권은 드러내놓고 대응하는 것을 원하지 않았으며, 7월 말경까지도 소극적인 대응으로 일관하였다.

그런데 7월 23일 마쓰노 유키야스(松野幸泰) 일본 국토청 장관이 한국의 역사교과서에도 오류가 있다면서 "한일합병의 경우 한국에서는 일본이 침략한 것으로 돼 있는 듯하나 한국의 당시 국내정세 등도 있어 어느 쪽이 올바른 것인지 알 수 없다"고 발언을 하였다. 그는 일본의 교과서 기술 내용에 대한 한국과 중국의 주문은 내정간섭이라고까지 발언하였다. 마쓰노 국토청 장관의 부적절한 발언은 한국인 내면에 내재되어 있던 반일감정에 기름을 부은 꼴이 되었다.

한국 언론은 일본 역사교과서의 문제점을 1면 기사로 연일 보도하였다. 일부 국민은 부산 주재 일본 영사관에 투석하거나 식당에 일본인의 출입을 금지하였고, 택시 승차를 거부하는 사람도 있었다. 국민의 반일 감정은 한글학회처럼 전체주의 일본을 비판하는 성명을 내는 행동양식보다 대단히 직접적이고 공격적인 양상을 드러낸 것이다.

침략과 지배 사실을 왜곡하고 공공연히 옹호하는 일본의 지도층에 대한 한국인의 반발이 거세지면서 일본 역사교과서 문제가 외교문제로 바뀌어 갔다. 정권의 대중적 지반이 취약했던 전두환 정권으로서는 국민감정을 거스를 수 없었을 것이다. 또한 일본 역사교과서 문제는 중일 간의 문제로도 발전해갔다. 이에 일본 정부는 사절을 보내 무마를 시도했지만 한국과 중국 정부의 강경한 태도를 바꿀 수는 없었다.

끝도 없이 각을 세울 것 같던 외교 갈등은 8월 말경에 이르면 수습 국면에 들어섰다. 전두환 정권은 감정적인 반일을 극일克日로 승화시킬 필요가 있다며, 언론의 협조를 얻어 '독립기념관에 벽돌 한 개씩을'이란 구호 아래 범국민적인 모금운동을 벌였다. 그 결과물이 1987년 8월 개관한 독립기념관이다. 또한 일본 정부에 국사편찬위원회에서 분석한 수정요구서를 공식적으로 전달하였다. 해방 이후 처음 있는 일이었다.

한편, 일본 정부는 8월 말에 주변국의 교과서 "비판에 귀를 기울여 정부의 책임으로 시정하겠다"는 담화를 발표하였다. 그리고 11월에 "인근 아시아 제국과의 관계에 관한 근·현대의 역사적 사실에는 국제이해와 국제협조의 견지에서 필요한 배려가 있어야 할 것"이라며 새로운 검정 기준으로

'근린제국조항'을 추가하였다.

이로써 1982년도 일본 역사교과서 문제가 일단락되었다. 1982년을 일본인의 역사인식이 국제사회에서 처음으로 외교문제화 한 해였다.

그러나 역사교과서 문제가 일어난 요인이 해소되거나 해소 방안이 합의되거나 묵인된 것은 아니었다. 문부성이 검정제도를 잘못 운영했음을 인정하지도 않았다. 더구나 재발을 방지할 장치도 마련하지 못한 채 상황이 종료되어 버렸다. 근린제국조항은 외교적 봉합의 결과였던 것이다. 새로운 검정 기준의 허약함은 2001년도부터 여실히 드러났다.

상황을 봉합한데 불과했으므로 한일 양국은 문제해결을 위한 상호 지향보다는 자기 입장에 충실한 대응책을 마련하는데 더 골몰하였다. 한국 정부는 민족사관 교육을 강조하는 가운데 특히 근현대사 교육에 주목하기 시작하였다. 더불어 일본의 침략과 지배, 그리고 민족운동사와 관련된 연구들이 이즈음부터 활성화되었다. 하지만 일본 연구를 본격화하지 않았다. 일본 교과서의 동향을 분석하려는 노력도 지속적으로 전개하지 않았다. 학생운동 세력은 역사교과서 문제가 일어나자 전두환 정권을 비판하는 반독재투쟁의 정치공간으로만 이 기회를 간주함으로써 1970년대 민주화운동 세력의 한계를 그대로 노출하였다.

한일 양국은 역사대화를 통해 문제를 정면으로 직시하려는 구상과 의지가 없었다. 역사교과서 문제에 대해 비판적이었던 일본의 진보적인 사람들조차 서독의 역사대화 경험을 가지고 문부성의 검열적 검정행위를 비판하는데 더 관심을 두었다. 우익들은 서독의 국제 대화 경험을 타협으로 왜곡하며 그것의 불필요함을 역설하였다. 그럼에도 불구하고 이후 일본의 교과서는 분명 개선되어 갔다. 일본 제국주의의 '침략'이란 용어를 사용하는데 별다른 지장이 없게 되었을 정도였다.

하지만 우익의 입장에서는 제2차 교과서 공격을 통해 교과서 내용을 자신들이 바라는 방향으로 돌려놓으려 했다가 오히려 역습을 당한 꼴이었다.

그래서 그들이 마련한 다음 대안이 교과서를 직접 만드는 것이었다.

'일본을 지키는 국민회의'라는 우익 단체는 "다음 세대를 담당할 청소년을 위한 적정한" 일본사 교과서로 《신편일본사新編日本史》을 만들어 1985년 5월 검정을 신청하였다. 문부성은 이듬 해 5월 800여 곳에 검정의견을 붙여 합격시켰다. 그들은 교과서를 만들어 다음과 같은 목표를 달성하는데 유리한 환경을 조성하려고 하였다.

> 일본을 지키기 위해서는 물질적 군사력으로 지키는 방위 문제와, 그리고 마음과 정신을 지켜야 하는 교육에 관계된 두 가지의 커다란 문제가 있습니다. 이 두 가지를 통합할 커다란 문제로서 헌법이 있습니다만, 나라를 지키는 근원은 결국 국가 민족이라는 것을 어떻게 인식하는가, 바꿔 말하면 천황이라는 존재를 어떻게 인식하는가라는 것이 중요하다고 생각합니다. … 우리들이 헌법 개정을 제창하는데 있어 우선 국가의식, 나아가서는 천황에 연결되는 국체라는 것을 우선 분명하게 확립하는 데서부터 착수하지 않으면 안 된다고 생각합니다. 결국 헌법·방위·교육의 문제는, 우선 올바른 국가의식을 말하자면 올바른 애국심의 확립이라는 근원적인 마음의 문제에서부터 들어가야 한다고 생각합니다.(《日本の息吹》 2, 1984. 7)[3]

일본의 우익과 일부 보수세력은 헌법을 개정하고 천황 중심의 국가체제를 만들기 위한 사상적 흐름을 형성할 수 있는 사회적 기재로서 역사교과서를 주목한 것이다. 그들에게 있어 역사교과서의 정치적 용도는 바로 이것이었고, 지금도 그 용도는 여전히 유효하다. 2001년부터 계속 되고 있는 후소샤 교과서문제가 이를 보여준다.

---

3) 국민회의의 기관지이다. 당시 운영위원장이었던 마유즈미 도시로(黛敏郞)가 쓴 글이다.

3. 역사문제에 관한 대중적 저변의 확대

1) 냉전 해체 이후 다양하게 표출한 역사문제

1980년대 후반 들어 대일 과거청산운동에 새로운 전기를 마련할 수 있는 국내외 정세가 급속히 조성되어 갔다.[4]

1987년 6·10민주화운동을 기점으로 한국사회의 정치적 민주화가 실현되어 갔다. 그것을 제도화하는 과정의 한편에서 개인의 권리와 개성을 존중하는 사회적 흐름이 뚜렷이 성장해 갔다. 한국사회의 새로운 흐름은 1980년대 후반 냉전체제의 붕괴와 맞물리며 개인의 권리를 찾기 위해 국가의 장벽도 넘을 수 있다는 의식으로까지 이어졌다.

이와 비슷한 시기에 동유럽에서 불기 시작한 민주화 열기는 1990년 동서독의 통일로 이어졌고, 마침내 1991년에 사회주의의 맹주 소련이 몰락하였다. 1945년 이후 세계 질서를 사실상 양분해 왔던 자본주의의 미국과 사회주의의 소련을 중심으로 구축되어 있던 냉전체제의 기본 축이 무너진 것이다. 때마침 노태우정권은 북방외교를 적극 추진하여 1990년 소련과, 1992년 중국·베트남과 수교를 맺었고, 1991년 남북한 UN동시 가입을 실현하였다. 이로써 이데올로기에 따라 편 가르기를 하고, 같은 편끼리는 분열된 모습을 드러내지 말아야하는 시대가 끝났다.

최소한의 정치적 민주화를 달성한 가운데 세계적인 차원에서 이루어진 냉전의 해체는 이념적 제한성으로 일본의 진보적 시민단체와 연대하는데 주저할 수밖에 없었던 대일 과거청산 운동세력의 현실적 압박감을 해소시켜 주었다. 더구나 1990년대 후반으로 갈수록 남북관계가 안정되면서 압박감은 사실상 사라져 갔다.

---

[4] 이하의 주요 내용은 《역사문제연구》 14 (2005)에 실려 있는 신주백, 〈한국과 일본에서 대일 과거청산운동의 역사-한국과 관련하여〉를 중심으로 정리한 것이다.

일본 내에서도 1982년 역사교과서 문제를 계기로 일본의 침략과 식민지 지배를 둘러싼 과거 사실을 직시하지 못한 측면이 있음을 반성하는 움직임이 일어났다. 그래서 양식 있는 일본인 사이에서는 일본 본토에 강제연행된 한국인에 관한 진상을 지역별로 조사하는 보고서를 만드는 활동을 다시 전개하고, 일본 기업의 전쟁범죄와 책임을 묻는 조사와 연구활동을 전개함으로써 일본인 스스로의 전쟁책임과 식민지책임을 직시하려 노력하였다.

새로운 시대적 분위기 속에서 1990년대 대일 과거청산운동에서 핵심적인 역할을 한 태평양전쟁희생자유족회가 결성되었다(이하 유족회). 유족회는 '일본의 전후책임을 확실히 하는 회'의 일본인 변호사 등과 함께 일본 정부와 기업을 상대로 보상을 청구하는 소송을 제기하여 많은 사회적 관심을 불러 일으켰다.

소송은 정치적 장벽과 이념적 굴레가 사라진 현실에서 피해자와 유족들이 개인적으로 발언하고 사회에 문제를 제기할 수 있는 통로였다. 왜냐하면 일본 정부와 기업을 상대로 하는 재판과 이를 지원하는 활동은 죄의식, 한탄, 운명 그리고 침묵에 빠져 있던 피해자들에게 민족문제 속에서 자신의 과거를 되돌아보게 하는 촉매제였기 때문이다.

그 촉매제에 더욱 강한 폭발력을 갖추게 한 것이 1991년 8월 김학순 할머니의 자기고백이었다. 김학순의 고백은 가해자로서 일본 정부를 뚜렷이 지목했고, 피해 여성들도 자학과 침묵의 굴레를 벗어날 수 있는 발언을 하게 하였다. 1990년 11월에 결성된 한국정신대문제대책협의회를 중심으로 전개된 일본군 '위안부' 문제는, 민족문제이자 여성문제로서 국제사회로부터 큰 주목을 받기 시작했으며, 대일 과거청산운동에 대한 사회적 관심도 더욱 높아졌다.

그들은 일본 정부를 상대로 소송을 제기하기도 했고, 1992년 1월 8일부터 지금까지 계속되고 있는 "일본군 '위안부'문제 해결을 위한 정기수요시위"를 통해 진상을 규명하고 책임자를 처벌하도록 요구하고 있다.

사실 일본 정부는 일본군 '위안부'의 존재 자체를 부정하였다. 그러나 일본군이 군 '위안소'를 통제 관리했다는 자료는 1992년 1월 일본인 교수가 처음 발굴한 이래 여러 자료에서 확인할 수 있게 되었다. 아래 자료는 그 가운데 하나로, 1938년 4월 16일 오전 10시 중국 남경에 있던 일본총영사관에서 육군·해군·영사관 관계자들이 모여 회의한 내용의 일부이다.

요컨대 군 헌병대와 영사관은 상호 협력하여 군 및 거류민의 보건위생과 업자業者의 건전한 발전을 도모했으면 하는 것이다.
장래 병참부의 지도에 따라 설치될 군 전속의 특수위안소는 헌병대가 단속하고, 이미 개설된 위안소에 대해서는 병참부에서 일반 거류민의 편의도 고려하여 그 일부를 특종 위안소로 편입 정리하는 것으로 한다.
위 내용은 추후 각 기관의 협의 하에 결정하는 것으로 한다. 군 전속의 주보(酒保-병영 내 매점) 및 특종위안소를(육·해군 공히) 허가하는 경우에는 영사관의 사무 처리에 편의를 제공하기 위해 해당 군 헌병대가 수시로 사업의 운영상황, 영업자의 본적·주소·성명·연령·출생·사망, 기타 신분상의 변화를 영사관에 통보하는 것으로 한다(여성부, 2002 《일본군 위안부 관련 문헌자료집》).

일본 정부는 1993년 8월 일본군이 위안소의 설치 및 관리, '위안부'의 이송에 직간접으로 관여했음을 시인하는 담화를 발표하였다(고노담화). 일본 정부의 고백은 한일관계를 조금 진전시킨 계기였지만, 과거행위에 대한 반성으로부터 출발한 담화였다기보다 냉전체제가 해체된 이후 재편되고 있던 국제질서에 주도적으로 참여하려는 전략적 의도와 관련된 선택의 측면이 더 큰 요인이었을 것이다. 후자의 측면이 더욱 강한 요인이었을 것이라는 점은 '무라야마담화'를 발표한 무라야마 정권의 행동에서 시사 받을 수 있다. 즉 무라야마 정권조차 법적 책임은 도외시한 채 도덕적 책임을 내세우며 '여성을 위한 아시아 평화 국민기금'을 만들어 일방적으로 보상하여 일본군 '위안부' 문제를 덮음으로써 법적 책임과 사과까지 요구하고 있던 과거청산활동을 무력화시키려 하였다.

국민기금의 일방적인 행동으로 큰 논란이 일어나기도 했지만, 민간차원에서 전개되고 있던 전후보상 소송활동과 일본군 '위안부' 문제를 중심으로 일본의 과거청산을 요구하는 다양한 활동은 위축되지 않았다. 오히려 정대협과 일본군 '위안부' 출신자들은 UN의 인권관련기관에서 일본군의 반인륜적 행위를 조사한 보고서를 채택하도록 만드는 등 국제사회와의 연계망을 강화하여 갔다. 2000년에는 일본 동경에서 '일본군 성노예제를 재판하는 여성 국제전범 법정', 곧 세계 시민의 힘으로 성사시킨 민간국제법정을 통해 소화천황과 군 수뇌부의 전쟁범죄에 대해 유죄 판결을 내렸다. 2000년 국제법정은 이때까지 대일 과거청산소송 활동이 하지 못했던 책임 소재를 국제사회에 명확히 보여주었을 뿐만 아니라 일본군 '위안부' 문제를 국제화시키는데 큰 영향을 끼쳤다.

일본 정부와 기업을 상대로 한 비판적인 활동은 1990년대 후반으로 갈수록 배상을 요구하기보다 일본 정부의 사실 인정, 공식 사죄 등 정신적 측면의 해결을 요구하는 한국인의 소송이 늘어났다. 일본의 야당의원과 시민단체 관계자들은 위안부 문제를 해결하기 위한 '전시 성적 강제피해자문제 해결 촉진법안', BC급 전범 피해자를 위한 보상 법안, 시베리아억류자문제 해결을 위한 법안을 마련하였다. 미국에서는 1999년 그곳에 거주하고 있는 징용자들이 일본 기업을 상대로 소송을 제기하였다. 2000년에는 한국인을 비롯해 중국인·대만인·필리핀인 군 '위안부' 피해자들이 워싱턴DC에 있는 연방지방법원에 일본 정부를 상대로 집단소송을 제기하였다. 21세기의 초입인 2001년에는 야스쿠니신사에 있는 조선인 군인 군속의 합사를 취하하고 정신적인 사과까지 요구한 소송이 있었다.

2) 일본 우익 및 일부 보수세력의 광범위한 재반격

한일 간 역사문제의 실상을 규명하고 일본 정부 및 기업의 책임소재와 사과를 분명히 하려는 민간차원의 활동이 확대되어 가는 한편에서, 일본정부 차원에서 진척된 모습이 나타나기도 하였다. 일본정부는 1993년 이듬해부터 사용할 고등학교 일본사 교과서 가운데 일본군 '위안부'를 언급한 9종 교과서의 검정을 통과시켜 주었다. 그해 최초의 비자민당 총리인 호소가와 모리히로는 과거 일본이 아시아에 대해 저지른 가해의 책임문제를 수상으로서는 처음 언급하였다. 1994년 사회당 출신의 총리인 무라야마 도미이치는 '식민지 지배와 침략'이 의심할 여지가 없는 역사적 사실이며, 아시아인들에게 손해와 고통을 준 점을 반성하고 사죄한다는 담화를 발표하였다. 1996년에는 이듬해부터 사용할 중학교 역사교과서 7종 모두에서 일본군 '위안부'에 관한 서술이 등장하였다. 심지어 1998년 10월에는 김대중 대통령과 오부치 게이조 총리 사이에 아래와 같은 내용이 포함된 '21세기의 새로운 한일 파트너쉽 공동 선언'이 발표되었다.

2. 양국 정상은 한일 양국이 21세기의 확고한 선린 우호협력관계를 구축해 나가기 위해서는 양국이 과거를 직시하고, 상호 이해와 신뢰에 기초한 관계를 발전시켜 나가는 것이 중요하다는데 의견의 일치를 보았다.

오부치 총리대신은 금세기의 한일 양국관계를 돌이켜 보고, 일본이 과거 한때 식민지 지배로 인하여 한국 국민에게 다대한 손해와 고통을 안겨주었다는 역사적 사실을 겸허히 받아들이면서, 이에 대하여 통절한 반성과 마음으로부터의 사죄를 하였다.

김대중 대통령은 이러한 오부치 총리대신의 역사인식 표명을 진지하게 받아들이고, 이를 평가하는 동시에, 양국이 과거의 불행한 역사를 극복하고 화해와 선린우호협력에 입각한 미래지향적인 관계를 발전시키기 위하여 서로 노력하는 것이 시대적 요청이라는 뜻을 표명하였다.

과거를 직시하려는 노력이 확대되어 가던 바로 그 순간, 이를 거부하는 사람들도 더욱 광범위하게 결집하기 시작하였다. 1993년 자민당의 의원 등이 나선 '역사・검토위원회'는 '대동아전쟁의 총괄'을 통해 자학적인 역사관에서 벗어나 국가에 긍지를 갖는 일본인의 역사관을 확립하겠다고 나섰다. 1994년 '무라야마담화'에 반발하는 자민당 의원들은 '종전 50주년 국회의원연맹'을 조직하고 1982년에 신설한 근린제국조항이란 교과서 검정 기준을 삭제할 것으로 요구하였다.

정치권의 이러한 움직임에 적극 호응하는 집단이 등장하였다. 후지오카 노부카즈와 니시오간지를 중심으로 1997년 1월 결성한 '새로운 역사교과서를 만드는 모임(新しい歷史敎科書をつくる会)'이 바로 그것이다(이하 새역모). 새역모는 자학사관에 물든 국가관이 취약한 사람들에 의해 역사교과서가 만들어지고 역사교육이 장악되면서 일본인의 명예가 떨어지고 있다며 자신들이 지향하는 역사관을 '자유주의사관'이라 명명하였다.

그들이 말하는 자유주의사관이란 일본인 개인의 자유로운 활동을 가능한 허용하여야 풍부하고 행복한 사회를 실현할 수 있다는 역사관이다. 그러면서 자유주의사관을 전파하여 애국심을 지닌 일본인을 양성하겠다고 내세웠다. 왜냐하면 새역모가 보기에 기존의 역사교과서와 역사교육이 일본인으로서의 긍지와 국민으로서의 국가의식을 결여하게 하고 있기 때문이다.

그런데 새역모가 말하는 자유주의사관을 실현하려면 관료주의를 비판하고, 내셔널리즘을 부정해야 하지만, 그들이 역사적으로 옹호하고 긍정하는 대상은 관료주의와 내셔널리즘이며, 이것으로 상대방을 부정하고 공격하였다. 오히려 새역모가 비판하는 대상이 관료주의와 내셔널리즘을 경계하고 배타성을 부인하는 역사인식을 지향하였다. 새역모는 자유를 말하지만 그들은 국가(천황)을 내세워 실현하려 했다는 점에서 스스로 자유를 부인하는 집단인 것이다.

새역모를 후원하며 함께 움직임 집단이 우익 및 일부 보수세력의 이해를 대변하는 《산케이신문》이었다. 새역모가 선전의 행동대이자 역사교육의 이론부대였다면,《산케이신문》은 선전대였다. 이들은 우익 성향의 정치 및 종교단체의 지원과 자민당 정치인들의 후원 아래 광범위한 활동을 전개하였다. 그들은 자위대의 파병과 활동을 보장하는 보통국가로서 일본이 거듭나기 위해서는 평화헌법, 특히 국제분쟁 해결의 수단으로서 전쟁과 무력을 영구히 포기하고, 국가의 교전권도 인정하지 않는 제9조를 개정하여 천황 중심의 국가체제를 만들 필요가 있다고 주장해 왔다. 2000년 헌법조사회를 국회에 설치하여 헌법 개정과 대안 마련을 공식화하였다. 물론 이때 논의의 핵심은 전쟁과 군사력 보유를 포기한 제9조의 개정 여부였다.

문제는 이를 위한 국민 여론의 지지가 필요했고, 개정된 헌법에 따라 새롭게 조성한 요소들에 대한 짜 국가의 지속적인 지지기반을 마련할 필요가 있었다. 그들의 움직임은 크게 두 가지 흐름으로 나타났다고 볼 수 있다. 하나는 교육기본법을 개정하려는 움직이고, 다른 하나는 1986년의 《신편일본사》라는 고교 역사교과서와 짝을 이루는 중학생용 역사교과서를 발행하려는 움직이었다.

일본의 우익과 일부 보수세력은 1982년, 그리고 1986년과 달리 일본의 교육계에 적극적이고 공공연하게 문제를 제기하였다. 그들은 교육행정과 교육정책에서 일본 교육의 문제를 지적하기보다 궁색하게도 1947년 연합국총사령부(GHQ)가 제정한 교육기본법에서 원인과 해결책을 찾았다. 그래서 2007년에 개정한 교육기본법에서는 '진리와 평화' 대신 '진리와 정의'를 강조하고, '보편적이고 개성이 풍부한 문화의 창조' 대신 '전통을 계승하고 새로운 문화 창조'를 목표로 제시하였다. 전통과 문화의 계승과 창조에 관해서는 다음 제2조 5항에서 다시 상세히 명시하였다.

5. 전통과 문화를 존중하고 그것들을 길러낸 우리나라와 향토를 사랑함과 동시에 타국을 존중하고 국제사회의 평화와 발전에 기여하는 태도를 육성한다.

전통과 문화를 애국심과 연결시키고 있는 것이다. 교육기본법의 개정은 새역모를 비롯한 일본 우익과 일부 보수세력이 기존 역사교과서와 역사교육이 자학사관에 빠져있다고 공공연하고 적극적으로 비판하며 긍지를 갖는 일본인을 육성할 필요가 있다는 주장을 하며 사회분위기를 선도한 결과이기도 하였다. 그들의 비판활동과 대안적인 행동에 중요한 기재가 되었던 책이 후소샤의 《새로운 역사교과서(新しい歷史敎科書)》인 것이다.

4. 역사갈등의 전면화와 대안 모색의 시작

1) 2001년, 일본의 역사교과서 문제가 다시 국제화하다

2000년 4월 새역모에서 중학교 역사와 공민 교과서의 검정을 신청하였다.[5] 이후 한국과 중국의 정부와 언론에서는 후소샤의 교과서가 황국사관에 따라 침략을 미화하고 있으며, 미래지향적인 상호관계에 바람직하지 않다는 입장을 여러 차례 표명하였다. 하지만 검정통과가 공식 발표되기도 전에 검정신청본의 복사판이 돌아다닐 정도로 새역모에서 호언장담한 대로 2001년 4월 7종의 중학교 역사교과서와 함께 후소샤의 교과서도 검정을 통과하였다. 심지어 마치무라 노부타카 문부과학상은 새역모의 교과서가 "균형잡힌 내용"이라는 발언까지 하였다. 21세기 동아시아 역사갈등의 서막이 열린 것이다. 1982년의 일본 역사교과서 문제가 역사적 사실을 제대

---
5) 이하 '제4,5장'의 주요 내용은 《歷史敎育》 101(2007)에 실려 있는 신주백, 〈'동아시아형 교과서대화'의 본격적인 모색과 협력모델 찾기(1993~2006)〉을 주로 참조하였다.

로 기술하지 못하도록 하는 검열적 검정이 강화되는 과정에서 일어난 사건이었다면, 2001년의 역사교과서 문제는 검열적 검정을 하지 않은 일본 정부가 나서서 역사를 왜곡한 세력의 교과서를 통과시켜 일어난 사건이라는 점이 달랐다.

김대중 정권은 일본이 검정결과를 발표하자 유감을 표명하고 주일 대사를 일시 소환하면서 일본과 외교적 대치 국면을 만들었다. 김대중 정권은 처음에는 1998년의 한일파트너쉽공동선언이 손상되지 않도록 신중한 대응을 지속했지만, 일본정부의 반응은 없었다. 이에 비판적인 수위를 높여가던 김대중 정권은 4월 11일에 '일본역사교과서왜곡대책반'을 구성하고, 학계의 협력을 얻어 역사교과서의 왜곡 실태를 조목조목 분석한 35개 항의 '수정요구안'을 일본정부에 전달하였다.

그러나 당시 일본 여론은 일본 수상이 국회에서 한국 정부의 수정 요구를 거부하고, 자민당의 일부 의원이 후소샤 교과서의 채택에 적극 노력하기로 결의해도 부담이 없을 정도였다. 이에 힘입어 후소샤는 6월 1일부터 '시판본'이란 이름으로 교과서를 시중 판매하며, 10% 채택률 목표 달성을 위한 사회적 분위기를 조성하였다. 일본정부는 일본의 검정제도와 학설의 다양성을 들어 한국정부의 수정요구를 사실상 거부하고 학자와 청소년, 스포츠 교류를 촉진할 수 있는 '한일 신세기 교류 프로젝트'라는 것을 제안하였다. 이 제안은 다른 때라도 언제든지 추진할 수 있는 프로젝트로, 한일관계사와 한국사를 편향되게 기술한 후소샤 교과서로 인해 일어난 문제에 대한 실질적인 대책은 아니었다. 그래서 한국 언론에서는 일본정부의 대책이 "잔꾀의 교언巧言"이라고 극언하였다.[6)]

마침내 한국의 여론이 폭발하였다. 더구나 고이즈미 준이치로 수상의 야스쿠니신사 참배문제까지 겹치면서 여론은 더욱 악화되었다. 한일 교류

---

6) 《세계일보》 2001. 7. 10.

를 진행하고 있던 한국의 590개 초중등학교 가운데 178개교(30.1%)에서 교류 보류 또는 중지를 결정하였고, 166개교(28.1%)에서 일본의 역사왜곡을 시정하고 후소샤 교과서의 불채택을 지원하는 활동을 벌였다. 물론 이는 잘못된 대응이었다. 미래세대인 청소년들의 교류는 그 자체가 성공한 교류이고 열린 교육의 장이며, 생각의 차이를 확인하고 다름을 알 수 있는 체험교육이기 때문이다.[7]

비등하는 국민 여론을 무시할 수 없었던 김대중 정권은 한일파트너쉽공동선언 때 합의한 두 나라의 교류프로그램을 중지하고 제4차 문화개방을 전면 중단하였으며, 국제무대에서 일본의 편향된 역사인식을 공개적으로 비판하는 외교활동을 벌이기로 확정하였다. 이로써 양국 간 외교관계가 일시적으로 사실상 중단되고 대결적인 국면이 조성되었다.

정부 간 외교채널이 원만하게 가동되지 않는 가운데 새역모와 일본의 지지세력들은 왜곡 교과서의 채택률 목표치 10%를 달성하기 위해 공공연하게 활동하였다. 이를 저지할 수 있는 현실적인 힘은 일본의 양식 있는 사람들의 움직임이었고, 이를 지원하는 한국의 시민단체 및 교육계 관계자들뿐이었다. 1982년 역사교과서 문제 때와 달리 2001년에는 비정부기구의 비판 연대활동이 특별히 부각되었다는 점에서 이를 간략히 짚어볼 필요가 있다.

일본에서 후소샤의 왜곡 교과서를 저지하는 중심축은 '어린이와 전국네트21(子どもと全国ネット２１)'이었고(이하 전국네트21), 한국에서 그 협력적 파트너는 2001년 4월 상설 연대 기구로 결성된 '일본교과서바로잡기운동본부'였다(이하 운동본부). 운동본부는 시민운동 차원에서 교과서 문제를 직접, 그리고 조직적이고 장기적으로 대응하겠다는 의도에서 결성된 단체로서 지금

---

7) 2005년에 후소샤 교과서의 문제가 재발되었을 때, 청소년 교류가 중지된 경우는 거의 없었다. 우리의 대응 태도가 이성적이고 합리적인 방향으로 성숙해 갔음을 알 수 있다.

도 역사교과서 문제 등에 관해 적극 활동하고 있는 단체이다.

운동본부와 전국네트21을 중심으로 한일 양국의 자매결연 자치단체·학교·시민단체 간 네트워크가 활발하게 작동하면서 후소샤 교과서에 관한 비판 여론을 조성할 수 있었다. 또한 두 단체는 교육위원회에서 교과서를 채택하는 방식이어서 후소샤 교과서 채택의 가능성이 높은 지역을 방문하여 여론에 호소하는 활동을 공동으로 전개하였다. 결국 일본인들의 현명한 선택의 결과 새역모 교과서는 목표치에 훨씬 미달된 0.039%의 채택률을 기록하였다. 사실상 채택을 저지한 것이다. 이에 새역모는 기자회견을 통해 외국의 압력과 시민단체들의 활동으로 실패했다고 하면서 "4년 후에는 반드시 리벤지(복수)하겠다"고 선언하였다. 실제 이들은 2005년에 다시 도전하여 다시 한 번 커다란 역사문제를 일으켰다.

새역모의 채택률이 저조해짐에 따라 양국 정부로서는 냉각된 한일관계를 복원할 수 있는 실마리를 얻게 되었다. 그리고 2001년 10월 양국 정상은 한일역사공동연구위원회를 두기로 합의하였다.

양국 간 역사인식을 둘러싸고 싸움만 할 것이 아니라 문제를 해소하기 위한 대안을 모색하려는 모색은 시민단체에서도 일어났다. 운동본부와 전국네트21은 일본 역사교과서 문제가 한창이던 7월에 만나 대안적 방안을 모색하는 회의를 개최하였다. 이듬 해 3월 중국의 남경에서 중국측 관계자들과 만나 공동 역사교재를 만들기로 합의하였다. 시민단체의 활동은 한일 간 역사갈등 해소의 새로운 영역을 개척했다는 점에서 큰 의미가 있으며, 일본의 역사교과서 문제가 세계평화를 그르치는 행위임을 몸소 보여주었다는데 의의가 있다고 하겠다.

정부와 민간차원의 역사대화가 2001년에 동시에 모색되기 시작한 것은 우연이 아니었다. 세계적인 차원에서 냉전이 해체되면서 이념대결이 완화되었고, 이제는 같은 진영 내에서도 상충되는 문제를 놓고 갈등이 일어날 수 있으며, 이를 관리할 필요가 있음을 서로 인지하게 된 결과였다. 또한 한국이 최소한의 정치적 민주화를 달성하고 산업화에 성공하면서 주변을 둘러 볼 수 있게 된 현실과 깊은 연관이 있었다. 인식의 공감대도 있었다. 이미 한국사회는 1990년대를 거치며 세계화 시대에 배타적 민족주의를 극복하고 열린 민족주의로 나아가야 한다는 공감대가 확산되어 있었다. 한편, 우익과 보수세력의 이해를 대변하는 일본정부로서는 보통국가화를 지향하는 과정에서 과거사문제를 놓고 주변국과 갈등하기보다 외교차원에서 이를 관리하면서 국제사회에 미래지향적으로 노력하고 있음을 부각시킬 수 있는 보험이 필요하였다. 일본의 시민단체로서는 이처럼 전면적 공세로 계속 수세에 밀리고 있는 상황에서 주변국 민중의 지원을 지렛대로 침략을 미화하고 왜곡하는 이들의 공세를 넘어설 필요가 있었다.

따라서 한일 간 역사문제는 일회성으로 끝날 문제가 아니었다. 단순히 정부 대 정부 차원의 외교문제로 한정될 사안이 아니었다. 동아시아의 민중이 적극 개입해야 하는 사안이었다. 이제 일본의 역사문제는 동아시아의 문제가 되었고, 지역 민중의 현안 가운데 하나가 되었다. 21세기 들어 세계화(국제화)를 표방하고 있는 한중일 사이에 아주 오랜 역사문제를 놓고 갈등과 대결이 지속되고 있는 근본 원인의 하나가 여기에 있다. 그러는 가운데서도 갈등을 관리하고 대안을 모색하려는 새로운 움직임이 싹텄던 것이다.

2) 독립변수화한 역사문제, 그 대안을 모색하다

2001년 이후 동아시아의 역사문제는 연례화하고 있다. 주요한 것만 들어도 2002년 고등학교 《최신일본사》 교과서의 검정통과, 2003년 고이즈미 준이치로 수상의 야스쿠니신사 참배, 2005년 시마네현의 '다케시마의 날' 조례 제정 및 후소샤 교과서의 역사왜곡 문제, 2006년 일본정부의 독도에 대한 주권침해 문제, 2007년 일본의 고등학교 역사교과서에서 독도영유권 표기문제, 2008년 일본의 〈중학교학습지도요령해설〉에 독도를 자기 영유권으로 표기한 문제, 2009년 지유사 발행의 중학교 역사교과서 문제와 〈고등학교학습지도요령해설〉의 독도 영유권 표기 문제가 있다. 한 해라도 역사문제가 일어나지 않으면 오히려 이상한 일이 된 것이다.

이들 문제에서 확인할 수 있듯이, 이제는 역사교과서의 기술 내용만을 놓고 갈등이 일어나고 있지 않다. 영토문제, 야스쿠니신사 참배문제, 바다의 명칭문제까지도 문제되고 있다. 역사갈등이 확대 심화되어 온 것이다. 예를 들어 2006년 검정을 통과한 고등학교 《일본사》, 《세계사》, 《지리》, 《현대사회》, 《정치경제》 교과서 45종 가운데 30종에서 독도가 일본의 영토이며, 한국과 분쟁이 일어나고 있는 곳이라고 적극 기술하려는 경향이 뚜렷이 나타났다. 일본정부가 나서서 '일본의 고유영토인 독도'라는 표현을 적극 기술하도록 검정 지도를 하였기 때문이다.

이로써 1982년에 일본정부 스스로가 국제사회에 약속한 '근린제국조항'은 사실상 폐기되었다. 그것은 이제 자민당이 통치하는 일본정부가 화해와 협력의 메신저로서의 역할을 포기하고 갈등 유발자로 나서는데 주저하지 않겠다는 의지를 드러낸 것으로 볼 수 있다.

더구나 21세기 들어서는 한중 사이에서도 역사갈등이 일어나고 있다. 우리는 2003년 중국의 '동북공정'이 고구려사를 비롯해 한국의 고대사를 빼앗고 백두산과 간도를 영원히 장악하려는 국가 프로젝트라며 비판하였다. 노무현 정권은 2004년 중국 외교 당국과 만나 아래와 같은 내용을 담은 5개 항목의 양해사항을 구두로 합의하면서 한중 간의 역사갈등이 일단락되는 듯하였다.

- 고구려사 문제의 공정한 해결을 도모하고 필요한 조치를 취해 정치 문제화하는 것을 방지한다.
- 중국 측은 중앙 및 지방 정부 차원에서의 고구려사 관련 기술에 대한 한국 측의 관심에 이해를 표명하고 필요한 조치를 취해나감으로써 문제가 복잡해지

는 것을 방지한다.
  - 학술교류의 조속한 개최를 통해 해결한다는 등의 합의사항이 담겨있다.

그런데 2006년 중앙일보 등이 나서 중국의 동북공정 문제를 다시 제기하였다. 2003년과 비교하여 특별히 새로울 사안도 없었지만, 위와 같은 인용문에서 시사 받을 수 있듯이 문제가 표면화하지 않도록 외교적으로 봉합하는 데만 치중했기 때문이다. 일본 역사교과서 문제의 대응 때 범했던 오류를 반복한 것이다. 중국 측의 사과도 없었고, 진행을 멈추겠다는 약속도 없는 상태에서, 한국 정부 스스로 중국 측의 움직임에 제동을 걸었다고 나름대로 자평한 결과라도 볼 수 있다.

동북공정의 역사인식은 고구려가 중국의 '소수민족정권'이고 '지방정권'이라는 데서 출발하여 고대 한국인의 민족형성과정을 부인하였다. 노무현 정권은 이와 관련하여 중국의 역사교과서에 고구려를 '지방정권' 내지는 '소수민족정권'으로 기술하는지의 여부에 판단의 마지노선을 두었다. 중국 정부는 교과서에 이러한 역사인식을 반영하지 않았다. 중앙에서 주도하던 동북공정이란 국가 프로젝트도 지금은 종결지었다. 대신에 동북 3성의 성 정부들의 각자 구체적인 사업을 진행하고 있다.

그럼에도 불구하고 백두산과 간도영유권 문제는 여전히 한중 간의 중요한 문제로 남아 있다. 중국 정부로서는 두 문제가 국내 정치정세와 밀접히 연관되어 있는 변방관리의 일환이다. 한국 정부로서도 두 곳에 대한 역사적 영토의식을 확고히 갖고 있는 이상 홀시할 수 없는 곳이다. 그래서 동북공정을 계기로 촉발된 한중 간 역사문제는 교과서문제이자 영토문제이다. 한중 간 영토문제도 한일간 독도문제처럼 고대부터의 역사적 연원을 갖고 있는 역사문제인 것이다.

결국 21세기 들어 동아시아의 역사문제는 교과서문제로 제한되지 않으며, 역사교과서 내지는 역사인식 문제로부터 확장되어 영토문제로, 바다의 명칭문제, 강제동원 문제, 야스쿠니신사 문제로까지 표출되었다. 다섯 가지 유형의 역사문제는 정부 차원의 외교문제만이 아니라 자국민의 정체성 문제이며, 국민감정 간의 충돌문제이기도 하다. 그래서 동아시아의 역사문제는 국가 간 외교문제이고, 국내 정치문제이며, 미래의 동아시아를 건설하는 문제이다. 이제 동아시아의 역사문제는 '역사의 정치화' 경향이 뚜렷해지는 가운데 동아시아 국제관계를 규정하는 종속 변수가 아니라 독립된 상수常數가 되었다.

한편, 역사인식을 둘러싼 생각의 차이가 국민감정의 악화로까지 이어지며 첨예하게 표출되고 있는 가운데 정부와 민간 차원에서 동시에 역사대화가 시작되었다.

정부 간의 역사대화는 2002년부터 본격화하여 2005년 《한일역사공동연구보고서》 1~6를 발간하고 제1기 한일역사공동연구위원회 활동이 끝났다. 2007년부터는 제2기 위원회가 구성되어 2009년까지 활동하였다. 제1기 위원회는 전체회의와 3개 분과위원회(고대사, 중 근세사, 근 현대사)로 구성되었으며, 19개의 공동연구 주제를 선정하고 활동하였다. 제2기 위원회는 교과서위원회를 새로 두고 활동하였다. 교양 개설서를 쓰는 고대사분과를 제외하면, 21개의 주제를 갖고 공동연구를 진행하였다.

민간에서의 역사대화는 '대구와 히로시마지역 역사교사모임', 전국역사교사모임과 일본역사교육자협의회 사이의 '한일역사교사모임', 그리고 한·중·일 역사연구자와 역사교사, 시민단체 관계자가 참가한 '한·중·일 삼국공동역사개발위원회'의 역사대화가 있었다. 민간차원의 세 모임은 각각 2005년의 《조선통신사》(한길사), 2006년의 《마주보는 한일사》 I·II, 2005년의 《미래를 여는 역사》(한겨레신문사)를 각각 발행하였다. 그리고 지금은 두 번째 공동작업을 각자 진행하고 있다. 특히 《미래를 여는 역사》를 제작하는 한국과 일본의 NGO에서 활동하고 있는 사람도 참여하였다. 이 책은 1945년 이후 3국이 오랜 기간 동안 공동으로 협력하여 출판한 최초의 서적이다. 2006년에는 서울시립대학과 동경학예대학을 중심으로 《한일 교류의 역사》(혜안)가 발간되었다.

정부와 민간차원에서 진행된 21세기 역사교과서 대화는 서로의 차이를 드러내면서도 다름이 공존할 수 있다는 시각을 제시하고 행동으로 보여주었다. 상대방의 역사인식에 대한 객관적 접근과 동시에 자신의 역사인식에 대한 비판적 성찰을 동반하지 않으면 성공할 수 없다는 당연한 전제를 몸소 보여 주었다. 때문에 국가와 민족을 내세우며 민족주의적 정체성 확립을 우선해서는 대화에 성공할 수 없다는 점도 깨닫게 해 주었다. 21세기의 역사교과서 대화는 단순히 역사왜곡에 대응하는 교류가 아니라 '두개의 다른 시선' 또는 '다자간 가치'가 공존할 수 있는 지역의 미래사회를 만들어 가는 미래기획이라는 점도 확인시켜 주었다. 그럼에도 불구하고 21세기 들어 역사대화가 본격적으로 시작되었지만, 정부 차원의 역사교과서 대화는 역사교과서를 정면으로 직시하고 내용을 검토하고 있지 않기 때문에 대화가 아직 본궤도에 올랐다고 말할 수 없다. 역사교과서 대화 자체가 여전히 부담스러운 과제로 남아 있는 것이 동아시아의 현실이다.

5. 역사교과서 대화와 전략적 접근으로서 '동아시아형 역사대화'

앞서 언급한 다섯 가지 유형의 역사문제는 어느 날 갑자기 부각된 것이 아니라 나름대로 오랜 역사성을 갖고 형성된 사안들이다. 뿐만 아니라 특정 계층이나 소수민족의 문제가 아니라 각국의 국민정서, 국민교육과 밀접히 연관되어 있다. 그래서 동아시아의 역사문제는 아카데미 차원에서만, 정치외교적 봉합만으로 해결되거나 관리할 수 있는 사안이 아니다. 각 역사문제 상호간의 경계선도 불분명하고 밀접히 연관되어 있을 뿐만 아니라 학문과 교육, 외교와 미래의 문제이므로, 즉각적인 해결보다 갈등을 관리하면서 접근을 통해 상호변화를 시도하는 전략적 프로세스가 문제해결에 대단히 중요하다.

그렇다면 다섯 가지 유형의 동아시아 역사문제를 대화를 통해 풀어가면서 동아시아의 역사적 국제구조를 해체시키고 다자간 협력 틀을 만들어 가는데 있어 우리는 무엇을 어떻게 기여할 수 있을까. 특히 역사교과서 대화는 이때 어떤 의미가 있으며, 구조를 해체시키는 과정에서 어떤 역할을 할 수 있을까.

양자간, 그리고 다자간 역사대화를 병행하는 과정은 역사교과서 대화로부터 시작하는 것이 현실적이다. 동아시아에서 일어나고 있는 다섯 가지 핵심 역사문제 가운데 그나마 성과를 얻었던 분야가 역사교과서 대화이기 때문이다.

이것이 가능했던 이유는 교과서문제의 특징에 있다고 할 수 있다. 첫째, 교과서문제는 역사적 사실에 입각한 기술의 문제이므로 상호배려의 차원에서 논의 주제의 선정과 권유할 수 있는 합의점 등을 어느 정도 타협할 수 있다. 대화하는 시기의 정치상황과 협력의 수준에 따라 단계적으로 역사인식의 차이를 메우고 그 수준을 높일 수 있기 때문이다. 실제 독일·폴란드의 교과서대화에서도 '최소 해법의 법칙'을 적용하여 실현 가능한 것부터 시작하였다. 예를 들어 독·폴 교과서대화의 결과 1977년에 공식 발표된 권고안에서는 1939년 독일의 폴란드침공 직전에 체결된 독-소불가침협정 및 그 부속의정서의 내용에 관해 다루지 않았다. 독일의 폴란드 침공 직후 소련이 폴란드를 공격하여 폴란드군 장교 1만여 명을 학살한 '카친 숲의 학살사건'에 대해서도 언급하지 않았다. 사회주의권의 맹주 소련을 건드려서는 독·폴 교과서대화가 어렵다는 독일 측의 판단이 크게 작용한 결과였다. 양국의 위원들은 1989년까지도 독·폴 관계사에만 대화를 집중했지

폴란드의 민감한 현대사문제를 언급하지 않았다. 다만 우리가 분명히 알고 있어야 할 점은 이는 배려이지 학문적 타협이 아니라는 사실이다.

둘째, 교과서문제는 각국 정부의 대외정책의 전환을 반드시 동반하지 않아도 되기 때문에 각국의 정치지도자들로서도 다른 역사문제에 비해 운신의 폭이 넓다. 앞서 언급한 첫 번째 특징을 염두에 두는 가운데, 타인의 시선으로 자국 역사교과서의 문제점을 찾고, 수준을 향상시키면서 인류의 보편적 가치를 신장한다는 차원에서 접근할 수 있기 때문이다. 세계화(국제화) 시대에 국제적 기준에 맞는 자국민을 양성한다는 방향성은 한중일의 교육 정책 담당자들조차 모두 공감하고 있는 기본기조이다. 그런 의미에서 교과서대화는 역사적 사실의 판정과 더불어 교과서 문장의 맥락 속에 숨겨져 있는 '무의식적 편견'까지를 검토할 수 있어야 한다. 교과서대화가 이 단계까지 나아가야 상호이해와 협력의 국민적 공감대를 근본적으로 준비한다고 말할 수 있다.

셋째, 교과서문제는 반드시 정부가 직접 나서지 않아도 된다. 독일·폴란드와 독일·프랑스의 경험에서도 확인되었듯이, 정부는 '지원'의 임무만 충실히 하면 되기 때문에 합의사항에 대한 정치적 부담을 짊어질 필요가 없다. 오히려 부담은 교과서대화에 참가한 연구자와 교사들의 몫이다. 그들은 자신이 소속한 사회로부터의 시선을 의식하지 않을 수 없는데, 이에 대한 부담을 경감시켜 주는 것이 '지원'의 또 다른 의미이다. 대신에 대화에 참가한 사람들은 실사구시에 입각해야 하며, 진리를 추구하는 학자의 양식과 창조적 자발성, 학문적 성실성을 기본으로 해야 한다. 정부가 해야 할 지원의 기본방향은 민간인 참가자들이 이러한 태도를 적극적이고 장기간 지속할 수 있도록 하는 데 있다.

넷째, 동아시아에서 현재 제기되고 있는 역사문제는 세 나라 역사교과서의 기술과 밀접한 연관이 있다. 따라서 교과서문제는 동아시아 역사문제의 종합판으로, 역사대화의 디딤돌 역할을 할 수 있으며, 역사교과서 대화의 과정에서 합의된 내용을 수렴할 수 있는 지적 공간이다. 이러한 사례는 독·폴의 교과서대화에서 확인할 수 있다. 즉 강고한 냉전체제 하에서 자본주의 국가 서독이 공산당 독재 국가인 폴란드와 교과서대화를 하면서 외교와 경제관계를 넓혀 나갔고, 동서독의 통일과정에서 축적된 신뢰의 자산을 바탕으로 폴란드 측의 협조를 이끌어 낼 수 있었다. 한국이 일당 지배국가인 중국과 대화할 수 있는 여지는 여기에서 찾을 수 있다. 왜냐하면 정치적 조건이라는 측면에서 볼 때 중국은 최소한 1970년대의 폴란드보다 운신할 수 있는 폭이 넓기 때문이다. '교과서대화의 정치성'에도 주목할 필요가 있는 것이다.

교과서문제의 이와 같은 특징으로 인해 양국 또는 다국 간 국제 교과서대화는 동아시아 역사대화의 가능성을 현실화시켜 줄 것이다. 특히 지금 진행되고 있는 역사교과서 대화 과정에서 쌓인 상호이해와 신뢰도를 바탕으로 다양한 역사대화를 진행할 수 있는 정치적, 사회·심리적 준비를 하는데 큰 보탬이 될 것이다. 독·폴 사이에 오더-나이세강 서쪽의 영유권문제를 서독 측에서 문제 삼지 않기로 약속한 것도 두 나라 간 교과서대화의 진전에 큰 영향을 주었듯이, 한일 간의 독도문제와 한중 간의 간도영유권문제 역시 역사교과서 대화 속에서 자연스럽게 제기될 수밖에 없다. 역사교과서 대화 자체가 영토문제까지 해결해 줄 수는 없겠지만, 대화과정에서 문제를 해결하기 위한 기본적인 관점도 도출할 수 있고, 서로 간의 쌓인 신뢰 그 자체가 문제해결에 큰 도움이 될 수 있다. 다른 역사문제도 영토문제와 마찬가지로 영향을 받을 수밖에 없다.

그런데 지금 당장 문제는 삼국의 정치 지도자들이 역사대화를 통해 어떤 성과를 거두어보겠다는 강력한 권력의지가 부족하다는 점이다. 대화의 '보험성'에 더 관심을 두고 있는 실정이다. 한중일 정부 차원의 역사대화는 국가의 공식 견해를 벗어나 학자 개인의 학문적 견해를 피력하기는 아직 부담스러운 것이 현실이다. 또한 유럽에서는 각국의 유네스코위원회가 큰 역을 했지만, 동아시아에서는 일본과 중국 정부 때문에 두 나라 유네스코위원회가 제대로 기능하고 있지 못한 실정이다. 이에 비해 민간 차원의 역사대화는 유럽에 없었던 활동방식으로 나름대로 성과가 있었으며, 지속적인 의지가 분명한 가운데 아직도 진행되고 있다. 따라서 동아시아에서 역사인식을 둘러싼 역사대화는 장기지속을 전망하며 정부와 민간 차원의 활동이 당분간 병행될 수밖에 없을 것이다. 결국 유럽과 다른 동아시아형 역사대화에서 역사교과서 대화는 그것의 디딤돌을 놓는 초석이다. 이것이 동아시아형 역사대화의 전개양상이고 프로세스다.

〈참고문헌〉

※ 신주백, 2001 〈일본의 역사왜곡에 대한 한국사회의 대응(1965~2001)-새로운 희망을 찾아서〉,《한국근현대사연구》7

※ 신주백, 2005 〈한국과 일본에서 대일 과거청산운동의 역사-한국과 관련하여〉,《역사문제연구》14

※ 신주백, 2006 〈韓日間 歷史對話의 摸索과 協力모델 찾기(1982~1993)〉《한국민족문제연구》11

※ 정재정, 2006 〈韓日의 歷史對話-和解와 相生을 위한 오딧세이〉,《일본학연구》19, 2006 (단국대학교 일본연구소)

※ 신주백, 2007 〈'동아시아형 교과서대화'의 본격적인 모색과 협력모델 찾기(1993~2006)〉,《歷史敎育》101

야요이 문화의 기원과 한반도 농경·금속문화

조 법 종*

목 차

머리말
1. 한일 교과서에 나타난 선사 교류
2. 야요이 이전 신석기시대 한일 교류
3. 한반도 도작과 야요이
4. 야요이 연대논쟁
5. 한반도 청동, 철기문화의 일본열도 전파
맺음말

머리말

선사 및 고대 초기의 한일관계사는 한국의 신석기, 청동기 및 철기시대와 고조선, 삼한시기에 대응되는 일본의 조몬(繩文), 야요이(彌生)[1] 문화단계

---
* 우석대학교 사회교육과 교수
1) 일본은 선사 및 역사시대의 시기설정을 일본만의 표현으로 나타내고 있다. 즉, 신석기시대에 대응하는 시대는 그 시대를 대표하는 토기가 새끼줄을 꼬아 토기에 장식한 것 같은 형태를 띠었다고 해서 조몬(繩文)토기 시대라고 명명하였고, 청동기, 철기시대를 포괄한 금속기 시대는 이 시기에 제작된 동경의 야요이지역에서 발견된 토기를 표지로 삼아 야요이시대라는 용어로서 시대를 표현하고 있다.

의 관계사로 나타나고 있다. 따라서 이 시기교류는 고고학적 연구 성과에 대한 논의가 주를 이루며 문헌 검토의 경우 고조선, 삼한 및 낙랑과의 교류가 그 중심을 이룬다.

선사시대 한일교류의 첫 단계는 한국과 일본 문화의 원형이 형성되는 신석기-조몬 문화단계에서 구체적인 양상이 나타난다.[2] 특히 신석기 토기문화와 어로 관련 유물의 교류는 한반도 남부지역과 북부 규슈지역을 중심으로 교차 확인되고 있다. 그런데 이 시기 교류의 규모와 내용은 상대적으로 많지 않았다.

이 같은 신석기문화 단계의 부분적 교류양상은 도작과 청동기, 철기 등 금속기 사용으로 대표되는 한반도의 청동기 철기문화인들의 일본열도 이주로 형성된 야요이 문화단계에서 전면적인 양상으로 변화되었다. 야요이문화는 일본이 본격적인 역사시대로 진입하게 한 시기로, 재생산경제구조를 확립시킨 벼농사문화와 정치 군사적인 변화를 야기한 금속기 사용으로 대표되는 시기이다. 일본의 역사상을 확립시킨 가장 주요한 단계의 시기였다.

일본의 역사교과서에서는 이 같은 벼농사의 전래루트와 금속기 문화의 전래에 대해 한반도로부터의 전래사실을 구체적으로 언급하지 않고, '대륙으로부터'라는 표현을 사용하여 직접적 연관성을 언급하지 않는 표현을 상당수 사용하고 있다.

야요이문화를 형성하는 데 가장 중요한 요소인 벼농사의 전래에 대해 일본학계는 수전도작 개시시점과 도작농경의 전래루트에 대한 논의를 한반도설·강남설·남방설 등 벼농사 발생지역과 연결시켜 전파루트를 다각화하고, 동아시아적 규모로 확대해 일본문화의 다양성을 부각하고 있다. 그러나 최근의 논의는 한국과 일본지역 출토 벼품종인 단립형(短粒形

---

[2] 이 시기 교류관련 논의는 일본 토기문화의 시점이 앞선 사실에 근거하여 조몬토기문화 전파론이 종래 쟁점으로 부각되어 한일학계 논의가 이를 중심으로 진행되었다. 그러나 최근 새로운 자료의 발견과 연구성과의 확대는 각 토기문화의 독자발전론으로 진행되고 있다.

-Japonica)이 갖는 육종학적 특성, 경작기술을 보유한 인간집단의 존재, 그리고 일본 서북 규슈지역에만 편재하고 있는 지석묘支石墓가 한반도의 남부지역 형태와 연결되는 형식인 바둑판식이란 사실에 주목하고 있다. 즉 이 같은 야요이문화 형성의 계통을 확인시켜주는 물적 자료로 야요이문화의 전래는 한반도로부터 직접 전래된 것으로 정리되었다.

또한 야요이 토기문화의 경우 조몬토기 전통의 우세를 강조하는 경향이 강하나 아가리덧띠토기(粘土帶口緣部) 및 쇠뿔형 손잡이(牛角形把手) 등으로 특징되는 한국 무문토기의 특성이 야요이 토기문화 형성에 직접적 영향을 주었음이 각지 유적에서 출토된 토기에서 확인되었다.

본고에서는 이상과 같은 야요이문화 형성과 관련된 논의내용이 교과서에서는 어떻게 언급되었고 이에 대한 한일학계의 논의 내용과 쟁점은 무엇이었는가를 정리하여 선사 및 고대초기 특히, 일본 야요이문화 형성과 관련된 한일 문화교류 양상에 대한 정리를 진행하고자 한다.[3]

1. 한 · 일 교과서에 나타난 선사시기 한일교류

한일 간의 지역 및 국가 사이 교류의 시작은 이미 신석기시대 이래 한반도 남부지역과 일본열도의 규슈지역 등에서 나타나는 토기 등 유물의 유사성에 의해 확인되고 있다. 특히, 일본문화 형성에 있어 가장 중요한 시기로 설정되는 야요이문화는 야요이 토기 및 농경, 금속문화로 특징짓는데, 그 문화의 기원지가 한반도 지역이라는 것은 일찍부터 확인된 사실이었다.

그런데 이 문제에 대한 한일 역사교과서의 언급은 차이를 보여주고 있

---

3) 본 내용은 제2기 한일역사공동연구위원회의 연구결과보고인 〈선사 및 고대 초기 한일문화교류〉의 내용을 개설적 성격으로 재정리한 것임.

다. 역설적으로 문화를 전래시켜준 한국의 기존 '국사'교과서에는 관련 언급이 없는 대신, 대다수 일본 교과서에서는 내용과 성격에는 차이가 있지만 비중 있게 다루고 있는 것이다.

한편, 2000년대 초반 중국의 동북공정과 계속된 일본의 역사교과서 왜곡 문제 및 독도 영유권 주장 등은 한·중·일 사이의 역사 갈등을 고조시켰고, 우리 사회에서는 국민적 역사 교육 강화 여론을 형성하였다. 이에 대해 정부는 2006년 '역사교육 강화방안'을 확정해 발표하였다.[4] 이에 따라 2007년 개정 교육과정에 의해 확정된 중등학교 역사교육은 중등 역사과목이 사회과 체제에서 벗어나 독립 과목이 되었고, 새로운 역사과 과목으로 역사·한국문화사·동아시아사·세계역사의 이해라는 과목이 설정되어 기존의 국사, 세계사를 보완하거나 대치하게 되었다.[5] 특히 동아시아사라는 과목은 종래 일본에서도 교과목으로 정립시키기 위해 논의가 진행되었던 과목이지만 아직 구체화되지 않은 것으로, 한국에서 최초로 시도되는 역사교과서라는 점에서 주목된다. 그러나 기존의 국사교과서와 새로 마련된 역사교과서에서 선사시기 이래로 진행된 한일 간의 교류양상에 대해서는 거의 언급되지 않는 문제점을 보여주고 있다.

이와는 달리 일본 역사교과서에서는 일본 야요이문화 성립에 대해 도작 농경문화와 청동기·철기 등 금속문화에 근거해 성립된 사실을 설명하면

---

4) 김지훈, 2007, 「한·중 역사갈등 줄이기 -동북공정과 중국의 역사교과서」, 『역사문제연구』 No.17 역사비평사
   정기은, 2008, 「동북아 文化공동체 구상과 韓中日 역사·외교분쟁」, 『白山學報』 제82호 백산학회
5) 교육인적자원부, 2007.2.23. 「초중등학교 교육과정 개정 고시(안)관련자료」 2쪽.
   그런데 2009년 8월 이후 정부가 추진하고 있는 미래형 교육과정에서 역사 교육이 축소될 것이라는 우려가 제기되고 있다. 학교의 자율성을 확대한다는 명목으로 과목 수를 줄이고 국어, 영어, 수학 등 주요 과목을 중심으로 집중 이수를 강화하는 '미래형 교육과정'이 추진되는 가운데, 역사 과목은 현 체제를 유지하고 대신 고등학교의 선택과목으로 동아시아사, 세계역사의 이해 2개 과목만으로 조정될 것이란 방침이 표명되었다. 이에 대해 12월 역사관련 단체들은 2007년 역사교육강화방안에 따른 교육개정안 원안유지를 요구하는 공동성명서를 제출하여 정부의 정책수정을 촉구하였다.

서 이 문화가 한반도로부터 전래되었다는 사실에 대해서는 설명하지 않고 모호한 표현인 '대륙계', '대륙으로부터' 등의 표현을 사용하고 있다. 예컨대 교과서 왜곡 논란을 부른 2005년 판 후소샤(扶桑社)의 일본 중학교 역사 교과서의 경우 수도작의 시작을 설명하면서 "일본열도에는 이미 조몬시대에 대륙으로부터 벼가 전래"되었다고 표현하고 있다. 또한 야요이문화를 설명하면서 "벼농사와 함께 청동기와 철기 등의 금속기도 대륙에서 전래되었고" 라고 표현하여 한반도와의 직접적 관련성을 배제하였다. 그러나 도작 전래 루트에 대한 지도를 표시하여 한반도를 통해 도작이 전해졌음을 일부나마 표시하고는 있다. 한편 2006년판 동경서적 고등학교 교과서에서는 〈야요이문화의 성립〉 항에서 "기원전 4세기경 대륙(주로 조선반도)으로부터 도래한 사람들에 의해 도작이 규슈북부에 전해졌다"라고 서술하고 있으며, 2007년 검정본 일본 고등학교 교과서 중 실교출판實敎出版의 《고교일본사》의 내용에는 〈벼농사의 전래〉와 관련하여 "논농사는 장강하류에서 직접 일본에 전파되었다는 설과 산동반도, 조선 서해안을 거쳐서 전래되었다는 두 가지 설이 있음을 기술하고 있다. 〈야요이 문화의 성립〉 항목에서는 한반도에서는 기원전 8세기 무렵 논농사가 시작되고 기원전 7~6세기에 청동기 문화, 기원전 4세기경에 철기시대에 들어섰다고 기술하였다. 특히 일본에는 기원전 4세기경에 논농사가 한반도 남부에서 전해지고 기원전 3세기에 일본 열도 전체에 파급되었다고 기술해 주목된다. 일부 일본 교과서에서 객관적인 내용을 기술하는 경우도 나타나고 있는 것이다.

한편 기존의 한국 국사교과서 뿐만 아니라 최근 역사교육 강화 방안으로 제시된 2008년 '역사'교과서 기준안에서도 한반도의 농경기술과 청동·철기 등 금속문화가 한반도인들에 의해 일본열도에 전해져 일본의 야요이문화를 형성하였다는 사실에 대해 전혀 언급이 없다. 그리고 한일관계를 설명하는 데서도 훨씬 후대인 삼국시대부터 한국의 고대 문화가 일본에 전해진 사실을 기술하고 있어 한국의 고대문화가 이때에 갑자기 일본에 전래된 것처럼 인식하게 하는 문제점을 노출하고 있다. 따라서 이 주제에 대한 교과서 내 기술 추가가 하루빨리 진행되어야 한다고 생각된다.

이와 함께 최근 일본학계에서는 야요이문화 형성의 시기를 기존 인식에서 500년 이상 상승된 기원전 10세기 야요이연대 개시를 강조하는 연대상승론이 대세를 장악하고 있다. 또한 야요이문화 주체가 종래 한반도로부터의 도래인이 아니라 조몬 문화인들이 문화를 선택적으로 수용 발전시킨 것이라는 조몬주체론이 강조되고 있다. 이러한 인식은 일본 역사교과서에서 한반도로부터의 영향을 언급치 않고 '대륙계'라는 애매한 표현으로 서술하는 입장에서 더 나아가 한반도로부터의 영향을 아예 인정치 않으려는 태도로 발전될 가능성을 보여준다.

한반도의 도작농경과 청동·철기문화의 일본열도 전래는 한일 양국 문화전래 및 관계형성에서 가장 중요한 역사적 사실이란 점에서 양국 교과서 등에서 객관적으로 소개되고 교육될 필요가 있다고 생각된다. 그런데 한국 역사 관련 교과서의 경우 이 같은 역사적 사실과 의미가 반영되지 않았다. 따라서 이 같은 연구 성과를 감안한 한반도의 도작 농경문화 및 청동기·철기 등 금속 문화가 일본 열도의 야요이문화 형성의 모체임을 설명하는 내용이 한국 교과서에 반영되어야 한다고 생각된다. 이는 선사 이래 고대사로 연결되는 한반도 및 일본 열도 사이의 부단한 문화 교류 및 역사적 연결 상황을 체계적으로 이해케 하는 첫 단계라는 점에서 반드시 설명되어야 할 부분이다. 또한 일본 교과서의 경우 일본학계에서 일방적으로 논의되고 있는 도작 및 야요이문화 연대 상승 등에 대한 논의가 수록될 가능성이 높다는 점에서 이들 분야에 대한 체계적인 논의 확대와 객관적 사실의 수록이 진행되도록 한국학계가 노력해야 한다.

2. 야요이 이전 신석기시대 일본과의 교류

　신석기시대 한일 교류 양상은 1932년 부산 동삼동 패총에서 융기문토기(덧무늬토기)가 출토된 이래 1960년대 조사에서 일본의 신석기문화에 해당하는 조몬시대 전기의 도도로키식(轟式)토기, 소바타식(曾畑式)토기가 발견되면서 드러났다. 이를 통해 일본 규슈지역과의 문화교류가 논의되었다.[6] 이후 한반도 동·남해안지역의 융기문토기 출토가 확인되어 이들 토기양상과 층위학적 검토에 의해 융기문토기가 한국 신석기 최고단계의 토기로 파악되었다. 이 토기의 기원문제와 관련하여 일본 조몬 초기 융기문토기와의 관련성이 초기에 제기되었다. 이들 유적에 대한 방사성탄소연대 측정에 의해 연대차가 5000년 이상 존재하는 상황에 따라 직접적 연관성은 없다는 주장이 수용되었다. 그런데 아무르강 일대 토기문화의 상한이 B.C. 13,000~10,000년경으로 편년되고, 한국의 거창 임불리, 제주 고산리 유적 및 오산리 유적의 B.C.10,000년 연대 자료에 의해 상호 영향보다는 독자적 생성, 발전이 논의되고 있다.[7]

　한편, 한국의 융기문토기와 일본 도도로키식(轟式)토기와의 관련성을 통해 일본전파설이 제기되었다. 그러나 도도로키식 토기와의 비전파 병존설 등도 있고, 향후 각 유적의 연대 및 토기제작기법의 차이가 지적되며 화산재에 의해 규슈주민이 절멸된 뒤 한반도로부터 전래되었다는 견해[8]도 있어 상호 관련성에 대한 논의는 신중한 접근이 요청된다.

　한편, 1976년 쓰시마 고시다카(越高)유적에서 출토된 덧무늬토기는 부산 동삼동 패총과 직접 연결되어 한국의 신석기시대 문화가 이곳에 전해졌음

---

6) 임효재, 2000.《한국신석기문화》, 집문당.
7) 한영희, 1997.〈신석기문화〉,《한국사》2, 국사편찬위원회.
8) 甲元眞之, 1986.〈日本の古代文化と朝鮮半島〉,《日本人の起源》.

이 주장되었다. 강원도 양양 오산리유적과의 관련성도 확인되었다. 또한 한국 신석기문화의 중심인 빗살무늬토기와 규슈지역의 소바타식(曾畑式)토기의 관련성은 토기문양의 연결성 등 무늬를 통해 일찍부터 주목되었고, 이를 통해 한국 빗살무늬토기인이 바다를 건너 전파한 것으로 파악되었다. 이에 대한 반론도 있다. 그러나 토기에 새긴 문양 토기를 만든 흙의 유사성, 그리고 시기와 지역의 인접성 등에 의해 기원전 4000~3000년으로 확인되어 한반도 신석기문화의 영향이 확인되었다. 즉, 도도로키토기의 전통에 빗살무늬토기의 시문 요소를 받아들여 성립된 것으로 본다.

따라서 한반도 남해안에서는 신석기 토기양식이 융기문토기-영선동식토기-수가리식토기로 변화되었고, 규슈지역에서는 도도로키(轟式)B식토기-니시카라쓰식(西唐津式)토기-소바타식(曾畑式)토기로 변천하였다. 그런데 문양이 서로 연결되어 영선동단계에서 소바타식토기 성립에 관여한 것으로 파악된다.[9] 또한 쓰시마(對馬島)와 이키(壹岐)는 당시 일본 본토에 한국의 문화를 전해주는 길목 역할을 하고 있었다. 이러한 영선동식 토기 전래 원인으로는 가고시마의 아카호야화산 폭발에 의한 규슈지역 생명체 사멸과 이후 한반도로부터의 주민유입이 제시되고 있다.

이와 함께 제주도 고산리유적에서는 B.P.8000년에서 B.P.12000년 사이의 석촉 등 문화교류 흔적이 확인되었다. 조몬시기 한국 신석기문화와의 교류양상은 어구를 통해서도 확인되었다. 강원도 오산리·동삼동·범방패총·농소리·상노대도의 결합식 낚시바늘과 서북 규슈형 낚시바늘이 같은 형식으로 한국에 기원이 있음을 보여준다. 흑요석을 이용한 돌톱 또한 같은 양상을 보여주고 있다.

한편, 일본학계는 종래 조몬인에서 야요이인으로의 변화에 대해 조몬인이 진화해 야요이인이 되었다는 소진화설과 규슈의 도이가하마(土井ヶ浜)유

---

9) 李相均, 1998.《新石器時代의 韓日文化交流》, 學硏文化社.

적 인골이 조몬인과 현격히 다르다는 것에 근거한 한반도 도래설로 입장이 나뉘어 있었다. 종래 일본학계에서는 문화변용을 중시한 전자의 입장이 강조되었으나 고인골 연구 및 유전학적 분석을 통해 현재는 도래설이 유력한 견해로 지지받고 있다. 이는 조몬인이 낮은 얼굴(低顔), 낮은 키(低身長)를 보인 것에 비해 북부 규슈 야요이인이 높은 얼굴(高顔), 큰 키(高身長化) 현상을 보이는데서 잘 나타나고 있다.[10] 특히 야요이인 치아의 대형화는 유전적 진화의 역행현상으로 한반도로부터의 인간이동을 설명하는 주요 근거로 활용되었다. 한반도 남쪽 김해 예안리 인골 등과 북부 규슈 야요이인 인골이 매우 흡사한 상황은 이를 잘 보여준다.

최근 후쿠오카시(福岡市)의 신마치(新町)유적 지석묘 출토인골이 조몬인의 특징을 보여준다는 점을 부각하여 조몬으로부터 야요이로의 변혁은 조몬계 토착집단이 주도하였다는 의견이 제시되었다. 그러나 한반도 남부지방의 예안리나 늑도유적의 인골 신장이 반드시 크지 않았다는 점 등에 의해 이 같은 논리의 문제가 지적되었다. 따라서 야요이 중기 이후의 압도적인 야요이인골의 점유양상은 한반도로부터의 이주한 도래인의 규모가 대규모인가, 소규모 집단이 도래하여 높은 인구증가율에 의해 점유비율이 높아졌다는가에 대한 이해의 차이는 있다. 하지만 이 같은 추론은 수용키 어려우며 도래인집단의 지속적인 확대를 통해 사회변화와 수도작 농경으로 진행되었다고 이해된다.[11]

---

10) 오세연,2000,「稻作農耕사회의 형성」,『겨레와 함께한 쌀』, 국립중앙박물관 p.44
11) 中橋孝博,2007,「繩文時代から彌生時代へ」『日本の考古學』上, 學生社, p.p253-255

3. 야요이 문화와 한반도 농경문화

야요이시대[12]는 일본학계의 시대구분으로 벼농사 기술 도입에 의해 일본에서 수도작이 개시되었던 시대이다. 대략 기원전 5~4세기경부터 기원후 3세기 중순까지의 시대명칭이다. 야요이시대는 수도 경작에 의한 벼농사의 기술을 가지는 집단이 한반도에서 북부 규슈에 이주하는 것에 의해 시작되었다.

기원 전 5~4세기경 한반도로부터 북부 규슈로 수도작 기술을 중심으로 한 생활 체계가 전해져, 규슈·시코쿠(四國)·혼슈(本州)에 퍼져 형성되었다. 규슈지역인 사가현 나바타케(佐賀縣 菜畑), 후쿠오카현의 이타즈케(福岡縣 板付), 후쿠오카시 나카(福岡市 那珂), 가스야군 에쓰지(糟屋郡 江辻), 이토시마군 마가리타(糸島郡 曲り田) 논유적, 노타메(野多目) 등에서 초기 논 유적이나 한반도 계통의 마제 석기, 탄화미 등이 집중되어 발견되고 있다.

그런데 일본학계에서는 일본에서 발견된 볍씨인 온대 자포니카(Japonica)가 조몬 만기에는 도입되었다고 보고, 새로운 방사성 탄소연대 측정법에 의해 야요이 시대의 시작이 적어도 기원 전 10 세기까지 거슬러 올라갈 가능성을 제기되고 있다.[13] 그러나 일본열도에서의 본격적인 벼농사는 종자

---

12) '야요이'라는 명칭은, 1884년(메이지 17년)에 도쿄 무코가오카 야요이마치(현재의 도쿄도 분쿄구 야요이)의 패총에서 발견된 토기가 발견지에 연관되어 야요이식 토기로 불렸던 것에 유래하는데 야요이식 토기가 사용되었던 시대라는 의미이다.

13) 1994년, 조몬 말기에 속하는 오카야마현 소자시의 미나미모즈테 유적(岡山縣 総社市 南溝手遺跡)의 토기편중으로부터 플랜트·오팔(벼과식물의 잎등의 세포 성분)이 발견되었고 2005년에는 오카야마현 나다사키초(岡山縣 灘崎町) 조몬시대 전기(약6000년전)의 지층으로부터 대량의 세포 형태의 규산 화석이 발견되어, 적어도 약 3500년 전부터 벌써 밭벼(열대 자포니카)에 의한 벼농사를 하고 있었다고 하는 학설이 많이 발표되고 또 수도인 온대 자포니카에 대해서도 조몬 만기에는 도입되고 있었다고도 말해지고 있다. 그러나 이는 벼의 존재일 뿐 고도의 기술력에 의해 재배되는 벼농사의 존재와는 구분되어야 한다.

만의 존재로 확인되는 것이 아니라, 사람과 기술의 이동에 의해 가능한 종합기술이란 점에서 한반도로부터의 본격적인 인간의 이동을 통해 시작됐다고 보는 것이 타당하다.

한반도 도작농경은 무문토기문화의 전개양상과 연결되어 무문토기시대[14]의 근거로 통칭되고 있으며 청동기시대로도 표현되고 있다.[15] 1980년대까지 한반도 농경에 대한 논의는 벼농사의 기원과 전파문제가 중심연구주제로 진행되었다. 1990년대 이후 대단위 취락 발굴, 재배식물유체와 경작유구 발견 등을 통해 농경사회에 대한 다각도의 접근이 진행되고 있다. 특히 농경사회 전개의 핵심은 수도작의 본격화로, 기술력과 노동조직이 기반 된 사회전반의 변화를 수반한 생산방식의 변화를 전제한 것이다.

한반도 무문토기 전기시대의 도작은 신석기 도작의 연속이거나 요동에서 다른 청동기문화요소와 더불어 전래되었을 가능성 중 후자의 입장에서 논의가 전개되고 있다. 즉, 도작의 전래 루트는 장강(양자강)유역의 도작이 산동반도에서 바다를 건너 직접 전래되었거나, 요동반도의 발해만을 따라 전래되면서 수도작, 육도작이 같이 들어왔을 것으로 파악되어, 유적의 입지에 따라 밭농사, 천수답, 관개수전 등 다양한 형태로 전개된 것으로 보고 있다. 전래 루트 중 육로의 경우 요동에서 압록강, 청천강을 거쳐 강원도 동해안으로 넘어가 다시 남한지역으로 확대된 루트와 요동에서 서해안으

---

14) 청동기시대와 무문토기시대라는 개념은 무문토기의 사용, 청동기의 사용과 생산, 농경사회의 성립,마제석검,석촉 등 무기류와 마제석부, 반월형석도 등 마제석기류의 제작, 지석묘로 대표되는 집단적 분묘축조의 시대를 설명하는 용어로서 사용되고 있다. 청동기시대란 표현은 동북아시아 지역을 총괄하는 관점의 용어라면 문무토기시대는 한반도에 한정된 표현이란 점에서 논자에 따라 사용하는 의미가 다르다. 특히, 청동기는 전기후반에 등장한다는 점에서 무문토기와 시점상 낙차를 갖고 있는 특징이 반영된 개념이다.
배진성, 2007,『無文土器文化의 成立과 階層社會』, 서경문화사, p.22-23
15) 최몽룡,1997,「청동기시대」『한국사』3,국사편찬위원회
최몽룡,2008,「동북아시아적 관점에서 본 한국청동기,철기시대의 연구방향」『한국청동기,철기시대와 고대사회의 복원』주류성출판사.

로 넘어온 루트가 상정되고 있다.

한편, 한반도 충청남도 부여지역에서 발전한 송국리 지역문화는 무문토기 중기 또는 후기시대로 편년되는 데 한반도에서 수전도작문화가 본격적으로 전개되어 관개를 수반한 수도작이 완성된 시기이다. 이 문화의 발생지는 충남 서해안-금강 중하류유역이다. 이 문화의 기원에 대해 자생설과 외래설이 병존하고 있다. 논산 마전리, 울산 옥현 등지에서 방형의 소구획 수전시설이 발견되었으며 밭과 계단식 수전은 전기부터 존재하였다. 이 문화 양상은 중앙에 구멍이 있는 타원형 구덩이를 갖춘 원형주거지, 밖으로 입구가 벌려진 토기(外反口緣土器), 삼각형석도, 홈자귀(有溝石斧)를 세트로, 충청·호남·영남지역에 분포하였다. 주거지의 경우 노지가 발견되지 않고 저장용 구덩이를 별도로 마련하였으며, 주거지 규모가 세대별로 분리된 특징을 보여주고 있다. 또한 목재가공을 위한 외날 돌도끼의 발달과 논유구의 증대, 삼각형석도의 존재는 본격적인 수도작 농경과 인구의 증가를 보여주고 있다.[16]

한일 선사문화의 교류에서 한반도의 도작 농경은 무문토기 시대 중기에 해당하는 충남 부여의 송국리문화 시기에 본격적으로 일본 열도로 전해져 북부 규슈지역을 중심으로 정착된 것으로 파악되고 있다. 이는 북부 규슈 현해탄 연안평야의 사가현 가라쓰시 나바타케(佐賀縣 唐津市 菜畑), 우키군텐(宇木汲田), 후쿠오카현 니조마치 마가리타(福岡縣 二丈町 曲り田), 후쿠오카시 이타즈케(福岡市 板付) 등 초기 도작유적의 분포를 통해 알 수 있다. 특히 이타즈케(板付), 노타메(野多目)의 논유적은 한국의 울산 옥현유적이나 논산 마전리유적처럼 소구획 수전과 동일한 양상을 보여주고 있다. 도작 농경은 벼농사 기술뿐만 아니라 도작농경을 수행한 사회체제의 이동 의한 것이다. 일본의 논유적은 홍도·삼각형석도·유구석부·석검·석촉 등 한반도 청동기문화 양상과 궤를 같이하며, 환호집락과 송국리형 주거지를 특징으로 하

---

16) 이홍종,2005,「송국리문화의 문화접촉과 문화변동」,『한국상고사학보』48.

는 집단에 의해 농경문화가 전파되었음을 보여준다. 수혈 주거와 저장혈의 별도 배치를 특징으로 하는 주거형식 등 송국리문화의 영향은 또한 북부규슈 내해인 아리아케카이(有明海) 연안 사가(佐賀)평야의 요시노가리(吉野ヶ里) 유적과 구보이즈미마루야마(久保泉丸山)유적에서도 잘 나타나고 있다. 이는 송국리 문화가 일본 야요이문화 형성에 가장 직접적인 영향을 준 문화임을 보여준다.

일본열도지역으로의 도작稻作 전래루트에 대한 일본학계의 입장은 종래 다음과 같은 5가지 입장이 제시되어 있었다. 즉, 1)중국 북부-한반도-북부규슈, 2)산동반도-요동반도-한반도-북부규슈 3)중국 북부-한반도 중서부-북부규슈 4)중국 장강하류-규슈(직접도래설) 5)오키나와 열도-규슈(남쪽 도래설) 등이다. 다만 4)의 직접도래설의 경우 농경 관련 유물이 전혀 발견되지 않고 있는 점과 5)의 남쪽 도래설의 경우 관련 벼의 연대가 기원후 7~8세기를 넘지 못하는 현상에 의해 부정되고 있다.

따라서 일본 초기 도작의 전래가 한반도에서 전래되었다는 견해에 대한 한일 양국학계의 입장은 동일하다. 즉, 수도작과 관개 농경기술, 농경도구, 벼의 모양, 작물조성 및 문화요소 전반에서 야요이 초기의 도작은 송국리문화 요소와 함께 한반도 남부지역에서 전래된 것에 동의하고 있는 것이다.

한편, 일본학계에서는 조몬시기 도작을 열대형 Japonica의 전작으로 파악하여 조엽수림형의 전작이 남로를 통해 일본열도로 유입되었다는 화남 직접 도래설이 제기되었다. 그러나 남로에서는 작물고고학적 자료가 결여되어 있다. 반면 한반도와 규슈 사이에는 신석기토기시대와 무문토기전기의 활발한 교류가 확인되고, 한반도에도 열대형 Japonica에 가까운 볍씨가 존재하는 사실을 통해 볼 때 조몬도작 또한 한반도에서 전래된 것으로 파악된다.

일본 열도에 전해진 도작농경 기술이 한반도에서 전래되었다는 사실에 대해서는 한·일 양국학계의 입장은 같다. 그런데 도작농경은 수도작을 위한 주거의 고착화, 경작지 토지소유 및 세습, 농업용수의 통제와 조정, 노동의 조직화, 잉여생산의 통제 등 정치권력의 형성을 이룬다는 점에서 한반도와 일본열도에서의 도작문제는 문명사회와 문화변화의 출발점으로 부각되고 있다. 또한 야요이문화의 요소는 수전도작과 함께 수혈주거인 송국리형 주거양식, 환호마을 유적과 함께 저장용 호형토기, 마제석부, 수적구, 석검, 석촉, 지석묘, 돼지의 사육 등으로서 한반도 무문토기 문화와 공통의 양상을 보여준다. 이 같은 사실은 일본의 고대문화를 규정짓는 결정적 사실이란 점에서 한일 문화교류 내용 중 가장 중요한 내용이라고 파악된다.

이같은 양상은 일본열도의 농경지역 분포를 통해 확인된다. 즉, 일본 규슈 북부지역의 도작 관련 유적의 분포는 현해탄지역과 연한 지역 등에서 조몬만기의 농업취락, 환호취락 및 수전유적이 밝혀져 이 지역 중심으로 한반도의 무문토기문화가 유입된 것으로 이해되었다. 초기도작과 한반도 선진문화가 현해탄 연안의 사가평야지역에 전파되고 이후 후쿠오카평야로 확산된 것으로 파악되고 있는 것이다. 이들 지역에 나타난 농경문화의 전파는 한반도로부터 농경문화관련 도래집단의 규모가 대규모였음을 확인시켜준다. 이같은 사실은 이 일대 지석묘의 분포양상에서도 확인된다. 일부에서는 도작전래 루트를 중국 장강 및 회하 관련 경로를 제기하기도 하지만 북부 규슈 초기 도작농경 석제 및 목제농경구가 한반도 계보를 보여준다는 점에서 시간 및 지역 차에 의한 축차적 전파양상으로 이해된다.

한편, 일본 초기 농경문화에서는 가축사육이 보이지 않는 것으로 파악되었으나 야요이집락에서 발견된 멧돼지뼈에 대한 분석을 통해 도작농경과 함께 신종의 돼지가 수입된 것으로 파악된다. 야요이시대에서 고대에 걸쳐 가축사육이 진행되었음이 확인된 것이다. 이는 야요이시대 수도작 개시에 의한 변화가 생계양식의 변화와 함께 담당종족의 변화로 이어지는 등 전면적이었음을 보여주는 내용으로 한반도에서 청동기유적에서 보고된 개와

돼지뼈에 대한 보고와 연결되고 있다. 또한 신석기시대 한반도에서 조몬시대 규슈에 전해진 결합식 낚시바늘의 전통은 산동반도-요동반도-한반도남부연안-서북규슈에 분포하고 있어[17] 요동반도 도작재배 문화와 한반도로 연결되는 어로활동 문화의 연결성도 확인된다.

4. 야요이 연대문제

일본열도에서는 야요이시대 개시연대를 1960년대까지 기원전 3세기~기원후 3세기까지의 기간으로 파악하였다. 이후 1970년대에 들어와 오카자키(岡崎敬)가 우키군텐(宇木汲田) 패총의 C14연대를 근거로 조몬 만기로 편년된 유우스식(夜臼式)토기를 기원전 5~4세기로 보고, 1978년 북부규슈에서의 수전도작 개시연대를 야요이시대의 개시로 보아야 한다는 견해가 확립되어 야요이시대를 기원전5~4세기부터 시작된 것으로 보았다.[18]

따라서 2003년 이전까지는 도작농경을 수반한 문화가 북부규슈 지역을 중심으로 등장하는 시점으로, 기원전 450년경으로 비정되었다. 이에 따라 조몬 만기, 야요이 조기(기원전 5~4세기)-야요이 전기(기원전 3~2세기 초)-야요이 중기(기원전 2세기초~기원전 1세기 내지 기원후 1세기초)-야요이 후기(기원후 1~3세기 중엽)로 시기구분되어 논의가 진행되었다.

그런데 2003년 일본 도쿄역사민속박물관팀(이하 '역박'으로 약칭)이 토기에 남아있는 유기물에 대한 대한 AMS(이온빔가속기질량분석법)측정에 의한 새로운 연대관을 근거로 야요이시대 개시 시점이 기원전 930년까지 소급되어야 한다는 기원전 10세기설 주장이 제기되면서 개시기 연대에 상당한 혼란이

---

17) 甲元眞之,1999「環東中國海の先史漁撈文化」『熊本大學文學部論叢』65
18) 鄭漢德,2002,『日本의 考古學』學研文化史, p.140

나타나고 있다.

　이 견해에 대해 일본학계는 찬반으로 입장이 나뉘었다. 찬성의 경우 한국의 청동기문화 연대소급을 근거로, 반대의 경우 연대측정 과신의 문제 및 변동가능성을 제기하고 한반도 관련유물의 연대관과의 불일치 문제를 근거로 제기하였다. 특히 새로운 연대관에 따를 때 문제가 되는 점은 야요이 조기, 전기유적에서 출토된 철기의 연대문제가 발생한다. 일본학계는 야요이시대의 철기를 전국 연燕과 연결지어 한반도를 통해 전래된 것으로 파악하고 있는 데 이 경우 기원전 4세기를 넘어갈 수 없다는 문제가 발생한다. 이에 대해 '역박'팀은 기존의 관련 유물들이 모두 출토가 불분명하거나 재퇴적된 것, 오인된 것 등으로 파악하고 이들을 야요이 철기유물로 인정하지 않고 있다. 그러나 기존의 야요이유적에서 출토된 유물들 모두를 부정하는 것은 쉽게 동의할 수 없으며 연대를 맞추기 위한 강변일 가능성이 높다.

　한편, 이 같은 찬반입장과 함께 연대 상한 인상을 한국, 중국 유적에 대한 연대재검토를 통해 진행하는 입장도 있다. 즉, 야요이 개시연대를 설정함에 있어 한반도 청동기 및 농경문화의 대표적 유적지인 송국리 석관묘의 비파형동검 연대를 춘추중기(기원전7~6세기)의 유물과 연결 지어 연대를 기원전 6세기 중엽으로 보거나 호서지역 요령식동검과 한국식동검 연대를 재검토하여 비래동동검=서주후기 소흑석구 M8501이후→ 송국리1호→예산동서리=정가와자6512호로 편년하여 야요이 개시연대를 기원전 8세기중엽~7세기중엽으로 비정하는 입장이다.

　일본 야요이문화 성립의 근간이 한반도의 송국리문화임을 강조하면서 송국리문화의 연대를 기원전 900년경으로 보고, 야요이시대의 성립연대를 기원전 850~800년 사이로 파악하는 입장도 제기되고 있다.[19]

---

19) 이홍종, 2000 「無文土器와 야요이土器의 實年代」『한국고고학보』60. 한국고고학회.

그러나 일본 열도의 최초 농경문화인 야요이문화의 개시기 연대가 상승하기 위한 전제조건은 야요이문화의 기원지인 한반도의 농경 및 청동기문화 연대가 함께 상승해야하는 상황이 필수적인 전제 조건임을 보여준다. 그런데 한국 고고학계에서는 이 같은 일본학계의 논의에 아직은 적극적으로 대응하지 않고 있는 상황이다.

한편, 일본학계는 야요이문화의 계보와 관련하여 조몬문화의 전통계승을 전제로 야요이문화 가운데 한반도의 문화를 일부 인정하면서도 일본열도 독자의 성격을 부각하고자 하였다. 이런 이해의 연장선에서 조몬문화의 전통은 여성의 역할과 관련된 부분의 비중이 높고 대륙문화로 지칭된 문화현상은 남성의 역할과 관련된 부분이 많음을 강조하고 있는 것이다. 남성이 중심이 된 한반도로부터의 도래인과 조몬인과의 혼혈로써 이 같은 현상을 연결지어 파악하고 있다.[20] 또한 도작재배와 관련하여 야요이시대의 대표적 공구인 대형조개날 돌도끼(大形蛤刃石斧)가 조몬시대 마제석부의 계보와 연결된다고 보고 조몬문화의 전통을 강조하였다.

그러나 야요이문화 이전의 조몬문화의 경우 북부규슈를 중심으로 한반도와의 문화교류가 빈번하였다. 이는 조몬 전기의 경우 결합식 낚시바늘, 석재 작살에 의한 새로운 고기잡이법의 등장, 중기의 동물해체 및 골각기 제작에 편리한 돌날기법의 수용 등에 의해 확인된다. 이같은 전통 속에 야요이시대 특유의 납작외날돌도끼(扁平片刃石斧)가 등장하고 있음이 지적되어 한반도에서의 문화수용이 확인되고 있다.

한편, 야요이시대의 석기는 한반도계 마제석기계통인 반월형석도, 돌 낫(石鎌), 홈자귀(有溝石斧), 조개날 돌도끼(蛤刃石斧), 돌끌(石鑿) 등 공구류와 일단손잡이 돌검(一段柄式石劍), 슴베형 돌검(有莖式石劍), 슴베형 돌촉(有莖式石鏃) 등의 무기로 구성되는 데 낚시바늘과 흑요석제 화살촉, 돌송곳 등으로 구성

---

20) 甲元眞之, 2004, 『日本の初期農耕文化と社會』同成社

된 조몬시대의 석기조합과는 구분된다. 이것 또한 수전도작, 지석묘, 청동기와 함께 한반도에서 전래되었음을 입증하고 있다. 또한 야요이 토기문화는 조몬 말기의 바리(鉢)형태에서 저장용 항아리, 취사용 단지, 취식용 받침그릇(豆), 바리(鉢) 등이 제작되어 농업생산에 따른 생업 경제변화의 상황을 뚜렷이 보여주고 있다. 특히, 한반도 무문토기 영향을 받아 제작된 저장용 항아리 사용이 주목된다.

5. 한반도 청동기, 철기문화와 야요이 금속문화

한반도와 일본열도 간의 금속문화 교류에서 한반도에는 비파형동검과 동모로 구성되는 순수 청동기시대가 분명히 존재하지만 일본지역에서는 현재까지의 조사와 연구 성과로 볼 때 순수 청동기 문화단계가 뚜렷하지 않다. 따라서 철기시대이후 청동기와 철기가 거의 동시에 한반도에서 일본열도로 유입된 것으로 파악된다.[21] 또한 일본열도에서의 야요이시대 금속기 사용의 특징은 무기는 철기가, 제사용 의기는 청동기가 사용되었다는 점이다. 이들이 전래된 이후 제작은 되었지만 그 재료는 계속 한반도로부터 입수되었음을 알 수 있다.[22]

일본학계는 야요이 청동기문화의 형성에 나타난 한반도 청동기문화의 수용과 정착양상을 요령식동검(비파형동검)과 마제석검, 석촉을 부장하는 지석묘 등으로 대표되는 '요녕청동기문화복합'을 수용한 것으로 파악하고 있다. 그런데 야요이 문화는 중국 중원의 청동기문화와 뚜렷한 차별성을 갖는 요동반도, 한반도 및 만주지역을 중심으로 독자적으로 발전한 비파형동

---

21) 鄭漢德, 2002,『日本의 考古學』學研文化社, p.202
22) 奈良文化財研究所監修,『日本の考古學』2005, p.111

검과 동모, 지석묘로 구성되는 청동기문화로서 한반도를 중심으로 한 청동기문화를 수용한 것으로 파악되고 있다.[23]

한편, 일본열도에서 가장 오래된 청동기유물은 후쿠오카의 이마가와(今川)유적에서 출토된 청동 화살촉과 청동 끌을 들 수 있다. 이 유물의 경우 한국의 보성 덕치리의 예처럼 비파형동검이나 동모를 가공해 만든 것이며, 끌은 부여 송국리1호 석관묘 출토예가 있어 이 유적은 송국리문화의 영향 하에 형성된 것임을 알 수 있다. 송국리문화의 시기는 학자에 따라 기원전 8~6세기 또는 기원전 6세기 후반~5세기 전반으로 파악하기도 한다.

이 같이 일본열도의 청동기문화는 한반도로부터 각종 청동기가 전래된 것에 의해 시작되었다. 북부규슈를 시작으로 서일본으로 확대되어 청동무기의 경우 유입단계의 청동기는 한반도제가 그대로 수입되었고, 북부규슈에 지역왕권이 확립되는 중기후반에 일본열도에서 청동기가 생산된 것으로 이해되고 있다. 일본학계에서는 최근 청동기의 열도화 시기를 야요이시대 중기전반으로 올려보고 한반도 청동기의 수입양상에서 일종의 선택을 강조하고 있다. 그런데 청동기 주형의 양상을 보면 한반도에서는 석제품이 중심이 되고 일부 의기제작을 위해 토제품을 사용한 양상이 나타났는데, 일본 북규슈의 사가현 지역을 중심으로 요시노가리(吉野ヶ里) 등에서도 동일 양상이 나타나고 있다. 그 계통과 내용의 연결성을 잘 보여주고 있다. 또한 세형동검은 북부규슈의 김해식 옹관기(야요이시대 전기말)이후 유입되어 묘의 부장품으로 사용되고 있는 양상은 한반도와 동일한 배경으로 사용되었음을 보여준다. 따라서 이같은 청동기유물상과 내용은 일본의 자체 제작단계에서도 꾸준히 한반도의 영향 하에 존재하였음을 보여준다.

야요이시대의 철기문화는 북규슈지역을 중심으로 규슈남부・세토나이카이(瀨戶內)・산인(山陰) 연안으로 확대되어 중기 후엽 긴키(近畿)지역으로 확

---
23) 박진욱,강인숙,황기덕,1987,『비파형단검문화에 관한 연구』과학백과사전출판사 이영문,1997,「한국비파형동검문화에 대한 고찰」『한국고고학보』38.

대되고, 후기에는 간토 고신(關東甲信)지역까지 확대된 것으로 보고 있다. 그런데 이는 모두 '배를 타고 온 사람들의 전래품'(舶載鐵製品) 즉 한반도에서 직접 전래된 것이란 점이 강조되고 있다. 야요이시대 철기문화 전개과정의 특징은 전기에 마제석기를 대신하여 철제 공구류가 먼저 유입되고 자체 생산이 가능해진다는 점이다. 또 철촉에 이어서 중기 단계에 철제 무기류(양날 칼, 외날 칼, 창 등)가 사용되기 시작하는데, 철제 농구류는 그 출현시기가 상대적으로 늦은 것으로 나타나고 있다. 즉, 한반도에서 전래된 조개날 돌도끼(蛤刃石斧), 외날 돌도끼(片刃石斧), 홈자귀(有溝石斧), 반월형석도 등이 생산도구의 주류를 이루는 가운데 배로 전래되어 들어온 일부 철제 공구가 사용되기 시작하는 야요이시대 전기 단계는 물론 이후 독자적 형태를 갖는 철제 공구가 자체적으로 제조되기 시작하는 단계인 북규슈에서의 전기 말-중기 전반, 기나이(畿內)에서의 중기 전반 경에도 철 소재는 일본열도 내에서 생산하지 못하고 전적으로 한반도로부터의 유입품에 의존하고 있었다. 이 같은 사실은 당시 한일 양국 사이의 교류관계에서 가장 중요한 사항으로 볼 수 있다. 그럼에도 불구하고 아직 이에 대한 집중적 연구가 부족하다. 특히, 철기 제작과 철소재 생산은 별도의 단계로서 파악되어야 한다.

　야요이시대에 철 생산이 시작된 것으로 보는 견해는 일본학계에서는 일찍부터 있었다. 그런데 이는 구체적인 제련유적을 실증적인 자료로 제시한 것이 아니다. 다만 철기와 철기생산 유적 등의 양상을 고려한 정황적 판단으로 이를 뒷받침하기 위해 히로시마현(廣島縣) 고마루(小丸)유적 SF1호 제련로를 확실한 야요이시대 후기의 철생산로로 제시하였으나 추가자료가 발견되지 않아 야요이시대 철생산설은 미약한 상태이다.

　특히 금속학적 분석을 통해 제시된 5세기 이후 고분시대 철생산설이 보다 설득력이 있다. 그런데 이 시기 철기생산 유적인 단야유적이나 철재 관련자료들이 규슈지역을 중심으로 오카야마(岡山), 히로시마(廣島), 오사카(大坂) 등 서일본 일부지역에서도 관련유적이 파악되고 있어 야요이시대의 후기이후에는 일본 내에서 자체적으로 철기를 제조한 것으로는 파악되고 있다.

따라서《삼국지》위서 동이전 변진조의 "(변진)나라에서 철이 나는데 한과 예와 왜가 모두 이곳에서 철을 구해간다(國出鐵, 韓濊倭皆縱取之)"란 기사와 최근 고고학자료를 감안할 때 야요이 시대 후기까지 한반도로부터 왜 지역에 계속 공급된 철소재를 주로 의존하면서 일부 자체적인 생산도 이루어지기 시작하였다고 볼 수 있다.

고고학적으로 이 당시 교역되던 철소재와 관련해서는, 이를 한반도에서 생산된 판상철제품이나 판상철부로 보거나, 중국제의 주철탈탄강이나 초강제 철판으로 보는 설 및 철기나 소재가 중국으로부터 유입되었다는 설 등이 제기 되었다. 이는 이 시기 철소재를 생산하는 제련유적이 한반도에서 확인이 안 되었던 상황에서의 논의였다. 그런데 최근 사천 늑도유적에서 출토된 철재들의 분석 결과 용해로의 찌꺼기임이 밝혀졌고, 화성 기안리유적에서 초강의 생산이 이루어졌을 가능성이 확인되었다. 이를 통해 한반도에서 채광된 철원료와 이를 제련하여 만들어낸 철제품 등이 일본열도로 유입되었음을 확인할 수 있다.

한반도, 일본열도의 청동기를 부장한 무덤의 형식은 기원전 10세기경부터 기원후 1세기까지 중국 동북지역, 한반도, 일본열도 서부에 걸쳐 비파형동검 단계에 적석묘·석관묘·석곽묘·지석묘·옹관묘 등이 있다. 이들 무덤에 부장된 청동기 양상은 중국 동북지방 즉, 만주지역은 기원전 8~4세기에 비파형동검이, 한반도에서는 기원전 4세기~기원후 1세기경 세형동검이, 그리고 일본열도에서는 세형동검이 기원전 2세기부터 기원후 1세기경에 집중된 것으로 파악되고 있다. 그런데 비파형동검단계의 무덤양식은 석곽묘와 목곽묘인데 비해 세형동검단계에는 적석목곽묘임이 주목된다.

이 같은 묘제의 내용에서 한반도와 일본열도에 공통으로 등장하는 묘제 가운데 일본의 지석묘는 그 계보가 한반도에 있으며 한반도의 지석묘 가운데 기반식 지석묘를 주체로 하며 개석식지석묘도 존재하는 점이 공통의 입장으로 제시되고 있다. 일본 지석묘는 야요이 시대 조기에서 중기시대로 편년되는 유적으로서, 일본열도 가운데 규슈지역에만 한정되어 나타나 주로 서북지역인 후쿠오카·사가·나가사키·구마모토 등지에 집중되어 있다.

특징은 우선 분포양상에서 한반도로부터 전래되었음에도 쓰시마나 이키섬에서는 확인되지 않으며 일본 야요이의 중심지인 후쿠오카 평야에서도 초기 지석묘가 나타나지 않는다는 점이다. 그러나 후쿠오카 평야 주변지역인 사가현이나 나가사키현에 다수 지석묘가 분포하고 지석묘 하부양상도 다른 경우가 많다는 특징을 보여준다. 이같은 상황에 의해 지석묘의 계보는 한반도 남부이고 첫 출현지역을 현해탄 연안으로 보거나, 기원지를 전라남도로 보고 출현지역을 나가사키 중심의 서북규슈로 보는 견해 등으로 나뉘고 있다.

그런데 일본학계는 지석묘 수용단계에서 하부구조의 길이가 짧은 형태로 나타난 것과 지석묘 내부 주체가 토광이나 목관·석관·옹관 등 다양한 형태가 존재한 점을 들어 일본 토착인 즉 조몬인이 주체적으로 수용하여 변용하였음을 강조하고 있다. 또한 지석묘 발견 인골의 성격이 조몬인 또는 그 계보를 갖는 존재라는 점을 들어 이 같은 입장을 더욱 강조하였다. 그러나 한반도 지석묘 중 하부구조의 길이가 짧고 여러 형태의 지석묘가 존재하고 있어 이를 기준으로 일본적 변용을 말할 수 없으며, 한반도인의 형질적 특성이 확정되지 않은 상황에서 지석묘인골의 성격을 단순히 조몬인으로만 특정할 없다는 지적을 감안할 때 일본학계의 이 같은 해석은 신중함이 요청된다. 오히려 이 문제는 지석묘가 농경사회의 기념물로서 취락, 생산시설 및 경작지 등과 함께 일정한 공간적 단위를 점유한 의미가 부각되어야 한다. 즉, 지석묘는 장기적인 의례 수행이 반복되어 혈연의 유대와 일정 경작지와 영역에서의 일상생활, 기념물을 중심한 의례수행의 구심점이란 점에서 이는 농경사회를 새롭게 일본열도에 전래한 집단의 상징물로 파악되어야 함을 보여주고 있다.

한편, 북부 규슈의 야요이시대 무덤양식으로 야요이시대 전기후반~후기 전반까지 대형토기를 사용한 옹관·토광묘·석관묘 등의 무덤양식이 성행하였다. 이들 분묘에서 출토된 인골의 경우 북부 규슈의 북부지역(사가평야, 후쿠오카평야)의 옹관묘 출토 인골은 도래계 야요이인으로 파악되었고, 서북 규슈의 가라쓰평야, 나가사키현의 해안가 토광묘·석관묘에서 출토된 인골은 단신으로 한반도문화를 수용한 조몬계 야요이인으로 파악되었다. 또한 서북 규슈의 옹관 등에서 출토된 도래계인 인골들의 분석에서 큰 키와 높은 얼굴형의 도래계 인골 특성이 지적되었다. 또한 이들 유적과 떨어진 해안선지역의 다른 유적에서는 장신의 도래계 인골과 단신의 조몬계 인골이 혼재하고 있어 지역별 편차를 보여준다. 또한 옹관의 경우 사가평야를 중심으로 아리아케카이 연안 북부에 한반도 도래계 인골과 단신의 승문인골이 혼재하며 나타나는 데 성인용에 적합한 크기의 옹관이 존재하지 않는 다는 점에서 규슈의 성인용 옹관묘가 한반도 옹관묘 계보이지만 북부규슈에서 자체 발전한 장법으로 발전하였을 가능성도 제기되고 있다.

맺음말

한일 간의 교류 역사 가운데 그 첫 단계인 선사 및 고대초기의 교류양상에 대한 한일 교과서의 기술내용은 극명하게 대비되어 나타나고 있다. 즉, 한국 교과서에서는 이에 대한 언급이 전혀 서술되지 않고 있는 반면 일본 역사교과서의 경우 거의 모든 교과서가 관점과 내용은 다르지만 언급하고 있다. 이에 대한 내용 가운데 특히, 도작과 금속기 사용으로 대표되는 일본 야요이 문화형성과 관련하여 일본의 역사교과서에서는 벼농사의 전래루트와 금속기문화의 전래에 대해 한반도로부터의 전래사실을 구체적으로 언급하지 않고 '대륙으로 부터'라는 표현을 사용하여 직접적 연관성을 언급하지 않는 문제점을 상당수 보여주고 있다. 따라서 향후 한일 교과서에서는 이 문제에 대한 언급과 서술내용의 정확성 및 구체성을 확보하는 것이 가장 중요한 급선무라고 생각된다.

한편, 최근 선사시대 한일관계의 연구 양상은 신석기시대 이래 한반도로부터 전해진 문화와 인간의 일방적 전래, 수용이 강조되던 단계에서 점차 교류와 상호 영향이란 주제가 부각되는 연구내용을 보여주고 있다. 이같은 상황에서 일본학계는 융기문토기로 대표되는 한국 신석기 토기문화에 대한 일본 영향이 제기되었으나 동북아 토기문화의 전파과정에서 개별적 발전론이 호응을 얻고 있다. 한국 빗살무늬토기가 규슈지역 소바타 토기형성에 직접적으로 연결되고 있음이 강조되고 있는 것이다. 또한 한국의 결합식 낚시바늘 문화와 서북구주의 바늘형식이 같은 문화로 연결되어 신석기부터 본격화된 교류양상이 확인된다.

한편, 도작농경의 경우 조몬말기부터 한국과의 관계성이 전제된 도작농경이 확인된다. 한국과 일본에서 단립형 벼 유물에 대한 육종학적 이론과 벼농사 기술보유집단의 전래, 그리고 벼농사와 함께 출현한 한국 남부지역 지석묘의 규슈지역 전래는 도작농경의 한반도전래설을 확인시켜준다. 또한 야요이 토기문화는 저장용 항아리(壺)와 음식취사용 단지(甕) 및 취식용 바리(鉢)등이 새롭게 형성되어 농경문화에 부응하는 생활토기문화로의 변화를 보여준다. 이는 한반도의 무문토기문화와 직접 연결되는 내용으로 이해된다. 또한 독무덤(甕棺)의 등장은 한반도 남부의 묘제문화가 지석묘문화 다음단계에 나타나는 양상과도 연결되는 문화변화에 부응하고 있다.

청동기유물의 경우 변형비파형동검문화가 일본에 전래되어 최초 유물로 나타난다. 이후 세형동검이 동모, 동과, 다뉴세문경 및 각종 옥제품이 세트로 출토되어 한국의 일괄유물 출토양상과 유사한 상황을 보여준다. 한편 기원전 1세기 초부터 청동기의 자체 제작양상은 무기와 함께 동탁, 동경

등 의식용 제기로 확대되었다. 무기류도 광형으로 변화되어 한반도-일본으로 연결되는 의기적 전통이 더욱 부각되면서 일본 청동문화의 특성이 부각되었다. 또한 철기유물은 한반도로부터의 전래품으로 시작되었는데 대부분 청동기와 동일한 성격의 부장내용을 보여준다.

향후 선사시기 한일교류에 대한 연구는 도작농경 전래의 문화복합적 성격과 인간집단 이동적 성격을 부각하는 연구가 요청된다. 또한 야요이문화 단계에서 확인된 청동유물의 의기적 성격에 부응하는 종교문화적 연구와 각종 유물에 나타난 문양 등의 상징성을 한일 고대 문화요소와 연결 지어 파악할 필요가 있다고 생각된다.

한편, 낙랑, 대방으로 상징되는 중국세력과의 직접교류를 강조하는 일본학계의 연구풍토에 대해 이같은 교역과 문물교류를 가능케 했던 고조선과 삼한사회의 왜와 교류 양상, 중국세력과의 교역을 중간에서 조정하고 통제하였던 교류중계 역량 등에 대한 검토가 필요하다. 이는 중역외교中驛外交라는 개념으로 정리되는 것으로 동아시아 교류의 주도권을 행사한 우리 민족의 역사상 정립이란 측면에서도 향후 연구가 필요한 부분이라고 생각된다.

〈참고문헌〉

※ 임효재, 2005《韓國 新石器文化의 展開》(학연문화사)

※ 李相均, 1998《新石器時代의 韓日文化交流》(학연문화사)

※ 鄭漢德, 2002《日本의 考古學》(학연문화사)

※ 김장석, 2007〈靑銅器時代〉《한국고고학강의》(한국고고학회)

※ 국립박물관, 2007《요시노가리- 일본속의 고대한국》

※ 정한덕, 2002《일본의 고고학》(한국문화사)

※ 최몽룡, 2008《한국청동기·철기시대와 고대사회의 복원》(주류성 출판사)

※ 한일역사공동위원회, 2010《제2기 한일역사공동연구보고서》

임나일본부설의 흐름과 쟁점

김 태 식*

목 차

머리말
1. 연구 추세
2. 4세기의 쟁점
3. 5세기의 쟁점
4. 6세기의 쟁점
맺음말

머리말

고대 한일관계사의 쟁점이 '임나일본부설'이라는 것을 웬만한 사람들은 다 아는 듯하다. 물론 한국인이라면 그 부당성에 흥분하기도 한다. 실상 한일관계사 쟁점의 대부분은 고대사 분야보다는 근대사 쪽에 있고 그쪽의 쟁점이 더 구체적이고 생생하다. 그럼에도 사람들은 고대사의 왜곡을 더욱 기분 나쁘게 생각한다.

왜 그럴까? 그것은 "아니, 벌써 이때부터?"라는 당혹감과 좌절감을 주어 고대사 분야에 대하여 느끼는 낭만을 훼손하기 때문이다. 게다가 그 내용

* 홍익대학교 역사교육과 교수

이 사실에 전혀 근거를 두지 않은 날조라고 생각하기 때문이다. 그런데 그런 기분은 실제로는 느낌에 불과하다. 사실에 근거를 두지 않았는지의 여부가 분명치 않으며, 적어도 관련된 문헌 사료들을 읽어 보면 신음 소리가 날 정도로 한국 측에 불리한 것들 투성이다.

이 정도 운을 떼면 어떤 독자들은 벌써 필자를 의혹의 눈초리로 쳐다보려고 할지도 모른다. 무언가 듣기 싫은 소리를 하려고 한다고 생각하여 읽지 않으려고 할 것이다. 그런 수준 높은 독자들이 솔직히 두렵다. 그럼에도 용감하게 이런 선언을 앞세우는 이유는 이 문제를 단번에 부정하기는 쉽지 않다는 전제를 두기 위함이다.

항상 이런 반문을 하곤 한다. 어째서 우리 쪽의 사료는 고대 한일관계에 대하여 많이 언급하지 않았을까? 어째서 일본 쪽의 사료는 한일관계에 대하여 그처럼 많이 언급하였을까? 어째서 대부분의 사료는 왜군의 강성함을 지적하고, 왜국의 우월성을 내세우고 있을까?

그것은 관심의 지향하는 바가 달랐기 때문이라고 볼 수밖에 없다. 우리 쪽의 고대 사료는 중국과의 연관성에 많은 관심을 두고 있다. 그러면서도 중국의 규모나 문화적 우수성을 정확하게 인식하고 있기 때문인지 중국을 넘어서려고 애쓴다거나 그에 대한 열등감을 표현하지도 않고 있다. 반면에 일본열도에 대해서는 무관심 일변도이다. 때때로 왜로부터 군사적으로 피해 입은 것을 담담하게 서술하고 있을 뿐이다.

반면에 일본 쪽의 고대 사료에는 적어도 6세기까지 중국에 대한 관심이 잘 드러나지 않는다. 일본열도의 고대 세력들이 중국의 존재를 알고 있었고 또 일정하게 교류하고 있었다는 것을 알 수 있는 자료는 『삼국지』 왜인전이나 『송서』 왜국전 뿐이고, 『일본서기』에는 거의 보이지 않는다. 『일본서기』에는 백제, 신라, 가야와 같은 한반도 남부 세력들에 대한 지대한 관심을 보이는 서술들이 대부분이다.

결국 이는 한국인 또는 일본인들이 고대 문화의 발전 과정에서 자신들에게 직접적인 영향을 주는 선진문물 수입 경로에 큰 관심을 기울였다는 것을 의미한다. 그러고 보면 『삼국사기』에서도 신라본기에는 적어도 5세기 후반까지 중국에 대한 관심이 거의 없고 고구려의 문화 및 그와의 관계에 대한 기술이 주종을 이루고 있다. 이는 『일본서기』에 한반도 남부 세력들에 대한 기술이 대부분이라는 점과 같은 흐름이라고 할 수 있다.

그런데 『일본서기』 서술의 한반도 남부에 대한 관심 방향은 각기 달랐다. 『일본서기』는 백제에게는 친밀감, 신라에게는 적대감, 가야(임나)에게는 우월감을 드러내고 있다. 『일본서기』가 편찬되던 서기 720년경에 이미 백제는 역사에서 없어지고 한반도에는 신라가 있을 뿐이었으나, 친백제적인 서술 방향은 그대로 이어졌다.

실상 일본 고대 문화 중에서 철기·토기·장신구 등과 같은 물질문화는 6세기 전반까지 가야를 통해서 유입되었고, 6세기 중엽 이후 문자·불교·유교와 같은 고급 정신문화는 백제를 통하여 수입되었다. 그렇게 볼 때 일본 고대 문화의 기반은 가야를 통해서 성장했음을 알 수 있다. 그럼에도 『일본서기』에 가야에 대한 우월감이 드러나 있는 것은 『일본서기』의 한반도 남부에 대한 인식이 백제의 눈과 손을 거쳐 기록되었음을 추측케 한다.

그렇다면 『일본서기』의 기록 및 관점을 통해서 근대에 계승된 '임나일본부' 관념은 가야 지역을 둘러싼 신라와의 경쟁에서 패배하고 궁극적으로 신라에게 멸망당한 백제인의 열등감 및 회한이, 7세기 중엽에 백제를 구원한다는 명목으로 한반도에 2만 대군을 출동시켰다가 패배한 왜인의 좌절감과 결합하여 탄생한 것이 아닐까 한다. 그래서 약하게나마 백제와 신라에 대한 우월의식도 추가된 것이다.

그러나 임나일본부 관념은 19세기 말 이후 일본이 한반도를 점령하는 역사적 근거로 작용하였고, 20세기에 들어와 근대적인 학설인 '임나일본설'로 변모되었다. 특히 일본의 일부 중등학교 역사교과서에는 고대 한일관계의 근간으로 제시되어 있다. 미래의 바람직한 한일관계를 조망해 볼 때, 교육에서의 이런 시각이 아직도 잔존해 있다는 것은 매우 큰 문제가 아닐 수 없다.

그러므로 본고에서는 임나일본부설에서 왜(倭)가 임나 지배를 했다는 4세기부터 6세기까지 한일관계 관련 사료의 존재 상태와 그에 대한 학계의 연구동향 및 일본 역사교과서의 서술 현황 등을 일반인들의 이해를 위해 되도록 쉽게 설명해 보고자 한다. 그리하여 제1장에서는 임나일본부설의 내용과 그에 대한 학설상 대안들의 큰 흐름을 개관하고, 제2장부터는 세기별로 쟁점 사항들을 검토해 보고자 한다.

1. 연구 추세

임나일본부설이 학술적으로 분명하게 정립된 것은 1949년에 출간된 스에마쓰 야스카즈의 저서 『임나흥망사』[1]로부터이다. 그러나 임나 관련 연구의 시초는 그보다 상당히 오래 전부터 시작되었다.

일본 에도시대의 한 연구[2]에 의하면, 제10대 숭신천황 말년에 임나왕이 일본 비단을 가져갔는데 신라가 이를 빼앗아 갔으므로, 신공황후(제15대 응신천황의 모후)가 임나를 위하여 신라를 정벌하여 한국 땅에 일본부를 두고 다스렸고, 제29대 흠명천황 23년에 신라가 임나를 멸망시켰으니, 593년 동안 임나가 존속했다고 하였다. 이처럼 숭신 말년을 임나 지배의 개시 연대로 잡는 연구는 그 후로도 이어졌다. 19세기 말 이후 광개토왕릉비와 칠지도의 발견 등으로 임나 관련 연대를 합리적으로 조정하는 연구가 이어져서,

---
1) 末松保和, 1949. 『任那興亡史』 大八洲出版; 1956. 재판, 吉川弘文館.
2) 松下見林, 1688. 『異稱日本傳』 卷下, 東國通鑑卷之一 新羅始祖八年條 註釋.

이를 서기 258년으로 늦추는 연구[3]가 나오기도 하였다.

20세기 전반에는 『일본서기』에 나오는 임나 관련 지명들에 대한 고증이 이어졌다.[4] 그에 따라 왜의 임나일본부가 지배했다는 경역의 범위를 신라와 백제의 수도 주변의 좁은 범위를 제외한 한반도 남부 전역으로 추정하였다. 이러한 그들의 지명 고증 결과는 한 장의 지도로 그려져 지금까지도 거의 모든 일본의 역사교과서에 공통적으로 제시되고 있다.

스에마쓰는 이러한 지명 고증 결과와 기년 연구를 이어받되 좀 더 합리적인 자세를 취하여, 신공황후 섭정 49년, 즉 서기 369년을 임나 지배가 성립되는 해로 확정하였다. 결국 왜가 4세기 중엽 369년부터 6세기 중엽 562년까지 거의 200년 동안 가야지역에 해외 통치기관인 임나일본부를 두고 한반도 남부를 지배했다는 것이 그 요점이다.

일본이 고대시기에 한반도 남부를 지배했었다는 설이 이처럼 오랜 연구 역사를 가지고 있고, 그것이 마치 기정사실인 것으로 일본의 많은 학자들 사이에 통용되고 있었다는 사실을 접하면, 한국인들은 매우 큰 정신적 충격을 받을지 모른다. 무엇 때문에 그들은 그처럼 생각하였을까? 실제로 무슨 근거가 있었을까? 그것은 실제일까?

그 문제의 핵심은 『일본서기』이다. 『일본서기』에 한일관계 기록이 어째서 그렇게 수록되었을까 하는 점에 대해서는 머리말에서 추정한 바와 같다. 그에 더하여 일본 학자들이 증거로 삼는 자료들로는 광개토왕릉비문의 왜 관련 기사, 칠지도의 명문, 『송서』 왜국전의 왜 5왕의 작호 및 상표문 내용 등이 있다. 그 상세한 내용에 대해서는 본고의 뒤에 이어지는 각 세기별

---

3) 菅政友, 1893. 「任那考」; 1907. 『菅政友全集』, 國書刊行會.
　那珂通世, 1915. 『那珂通世遺書』; 1958. 『外交繹史』 제1권, 岩波書店.

4) 津田左右吉, 1913. 「任那疆域考」, 『朝鮮歷史地理研究』 1; 1964. 『津田左右吉全集』 11.
　今西龍, 1919. 「加羅疆域考」, 『史林』 4-3·4; 1922. 「己汶伴跛考」, 『史林』 7-4; 1970. 『朝鮮古史の研究』, 國書刊行會.
　鮎貝房之進, 1937. 「日本書紀朝鮮地名考」, 『雜攷』 7 下卷.

쟁점에서 하나씩 거론할 예정이다.

한편 임나일본부설에 필적할 정도로 고대 한일관계사의 큰 틀을 제시한 것으로는 기마민족 정복왕조설[5]이 있다. 이 학설은 45년간 지속되면서 그 내용이 조금씩 변화되었지만, 일반인들에게 널리 알려진 것은 1960년대의 일이었다.

그에 따르면, 일본 4~7세기에 걸치는 고훈시대의 고고학 유물들은 5세기부터 갑자기 변화하며, 4세기까지의 유물이 농경민족적·주술적·평화적이라면, 5세기 이후의 유물은 기마민족적·귀족적·전투적이라는 것이다. 그리고 그 변화의 속도는 점진적인 것이 아니라 급작스러운 것이라서, 5세기경에 기마민족에 의한 일본열도 정복이 있었고 그들이 천황족이 되었다는 것이다.

그런데 그 기마민족은 3세기경까지 변한지역에 있다가 4세기에 일본 규슈지역으로 건너가 제1차 왜한 연합왕조를 세웠고 그 최초의 인물이 일본의 제10대 숭신천황이며, 제15대 응신천황은 5세기에 규슈에서 일본 혼슈의 긴키 지방으로 들어가 제2차 왜한 연합왕조를 세웠다고 하였다. 그리고 그들은 중심지를 일본열도로 옮긴 이후에도 변한지역, 즉 임나를 영유하고 있다가 562년의 신라 공격과 663년의 백강구전투 패배로 인하여 한반도의 발판을 모두 상실했다는 것이다.

이 견해는 한편으로는 일본의 천황족이 변한=가야지역에서 건너간 사람들이라고 그 기원을 설명하면서, 역으로 그때부터 변한=가야지역은 일본의 영토가 되었다고 하여 임나일본부설과 결합하고 있다. 이런 설명은 일본의 역사학자들도 싫어하고 한국의 역사학자들도 싫어하여 사학계에서는 그리 큰 반향을 일으키지 못하였다. 그러나 일본과 한국의 고고학자와

---

5) 江上波夫, 石田英一郎, 岡正雄, 八幡一郎 座談, 1949. 「日本民族=文化の源流と日本國家の形成」, 『民族學研究』第13卷 第3號, 日本民族學協會編, 東京: 彰考書院.
江上波夫, 1967. 『騎馬民族國家 -日本古代史へのアプローチ』(中公新書 147), 東京: 中央公論社; 1992. 『江上波夫の日本古代史 -騎馬民族說四十五年-』, 東京: 大巧社.

인류학자 및 일반인들에게는 상당한 영향을 주었다.

1990년대에 한국의 김해지역에서 대성동 고분군이 발굴되고 거기서 일본열도 기마계통 문물의 기원으로 생각되는 풍부한 철기·마구·갑옷 등이 출토되었다. 그러자 에가미는 1992년의 저서에서 일본의 제10대 숭신천황은 아직 임나 즉 가야지역에 있었으며, 김해 대성동 고분군의 고분 중에 하나는 숭신천황의 것이라고 추정하였다. 대성동 고분군에서는 북방계 유물도 많이 나왔지만 왜계 유물로 보이는 것도 상당히 출토되었다.

그리하여 에가미는 드디어 한반도와 일본열도 사이에 메워지지 않던 '미싱 링크'가 확인되어, 자신의 오랜 가설이 유물로서 입증되었다고 주장하였다. 그의 추론이 사실이라면, 4세기에 가야인들은 일본 천황으로 불릴 만큼 일본열도의 규슈 방면을 정복하여 지배하고 있던 것이 된다. 이는 유물 증거에 의한 임나일본부설의 역전이 이루어진 것이라고도 하겠다. 그러나 이미 80대의 노학자가 출판한 이 책은 학자나 일반인들의 관심을 거의 끌지 못하였다.

한편 북한의 역사학자 김석형은 1963년에 일부 발표했던 가설을 더욱 집대성하여, 1966년에 『초기 조일관계 연구』라는 저서를 냈다. 이것은 1969년에 일본어로 번역 출간되었다.[6] 그 내용은 『일본서기』에 나오는 고구려·백제·신라·가야(임나) 등의 국명은 한반도에 있는 본국을 가리키는 것이 아니라, 그 본국이 일본열도에 세운 분국, 즉 식민지들을 가리킨다는 것이다. 그는 일본열도에 전하는 많은 지명들과 고고학적 유물들을 대략 정리하여 방증 자료로 제시하였다.

그러므로 김석형은 임나일본부라는 것도 일본 긴키 지방의 왜왕국이 그 서쪽에 있던 오카야마 지방의 정권을 다스리기 위하여 설치하였던 지배기

---

6) 김석형, 1963. 「삼한 삼국의 일본열도 내 분국에 대하여」, 『력사과학』 1963-1; 1966. 『초기 조일관계 연구』, 사회과학출판사; 1969. 『古代朝日關係史 -大和政權と任那-』, 朝鮮史研究會譯.

관이었고, 한반도의 가야와는 관계가 없다고 하였다. 일본학계는 이에 큰 충격을 받고 『일본서기』의 사료적 가치를 재검토하기 시작하였고, 특히 한반도 관련 기사들에 대하여 매우 면밀한 연구들이 이어졌다. 그리하여 그들은 김석형의 가설이 틀렸다고 반박하기에 이르렀으나, 기존의 임나일본부설도 확실치 않다는 것을 깨닫기 시작하였다. 김석형의 연구는 극단적인 것이었으나, 적어도 일본학계의 정설로 치부되고 있었던 임나일본부설의 문제점을 자각케 하는 계기를 마련했던 것이다.

1970년대 말에 남한의 언론인이면서 역사학자인 천관우가 임나일본부 관련 사료들을 재검토하여 백제군사령부설이라는 가설을 제기하였다.[7] 『일본서기』에는 백제 유민들이 남긴 사료들이 많이 남아 있으며, 임나일본부 관련 사료들도 그러한 것들이라고 하였다. 실은 일본열도에 있던 백제 유민들의 조상이 망명 전에 가야를 정벌하여 지배하고 있던 사실을 기록하여 일본에 넘겼는데, 『일본서기』의 편찬자들이 이를 조작하여 마치 일본인들이 한반도로 군대를 파견하여 임나를 지배했던 것처럼 사료를 왜곡하였다는 것이다. 그러므로 369년부터 562년까지 가야(임나)를 지배한 것은 임나일본부가 아니라 백제군사령부였다는 것이다.

이 학설은 한 때 임나일본부설의 대안으로 유력시되기도 하고 아직도 백제사를 연구하는 일부 학자들에 의하여 지지받는 경우도 있으나, 요즘에는 『일본서기』의 편찬 사정을 지나치게 가정하여 해석하였기 때문에 무리하다고 보는 것이 중론이다. 그러나 이 가설을 계기로 『일본서기』를 통하여 백제사를 일부 보완할 수도 있겠다는 인식이 생긴 것은 바람직하다고 하겠다.

위에 설명한 바와 같이 선풍적이었던 학설들을 제외하고, 조용히 임나일본부 관련 사료들을 재검토한 1970년대 이후 최근에 이르는 문헌 고증적인 연구들은 몇 가지 공통적인 특징을 가지고 있다. 즉 '임나일본부' 문제에

---

7) 천관우, 1977·1978. 「복원가야사」 상·중·하, 『문학과 지성』 28·29·31; 1991. 『가야사연구』, 일조각.

대한 요즘 학계의 대세는 다음과 같다.[8]

첫째로, 이른바 '임나일본부'라는 것의 존속 기간을 과장하여 200년 정도 되는 긴 기간으로 보지 않고, 530년대부터 560년대, 즉 가야의 멸망 단계에 있었던 한시적인 것으로 보고 있다. 이는 『일본서기』에 나오는 '임나일본부'라는 말이 나오는 기간을 확장하지 않고 사료에 있는 그대로만 인정하려는 엄밀성이 부각되었기 때문이다.

둘째로, '임나일본부'의 성격을 논함에 있어서, 왜의 의도를 강조하는 일방적인 연구보다는 신라・백제・가야의 상황을 함께 고려하는 복합적인 연구가 주조를 이루고 있다. 일제강점기의 천황 중심 사관에 의하여 『일본서기』를 일방적으로 해석하던 시기와 달리 일부 왜곡의 요소들을 배제하고 관련 사료들을 객관적으로 볼 때, 이 문제는 왜와 가야(임나) 사이만의 문제라기보다 그에 더하여 백제와 신라가 결합된 국제 관계 속에서 벌어지는 복잡한 문제임을 이해하게 되었기 때문이다.

셋째로, '임나일본부'의 성격에 대하여, 이를 왜나 백제의 가야(임나) 지배 또는 통치기관으로 보는 시각은 퇴조하고, 가야와 왜 사이의 교역기관 또는 외교기관으로 보는 시각이 대세를 이루고 있다. 이는 6세기 전반의 일을 기록한 문헌 사료들에서 백제나 왜와 같은 외부 세력이 가야 지역을 정

---

8) 金泰植, 1991, 「530년대 安羅의 '日本府' 經營에 대하여」, 『蔚山史學』 4, 울산대학교 사학과.
田中俊明, 1992, 『大加耶連盟の興亡と'任那'』, 吉川弘文館.
이영식, 1993, 『加耶諸國と任那日本府』, 吉川弘文館, 東京.
백승충, 1995, 『가야 지역연맹사 연구』, 부산대 박사학위논문.
鈴木英夫, 1996, 『古代倭國と朝鮮諸國』, 青木書店.
연민수, 1998, 『고대한일관계사』, 혜안.
이용현, 1999, 『加耶と東アジア諸國』, 日本 國學院大學 大學院 博士學位論文.
鈴木靖民, 2002, 「倭國と東アジア」, 『日本の時代史2 倭國と東アジア』, 東京 : 吉川弘文館.
남재우, 2003, 『안라국사』, 혜안.
백승옥, 2003, 『가야 각국사 연구』, 혜안.
이재석, 2004, 「소위 임나문제의 과거와 현재 -문헌사학의 입장에서-」, 『전남사학』 23.

벌하여 점령했다는 기록을 찾을 수 없기 때문이다.

이러한 시각 변화에는 고고학적인 발굴에 의한 가야사 확립이 크게 기여하였다. 가야 유적에 대하여 20세기 이후 21세기 초까지 백년 이상을 발굴해 보아도, 4~6세기에 걸쳐 이 지역을 백제나 왜가 장기간에 걸쳐 점령하거나 지배한 흔적은 전혀 나타나지 않았다. 오히려 이 지역에는 신라에 못지않은 정치세력이 수백 년간에 걸쳐 독립적으로 발전한 흔적만 확인되었을 뿐이다.

물론 가야지역에서는 나름대로 가야문화로서의 일체감을 드러내고 있기는 하나 3~4개의 지역으로 구분된 문화권이 끝까지 존속하여, 6세기 이후의 신라나 백제유적과 달리 전국에 걸친 통일적인 통치의 흔적은 보이지 않는다. 즉 가야는 중앙집권적인 고대국가를 완성하지는 못했지만, 소국연맹체 또는 그보다 좀 더 통합된 초기 고대국가로 존재하면서 경우에 따라 대외적으로는 하나인 것처럼 부각되기도 하였다. 이제 임나일본부설 또는 가야를 둘러싼 고대 한일관계사를 정리할 때는 그 대상지인 가야지역의 이러한 상태를 고려하지 않고서는 논의를 전개시킬 수 없는 새로운 상황을 맞이하고 있는 것이다.

2. 4세기의 쟁점

임나일본부설과 관련된 4세기의 쟁점은 『일본서기』 신공황후 섭정 49년조의 이른바 '가야 7국 평정' 기사와 광개토왕릉비문의 왜 관련 기사이다. 이 사료들은 모두 왜군이 실제로 가야 또는 신라를 군사 정벌하여 모종의 지배체제를 성립시켰는가의 여부에 대한 논쟁이다.

우선 서기 369년으로 조정되어 인정되는 신공기 49년 조 기사의 줄거리는 다음과 같다.

왜국 장군 아라타와게와 카가와케가 신라를 정벌하러 탁순에 도착하여 목라근자와 사사노궤가 이끌고 온 지원군을 받아 함께 비자발·남가라·탁국·안라·다라·탁순·가라의 일곱 나라를 평정하고, 다시 군사를 옮겨 서쪽으로 돌아 고해진에 이르러 남쪽 오랑캐 탐미다례를 잡아 백제에게 주었으며, 이에 그 왕 초고와 왕자 구수가 군사를 거느리고 오니 비리·벽중·포미지·반고의 네 읍이 스스로 항복하였다는 것이다.

이 기사는 스에마쓰에 의하여 임나 성립의 증거로 제시되던 것으로, 비자발 등 7국은 창녕·김해·함안·고령 등 가야의 국명들이다. 그래서 이를 왜의 군사 정벌에 의한 임나 지배의 성립으로 보았고, 그 통치사령부로서 임나일본부는 당시에 김해 일대에 있던 것으로 상정되었다.

여기서 일본 중등 역사 교과서들이 가지고 있는 공통적인 인식을 살펴본다면, (1) 가야는 철자원을 생산하고 있었으나, (2) 소국들로 분립되어 있어서 힘이 약했고, (3) 그래서 일본 야마토 조정과 '연결'하거나 '관계'를 맺고 있었다는 것이다. 이는 표현이 직설적이지는 않다고 해도 임나일본부설과 크게 다르지 않다. 더 나아가 후소샤 및 지유샤 교과서에서는 야마토 조정은 바다를 건너 조선에 출병하여 반도 남부의 임나(가라)라고 하는 땅에 거점을 구축했다고 생각된다고 서술하였다. 이는 그 거점에 설치한 기관 이름을 명시하지 않았을 뿐이지, '임나일본부설' 그 자체에 다름없다.

현행 동경서적·교육출판·제국서원 등의 교과서에서는 왜가 백제와는 '동맹'이나 '연합'을 했다고 하고 가야를 포함한 한반도 남부에 대해서는 '관계를 심화시켰다'거나 '연결을 강화했다'고 서술하였다. 이는 지난번 교과서들에서 '지배 관계', '종속적 연결' 등으로 되어 있던 서술이 문제되자 그저 '관계' 또는 '연결'이라고 표현한 것일 뿐이다.

그런데 가야가 왜군의 정복을 받았다는 줄거리는 신공기의 기록이 유일하다. 그 기사를 그대로 신뢰한다는 학자는 요즘 학계에는 아무도 없다. 일본 조선사연구회 홈페이지에서도 "이 시기에 고대 일본이 조선반도 남부에 침입하여 지배했다고 하는 '임나일본부'설은 이미 학술적으로는 부정되고 있다"고 언급하였다.[9] 이런 언급은 1, 2차 한일역사공동연구위원회를 거치면서 일본측 위원들로부터도 확인할 수 있었다. 그럼에도 불구하고 일본학계에서는 막연하게 아직도 가야가 일본에 어떤 형식으로든 종속되어 있었음을 믿고 있는 듯하며, 더 나아가 왜국이 신라나 백제보다 무력이나 규모 면에서 강했다고 믿는 경향이 대세를 이루고 있다. 가장 큰 문제는 이러한 선입견을 불식시키는 일이다.

철을 생산하지 못하고 있던 왜가 철을 생산하던 백제·가야·신라보다 강한 무력을 갖추고 있을 수는 없었다. 국가체제 정비 면에서도 마찬가지이다. 또한 당시의 가야는 약간의 한계성이 있기는 해도 김해의 금관가야를 대표로 하는 세력에 의하여 영도되는 연맹조직을 갖추고 있었다. 왜국보다 훨씬 앞서는 철제 무기 및 갑옷과 마구를 종합한 중장重裝 기마전술을 응용하고 있었다. 무엇보다도 일본 학자들 사이에서 가야문화의 우수성과 가야사의 독자성에 대한 인식이 없는 것이 본질적인 문제이다.

신공기 기사에 대한 한국 측의 대응을 보면, 우선 이병도는 7국 평정에 대해서는 논급하지 않고 초고에 의한 비리 등 4읍의 위치를 전남 남부 지역으로 고증하여, 이를 백제 근초고왕에 의한 마한 잔여세력 정벌이라고 규정지었다.[10] 이 논리는 지금도 한국학계에서 정설의 위치를 차지하고 있으나, 다만 4읍의 위치에 대해서는 설이 분분하여 전북 일대로 보는 설이 다수이다.

천관우는 7국 평정에 나선 장군 중 하나인 목라근자에 대한 『일본서기』

---

9) 朝鮮史研究會, 2005. 「日本中學校歷史教科書の朝鮮關係記述に對する檢討(2005)」, 朝鮮史研究會 홈페이지, 東京.
10) 이병도, 1937. 「삼한문제의 신고찰(6)」, 『진단학보』 7; 1976. 『한국고대사연구』, 서울: 박영사.

의 주석에서 그가 백제 장군이라는 설명이 붙어 있다는 점을 찾아내어 부각시킴으로써, 이 기사는 실제로는 백제가 파견한 백제 장군에 의한 가야 7국 평정이라고 결론지었다. 국내에서도 주로 백제사를 연구하는 학자들 중에는 이에 찬성을 표하는 경우가 상당히 있다.

그러나 1970년대 이후 일본에서도 전문연구자들 사이에서는 신공기 49년 조의 기사 및 사실 모두를 부정하는 방향으로 전환되었다. 기사에 나오는 백제 장군 목라근자의 생존 연대와 관련지은 3주갑 인하론[11]이나 그에 바탕을 둔 기사 분해론[12]도 목씨 문제만 제외하고는 7국 평정에 대하여 부정 일변도이다. 국내의 가야사 연구자들은 그 연대를 429년으로 늦추어야 하나 그 역시 목라씨 가계 전승의 그릇된 주장일 뿐이라고 하거나, 기사 자체를 후대 사실의 반영이라고 하여 전면 부정하기도 한다.

신공기 49년 조의 근본적인 문제점은 왜군이 평정했다는 지명은 모두 가야지역임에도 불구하고 '가야'나 '임나'라는 용어는 나오지 않고 '신라'에 대한 적대 관념만이 나타나 있다는 점이다. 이로 보아 이 기사는 가야나 백제 멸망 이후의 역사 인식을 반영하고 있다. 또한 『일본서기』에서 존재 사실이 분명한 6세기 전반 흠명천황 2년(541) 조 기사에 나오는 백제 성왕의 언급에 의하면, '조상인 근초고왕과 근구수왕 때에 백제는 가야의 소국들인 가라·탁순 등과 사신을 교환하고 친하게 지냈다'는 것이다. 사료 상으로 보아 이 기록이 4세기 후반 백제와 가야의 관계를 보여준다는 점은 매우 중요하다.

즉 필자가 지적한 바[13]와 같이, 4세기 후반에 백제나 왜가 가야에 군대

---

11) 山尾幸久, 1978. 「任那に關する一試論 -史料の檢討を中心に-」, 『古代東アジア史論集』下卷 (末松保和博士古稀記念會編), 吉川弘文館; 1983. 『日本古代王權形成史論』, 岩波書店; 1989. 『古代の日朝關係』, 塙書房.

12) 田中俊明, 1992. 앞의 책.

13) 김태식, 1994. 「광개토왕릉비문의 임나가라와 '안라인수병'」, 『한국고대사논총』 6, 서울: 가락국사적개발연구원.

를 보내 평정하고 지배한 것이 아니라, 백제는 사신을 보내 가야와 친교를 트고, 이를 토대로 가야와 밀접한 교역을 이루고 있던 왜와 연결된 것이다. 『일본서기』에는 왜가 교역을 이루던 한반도 지역들을 흔히 '쳤다'고 표현하고 또 교역 대상자에게 그 땅을 '주었다'고 표현하는 사례가 많은 것도 지적되었다. 이런 관점은 가야사 연구자들 사이에 폭넓은 지지를 받고 있다. 지금까지 알려진 고고학적인 유적·유물의 존재 상태로 보아도 이런 상정이 적합하다. 그러므로 신공기 49년 조 기사는 이른바 '임나일본부'라는 용어는 물론이고 그 성립과도 전혀 관계없는 기사이다.

7국 평정 기사를 왜나 백제의 가야 지배 개시로 보는 연구자들은 현재의 나라현 이소노카미 신궁에 전하는 칠지도의 제작 연대를 369년으로 보는 경우가 많다.[14] 이는 신공기 52년 조의 기록과 같이, 백제가 왜군의 출병에 의한 7국 평정 및 고해진 사여에 대한 감사의 표시로 왜왕에게 칠지도와 칠자경을 보내주었다고 인정하기 때문이다. 즉 칠지도의 제작 연대를 369년으로 인정하는 순간, 가야 7국의 왜나 백제에의 복속은 사실로 간주되는 것이다.

이에 대하여 상당수의 고고학자들이나 가야사 연구자들은 369년 제작설을 부정하고 5세기 후반 내지 6세기 전반설을 제시하고 있다.[15] 금상감 명

---

14) 福山敏男, 1951. 「石上神宮の七支刀」, 『美術研究』 158; 1951. 「石上神宮の七支刀 補考」, 『美術研究』 162; 1952. 『石上神宮の七支刀 再補』, 『美術研究』 165.
榧本杜人, 1952. 「石上神宮の七支刀と其銘文」, 『朝鮮學報』 3, 天理: 朝鮮學會.
末松保和, 1949. 앞의 책.
濱田耕策, 2005. 「4世紀의 日韓關係」, 『한일역사공동연구보고서』 제1권, 한일역사공동연구위원회.

15) 樋口隆康, 1972. 「武寧王陵出土鏡と七子鏡」, 『史林』 55-4.
이병도, 1974. 「백제 칠지도고」, 『진단학보』 38, 서울: 진단학회.
村上英之助, 1978. 「考古學から見た七支刀の製作年代」, 『考古學研究』 25-3.
宮崎市定, 1983. 『謎の七支刀 -五世紀の東アジアと日本-』, 中央公論社; 1992. 『謎の七支刀』(文庫版), 中央公論社.
연민수, 1998. 앞의 책.
김태식, 2005. 「4세기의 한일관계사 -광개토왕릉비문의 왜군문제를 중심으로-」, 『한일역사공동연구보고서 제1권』, 한일역사공동연구위원회.

문을 새긴 철검이나 칠자경의 유행 시기가 5세기 후반부터 6세기 전반이었다는 점, '태화泰和 4년'의 '화和'자가 보이지 않는 점, 다른 사료에 백제가 중국의 연호를 사용한 흔적이 없는 점, 백제가 중국과 처음으로 교통한 것은 372년이었다는 점 등이 주요 논거들이다.

한편 광개토왕릉비의 왜 관련 기사 중에 가장 큰 논란이 되었던 것은 신묘년 기사이다. 그것은 영락 6년(396)에 광개토왕이 몸소 수군을 이끌고 백제를 공격하는 대목 앞에 붙은 "百殘新羅 舊是屬民 由來朝貢 而倭以辛卯年來 渡□破百殘□□□羅 以爲臣民"이라는 문장이다. 그 문장에 대해서는 비문 변조설이 논의되다가, 1984년 중국인 학자 왕건군의 연구 이후로는 비문 자체의 변조가 아니라 중국인 탁공에 의한 석회칠 만이 문제되므로, 원석 탁본에 의하여 해석은 가능하게 되었다.

그 해석에 대해서는 "백잔과 신라는 옛날부터 속민으로 조공해 왔으나, 왜가 신묘년(392) 이래로 □를 건너 백잔을 깨뜨리고 □라를 □□하여 (또는 백잔과 □□□라를 깨뜨리고) 신민으로 삼았다."고 인정하는 것이 보통이다. 임나일본부설에서는 392년에 '왜가 백제·임나·신라를 깨뜨리고 신민으로 삼았다'고 해석하여, 이 기사를 왜에 의한 한반도 남부 경영의 근거로 삼고 있다. 이를 부정하는 연구자들은 임나일본부설의 해석을 인정하면서도 그 문장을 고구려에 의한 과장으로 보거나, 혹은 백제·임나·신라를 신민으로 삼은 주체를 고구려로 보아야 하다고 추정하고 있다. 그러므로 이 문맥은 중간의 네 글자가 확인되지 않는 이상, 어느 설이 맞는지를 더 이상 논하기 어렵다.

또 하나의 문제는 영락 10년 경자(400) 조에 세 번 나오는 '安羅人戌兵'의 해석 방법이다. '안라인수병'이라는 글자 앞뒤로는 비면이 탈락되어 보이지 않는 글자들이 많아서 분명한 해석이 어려운데, 임나일본부설에서는 안라인수병을 안라, 즉 경남 함안에 있었던 안라국(아라가야) 사람들로 구성된 수비병으로 보고, 고구려군의 왜군 정벌이 왜군의 치하에서 구성된 현지인 방위대의 반격을 받아 실패로 끝났다고 보고 있다. 반면에 이를 부정하는 학자들은 안라국 사람들의 수비병이 있었기는 하나 그들이 왜군에 소속된 현지인 부대가 아니라 안라국의 독립적인 부대였다고 보기도 하고, 혹은 이를 '(고구려가 그 곳에) 순라병(또는 신라인)을 두어 수비케 하였다'라는 관용구로 해석하기도 한다. 필자는 이를 고구려가 한시적으로 순라병을 두어 지키게 한 조치를 가리킨다고 보는 설에 찬동하고 있으나, 이것도 주변의 글자들이 모두 확인되기 전에는 결론짓기 어려운 문제임에 틀림없다.

광개토왕릉비문의 해석은 이처럼 비문 자체의 해독도 문제지만, 더욱 문제가 되는 것은 경자년(400)에 신라 및 임나가라 일대에서 활동하던 왜군과 갑진년(404)에 대방계, 즉 황해도 일대에서 활동하던 왜군의 성격이 무엇인가 하는 점이다. 임나일본부설에서는 그 왜군이 한반도 남부를 경영하면서 고구려와 패권을 다투던 군대라고 보았다. 그러나 요즘은 한국과 일본 사이에 그런 견해를 노골적으로 표출하는 연구자는 없는 듯하며, 대개는 그것이 왜국에서 가야나 백제를 돕기 위하여 파견되어온 원군이라고 보고 있다. 그러나 왜군이 한반도에 건너오게 된 배경에는 왜국(야마토 정권)의 주체적 판단이 있었음을 강조하거나, 백제의 의도가 크게 작용하였다고 보거나, 혹은 가야와 왜 사이의 전통적인 인적·물적 교류가 군사적으로 확장된 것으로 보는 등 여러 추정이 나와 있다. 그 당시 일본열도에 백제의 문물이 전해진 것이 거의 없고 가야의 문물은 상당히 전파되어 있다는 점에서, 가야가 일본열도의 각지에 도질토기나 철기 관련 공인(기술자)과 선진 문물을 보내주고 그 대가로 왜인 노동력과 군사력을 받아서 신라를 공격하거나 백제를 지원하는데 사용하였을 가능성이 가장 크다고 보이나,[16] 구체적인 사정은 역시 분명치 않다.

---

16) 김태식·송계현, 2003. 『한국의 기마민족론』, 과천: 한국마사회·마사박물관.

3. 5세기의 쟁점

고대 한일관계에서 5세기의 일로 가장 논란이 되고 있는 것은 『송서』 왜국전에 나오는 '왜 5왕'의 작호 중의 제군사호와 왜왕 무의 상표문 내용이다.

5세기의 왜왕으로서 중국 남조의 송나라나 제나라에 조공하여 작호를 받은 이로는 찬讚·진珍·제濟·흥興·무武의 5인이 있는데, 이를 흔히 왜 5왕이라고 일컫는다. 이들은 중국에서 안동장군 혹은 안동대장군의 장군호와 왜국왕의 왕호를 받았다. 그 중 제와 무는 '사지절 도독 왜 신라 임나 가라 진한 모한 6국 제군사'라는 도독제군사호를 추가로 받았고, 무는 '백제'를 포함한 '7국 제군사'를 자칭하기도 하였다. 여기서 '도독'과 '제군사' 사이에 있는 '왜 신라 임나 가라 진한 모한 6국'과 왜왕은 어떤 관계에 있었는가 하는 것이 문제의 초점이다.

임나일본부설에서는 그 6국들이 모두 왜왕의 지배를 받고 있었다고 중국 황제가 인정해 주었으므로, 왜왕의 한반도 남부 경영은 국제적 승인을 받고 있었다고 주장한다. 일본 역사교과서 중에서 가장 대표적인 동경서적에서는 이 문제에 대하여 "대왕은 왜의 왕으로서의 지위와 조선반도 남부를 군사적으로 지휘하는 권리를 중국의 황제로부터 인정받기 위해 중국의 남부에 자주 사신을 보냈"다고 하였다. 일본서적신사와 일본문교출판의 역사교과서에서는 좀 더 노골적으로 '조선반도 남부를 지배하는 지위'라고 표현하였다.

이에 대하여 전문 학자들은 도독제군사호는 그 중간에 들어있는 지역들에 대한 민정권을 가리키는 것이 아니라 군사권만을 가리키므로[17] '지배'와는 관계가 없다고 주장한다. 즉 '지배하는 지위'라고 쓴 표현은 오류이다.

---

17) 坂元義種, 1978, 『古代東アジアの日本と朝鮮』, 吉川弘文館.

'한반도 남부에서의 군사권'이라는 것은 '한반도 남부에 군대를 출동시켜 이를 지휘할 수 있는 권리'이다. 이 문제에 대하여 상당수의 일본 학자들은, 왜왕이 한반도 남부에 대하여 군사적으로 관여하는 권리를 중국 황제로부터 인정받으려고 한 것은 사실이라고 말하고 있다. 즉 이는 왜왕의 희망 사항이었다는 것이다. 그렇게 본다면 동경서적 역사교과서의 표현은 틀린 것이 아니다.

그러나 도독제군사호를 인정받았다고 해도 실제로 군사권을 발휘할 수 있었는가는 전혀 별개의 사실이다. 한반도 남부 신라와 가야의 군사권은 엄연히 신라와 가야의 왕이 가지고 있었다. 그래서 일본 조선사연구회의 홈페이지에서 "장군호를 인정받은 것과 실제로 군사지휘권을 발휘할 수 있었던가는 전혀 별개의 문제인 사실을 언급하지 않으면, 왜가 실제로 조선반도 남부의 군사지휘권을 장악하고 있었다고 오해할 우려가 있다"고 한 것은 타당하다. 그런데 동경서적의 교과서와 같이 '한반도 남부를 군사적으로 지휘하는 권리'라고 표현해도 일반인이나 학생들이 듣기에는 마치 '한반도 남부의 군사들을 모두 지휘할 수 있는 권리'라고 느껴지며, 그렇다면 지배권과 별다른 차이가 없다.

그러므로 왜 5왕의 제군사호의 내용을 교과서에서 언급하려면 반드시 그것이 실제적 실효성이 없었다는 것을 부기해야 한다. 즉 왜왕의 희망 사항에도 불구하고 한반도 남부에서 그런 일이 실현되고 있지는 않았다는 것이다. 이 문제에 대하여 한국학자들은 더 나아가 왜 5왕의 제군사호는 일본열도 안에서 다른 지방수장들에게 왜왕의 권위를 과시하기 위한 대내용 거짓 작호에 불과하다고 보기도 하고,[18] 혹은 왜왕의 군사권이 미치는 범위는 한반도에 있던 여러 국가들이 아니라 일본열도 안에 있는 여러 한반도

---

18) 노중국, 2005. 「5세기 한일관계사 -"송서" 왜국전의 검토-」, 『한일역사공동연구보고서』 제1권, 한일역사공동연구위원회.

계 이주민들에 대한 것이었다고 보기도 한다.[19] 다만 이는 5세기 후반 당시 왜 왕권의 국제 감각을 조금 과소평가한 것이 아닐까 하는 느낌이 들므로 주의해야 한다.

5세기에 대한 또 하나의 쟁점은 송나라 순제 승명 2년(478)에 왜왕 무가 보낸 상표문에 나오는 문장이다. 거기서 왜왕 무는 자신의 할아버지와 아버지(또는 막연히 조상) 때에 "동쪽으로는 모인毛人 55국을 정벌하고 서쪽으로는 여러 오랑캐[衆夷] 66국을 복속시켰으며 바다 북쪽[海北]의 95국을 건너가 평정하였다"고 주장하였다.

여기서 '바다 북쪽의 95국'이 어디인가 하는 점이 문제이다. 한국학자 중에는 이를 한반도가 아닌 규슈라고 보는 견해가 있으나, 대부분은 이를 한반도 남부라고 이해한다. 그렇다면 당시의 한반도에 가야연맹은 하나로 볼 수도 있고 최대 20여 개의 소국으로 구분해 볼 수도 있으나, 신라나 백제는 각기 하나의 국가이므로 이를 95국이라고 주장하는 것은 사실에 어긋난다.

근래의 학자들은 이것을 사실이라고 주장하는 경우는 거의 없다. 이런 외교적 주장을 사실로 인정하기에는 역시 무리한 점이 있는 것이다. 그렇다고 해도 이것을 왜왕이 한반도 남부에서의 권리를 중국으로부터 인정받으려는 정치적 수사에 의한 과장이라거나 혹은 왜왕의 희망 사항이라고 볼 수는 있다.

고대 한일관계와 관련하여 왜 5왕의 작호를 살펴볼 때 대개 간과하고 있는 것은 각국의 장군호에 대한 서열이다. 5세기에 중국 남조로부터 받은 장군호를 다른 나라들과 비교해 보았을 때, 고구려는 '정동장군' 또는 '정동대장군'을 제수받고 백제왕은 '진동장군' 또는 '진동대장군'을 제수받았으며, 왜국왕은 '안동장군' 또는 '안동대장군'을 제수받았다. 그런데 이들은 모두 정3품 상위의 벼슬들이나, 그 사이에는 정동장군이 제일 높고 그

---

19) 이영식, 1993. 앞의 책.

다음이 진동장군이며, 그 다음의 안동장군은 비교적 하위 서열이라는 것이 기본적 인식이다. 같은 장군호라도 '대장군'이라면 '장군'보다 1등급 높다고 여겨지는데, 왜왕이 1등급 상승했을 때는 고구려나 백제왕의 장군호도 1등급 상승하였다. 그렇다면 왜 5왕이 백제를 포함한 도독제군사호를 자칭하고 이를 중국에 신청했다는 것이 무리였다는 점은 보다 자명해진다.

요컨대 5세기의『송서』왜국전 기록들은 예전의 임나일본부설에서 일본 측이 아닌 중국 측의 증거 자료로 들이댄 신빙성 있는 회심의 카드였지만, 근래에 와서는 일본 역사학계 스스로의 성장에 의하여 그 폭발력이 사라진 모습이다. 이에 대한 한국학계의 반론은 무리한 주장에 의하여 스스로 한계를 드러내거나 혹은 미미한 수준에 지나지 않는 듯하다. 물론 그것이 한반도 남부의 군사권을 장악하려는 왜왕의 희망 사항에 지나지 않았고 실제로 확인되지는 않는다고 하는 일본 역사학자들의 진단이나 표현은 그 자체만으로는 합리적이고 정확하다고 보일지 모르나, 왜국은 실제로도 그런 정도의 수준에 이르렀다고 하는 우월감이 배후에 숨어 있다. 일부 학자들은 별다른 근거 없이 그런 감정을 그대로 드러내기도 한다. 더욱 걱정스러운 것은 근래 혐한중에 걸린 일부 중국 네티즌이나 일반인들이『송서』기록을 통하여 임나일본부설을 재생산하려고 하는 경향이다. 이 문제에 대해서 좀 더 확실한 연구와 자료의 뒷받침이 필요하다.

4. 6세기의 쟁점

6세기 한일관계의 서술에서 가장 큰 문제점은 이 시기를 임나문제의 종결로 간주하는 일본 측의 시각이다. 이에 대하여 동경서적과 후소샤 역사교과서에서는 562년에 임나가 신라에게 멸망되어 "야마토 정권은 조선반도에 있는 세력(또는 발판)을 잃었다"고 표현하고 있다. 이것은 임나일본부설에서 서기 369년부터 562년까지 왜가 임나를 지배했다고 보는 시각의 연장이다.

그러나 '임나일본부'라는 용어는 『일본서기』의 541년부터 544년까지의 기록에 5회 나올 뿐이고, '일본부'라고만 나오는 것을 포함하면 464년부터 552년까지 35회 나오며, 그 중에 둘은 '안라일본부'라고도 나온다. 앞에서 언급하였던 바와 같이 근래의 '임나일본부' 관련 전문 연구에서는 임나일본부의 성립 시기를 4세기나 5세기로 보는 견해는 거의 없고, 대개 6세기 전반의 문제로 접근하고 있다. 이처럼 임나일본부의 해석은 6세기의 사건으로 보는 것이 주종을 이루므로, 본고에서는 기존설을 포함하여 임나일본부의 성격에 대한 여러 학설들을 대비시키고, 이를 설명하는 과정에서 6세기의 가야를 둘러싼 국제관계를 아울러 설명하고자 한다.

임나일본부의 성격에 대한 학설은 크게 보아 (1) 임나 지배설과 (2) 외교 교역설로 나뉜다. 임나 지배설은 임나, 즉 가야 지역이 외부의 다른 세력으로부터 지배를 받고 있었고, 임나일본부는 외부 세력이 임나에 설치한 지배 기관이었다고 보는 견해이다. 외교 교역설은 임나, 즉 가야 지역에는 독립적인 정치세력이 있었고, 임나일본부는 가야와 외부세력 사이의 외교 또는 교역을 위하여 양자 중의 한 쪽이 설치한 기관이었다고 보는 견해이다. 그렇게 상황과 주체를 보는 시각이 나뉘면서 그 안에는 다시 여러 가지 다른 관점이 존재한다. (1)군에 속하는 네 가지 학설로 ① 왜의 임나 지배설, ② 야마토의 일본열도 내 미마나 지배설, ③ 백제의 가야 지배설, ④ 왜계 임나 호족설 등이 있고, (2)군에 속하는 네 가지 학설로 가야와 왜 사이의 ① 교역기관설, ② 사신단설, ③ 외교기관설, ④ 안라왜신관설 등이 있다.

(1)-① 왜의 임나 지배설은 앞에서 설명한 임나일본부설이 원형을 이루나, 적어도 전문 학계에서는 이 설이 부정되고 있다. 그러나 아직도 이 관념은 약간 변형되어 임나를 경영하던 백제 귀족이 5세기 후반에 일본열도로 망명하여 왜의 귀족이 되고 그 후 이 관계가 그들 씨족을 통해 이어지므

로, 왜의 임나 지배는 5세기 후반부터 6세기 후반까지 100년 정도 이어진 다고 보는 설[20]이 존재하고 있다. 이 견해는 백제의 목씨 일족이 가야 지역을 어떻게 통치했는지, 혹은 왜로 이주한 이후 목씨 일족이 그 관계를 어떻게 유지했는지에 대한 명증이 없으므로 근본적인 문제가 있다. 비교적 개연성이 높은 것은 백제 귀족 목만치가 일본열도로 건너가 그 곳에서 왜의 유력 귀족으로 성장했다는 점일 뿐이다.

530년경에 백제와 신라로부터 압박당하던 가야가 왜에 구원을 요청하여 왜가 아후미노 게나노오미를 시켜 원병을 파견하였으므로, 그 후 562년까지 30년간 가야는 왜의 지배를 받았다고 보는 견해[21]도 있다. 이 견해는 '임나일본부'가 가야제국 지배자들의 연합회의에 참석하여 자신들의 의견을 반영시켰다고 하므로, 이를 왜의 임나 지배라고 말할 수는 없으며, '임나일본부' 성립의 계기가 그것인지도 분명치 않다는 문제가 있다.

531년에 왜군이 가야를 구원하기 위해 파견되었고 532년에 이들이 백제의 관리 밑에 들어가게 되므로 왜의 임나 지배가 1년간 유지되었으며, 그 후 30년간은 백제를 통한 간접 지배가 있었다고 보는 견해[22]도 있다. 그러나 왜군이 조금이라도 가야 지역에 주둔하고 있으면, 이를 직접 또는 간접 지배라고 간주한다는 것은 그의 독특한 관점에 불과하며, 사실 여부와는 무관한 것이 아닐까 한다.

이렇게 볼 때 왜군의 파견 또는 주둔에 근거를 둔 임나지배설은 그 근거와 시기가 뒤로 늦춰지고 후퇴하고 있으며, 왜의 영토적 강점을 전제로 한 견해는 전혀 없음을 재확인할 수 있다.

(1)-② 야마토의 일본열도 내 미마나 지배설은 분국설이라고도 하여, '임

---

20) 山尾幸久, 1978, 앞의 논문.
21) 大山誠一, 1980, 「所謂 '任那日本府'の成立について」上·中·下, 『古代文化』 32-9·11·12, 京都: 古代學協會.
22) 鈴木英夫, 1987, 「加耶·百濟と倭 -'任那日本府'論-」, 『朝鮮史研究會論文集』 24.

나'의 일본 발음인 '미마나'는 한반도에 있는 것이 아니라 일본열도에 있던 가야 계통 이주민들의 분국이므로, 야마토 왕권이 설치했다는 '임나일본부'는 일본열도의 미마나 소국을 통치하는 기관이었을 뿐이고, 한반도와는 관계없다는 견해[23]이다. 즉 야마토 왕권은 5~6세기에 걸쳐 일본열도 내의 한반도 삼한·삼국의 이주 세력들, 즉 분국들을 통합하여 성장해 나간 것을 보일 뿐이라고 한다.

그러나 이 견해는 일본열도에 있는 한반도계 지명들의 의미를 중시하고 『일본서기』에 인용된 『백제본기』 등과 같은 서적들의 성격을 간과하여, 일본 관련 모든 기록들을 일률적으로 일본열도 내에서의 일로 해석하는 오류를 나타냈다고 생각된다. 그러므로 이 학설은 주체적인 발상에도 불구하고 잘못된 전거에 의한 지나친 해석이라는 비판을 면키 어려울 듯하다.

(1)-③ 백제의 가야 지배설은 임나일본부설을 배격하기 위하여 백제에 의한 가야 지배를 상정한 것이다.[24] 이는 한반도 중서부의 우리 민족이 낙동강 유역의 우리 민족을 지배한 것이라고 보기 때문에 문제가 없다고 볼 수도 있다. 그러나 전제가 되는 『일본서기』의 한일관계 관련 기사들에 나오는 '왜왕'의 명령을 모두 '백제왕'의 명령으로 바꾸어서 이해해야 한다는 전제 조건은 아무리 『일본서기』 편찬 과정의 왜곡을 전제로 삼는다고 하더라도 지나친 것이다.

이 견해는 이후 백제가 정치적 의도에 의하여 가야 지역에 왜군을 용병으로 삼아 주둔시키고 그 곳에 왜계 백제관료를 투입하여 결과적으로 백제를 위해 일하게 했다는 용병설[25]로 발전하였다. 그러나 『일본서기』에 나오는 이른바 '임나일본부' 관료들은 한결같이 백제에 반대하여 친신라 또는

---

23) 김석형, 1966. 앞의 책.
24) 천관우, 1977. 앞의 논문.
25) 김현구, 1985. 『大和政權の對外關係研究』, 東京: 吉川弘文館; 1993. 『임나일본부연구』, 일조각.

독립적인 자세를 보이고 있으므로, 이 가설도 사료의 존재 상태와의 동조가 불가능하다.

(1)-④ 왜계 임나 호족설은 위왜 자치집단설 또는 가야의 왜인설이라고도 하는 것으로, 가야 지역에는 소수의 왜인들이 거주하고 있었는데 그들과 일정한 관계가 있는 임나의 지방호족이 일본의 중앙귀족이나 지방호족과 관계를 가진 것에 의하여 임나 제국의 연합조직에 파고들어 그 세력을 확대하고 외교권을 통제할 수 있었다는 설[26]이다. 그리고 그들이 일본열도와의 관계를 빙자하여 세력을 확대할 수 있었던 것은 6세기 전반에 가야지역이 백제와 신라의 침공 압력을 받고 있었기 때문이라고 본다.

이 견해는 왜군의 파견이라거나 지배를 상정하지 않고 가야 제국의 정치적 독립성을 인정한 위에 논리를 전개하고 있으므로, 기존의 임나지배설과는 차원을 달리 하는 발전적 견해이다. 그러나 임나일본부가 가야지역의 한 독립소국이라고 하면서, 그 중심지는 안라왕이 통치하던 안라국에 있었고, 그 영역인 이른바 '일본부의 군현'은 안라국에서 멀리 떨어진 가야의 변경 지대에 있었다고 하여 특이한 형태를 상정하고 있다. 이렇게 특이한 설명 형태가 나올 수밖에 없게 된 것은 사료 해석과 관점에 문제가 있었기 때문이라고 볼 수밖에 없다.

근래에는 이 학설이 좀 더 진화하여, '일본부'란 5세기대부터 왜와 한반도와의 관계 또는 지방호족의 독자적 통교 등에 의하여 안라에 거주한 왜인들의 단체이고, 이들이 가야 제국과 공통의 이해를 가져 거의 대등한 관계로 접하며 주로 외교 교섭에 협동하며 종사하고 있었다고 주장하였다.[27] 이 견해는 '안라 거주 왜인 집단설'이라고 해야 옳을 듯하고 이노우에의 견해보다는 객관적인 표현이라고 보이나, 그들의 존재가 어째서 540년대에 와서 부각되는지, 그들이 안라왕과 어떤 관계에 있었는지에 대한 설명이

---

26) 井上秀雄, 1973.『任那日本府と倭』, 東出版.
27) 森公章, 2006.『東アジアの動亂と倭國』, 吉川弘文館.

필요하다.

(2)-① 교역기관설은 오래 전에 한국측에서 제기되었던 것으로 임나일본부의 성격을 조선시대의 왜관과 같은 것이었다고 본 견해[28]이다. 가야의 철에 대한 인식이 높아지면서 일본측에서도 이에 동조하는 견해[29]가 나왔다. 이 견해는 상당한 타당성이 있는 견해이나 이를 입증할 만한 증거자료가 많지 않은 탓에 다수의 지지를 얻지는 못하고 있다.

(2)-② 왜의 사신단설은 '임나일본부'의 용어 풀이를 통하여 왜가 가야제국과의 외교 교섭을 위해 임시로 파견한 사신 관인 또는 그 집단이 임나일본부라고 보았다[30]. 이 견해는 '임나일본부'의 성립 원인으로 군사 행동과 같은 것을 상정하지 않아 한일 간에 상당한 지지자를 확보하면서[31] 최근까지 유력한 견해로 부상되어 있다. 그러나 『일본서기』에 이른바 '임나일본부'의 관인으로 나오는 인물들을 왜 왕권이 파견한 사실이 보이지 않고, 그들이 왜 왕권의 의도대로 움직이지 않는 독자성을 보이고 있어, 적어도 왜 왕권의 공식적인 사신으로 보이지 않는다는 점이 문제이다.

그리하여 이들은 일본열도에서도 야마토 왕권이 아닌 다른 곳, 예컨대 규슈지역의 독자 세력에서 파견했던 외교 관인들의 잔존 형태라고 보는 견해[32]가 있다. 혹은 이들은 왜에서 안라로 파견된 외교 사신임에도 불구하고 안라에 반영구적으로 머무르면서 안라의 정책에 동조하는 왜계 안라 관

---

28) 이병도, 1937. 앞의 논문.
29) 吉田晶, 1975. 「古代國家の形成」, 『岩波講座日本歷史』(古代2).
30) 請田定幸, 1974. 「六世紀前期の日朝関係-任那'日本府'お中心として-」, 『朝鮮史研究會論文集』11.
31) 鈴木靖民, 1985. 「東アジア諸民族の國家形成と大和王權」, 『岩波講座日本歷史』1(原始・古代1).
   이영식, 1993. 앞의 책.
32) 鬼頭淸明, 1974. 「加羅諸國の史的發展について」, 『古代朝鮮と日本』, 龍溪書舍; 1976. 『日本古代國家の形成と東アジア』, 校倉書房.

료라고 보아야 한다는 견해[33]가 나오기도 하였다. 그러나 왜의 사신이면서 안라 관료라는 형태는 상정하기 어렵다는 점이 이 견해의 문제로 남는다. 오히려 규슈 왜 사신들의 잔존 형태로 보는 것이 좀 더 사리에 맞을 듯하나, 이 경우에는 그들의 출신지 분석이 이루어지고 그들의 행동이 모국의 정권이 붕괴된 이후에 보이는 유민의 행태와 어울리는가 하는 점도 따져보아야 할 것이다.

(2)-③ 외교기관설은 설치 주체를 임나 제국으로 보는 설[34]과 안라국으로 보는 설[35], 혹은 어느 일국의 것이 아니라 안라국과 야마토국의 합작 외교기관이었다고 보는 설[36], 혹은 532년 이전의 금관국에 있으면서 백제-왜 사이의 중간 외교기관 역할을 대행하였던 사람들의 잔존 형태라고 보는 설[37] 등으로 나뉜다. 이 학설들은 『일본서기』에 나오는 '임나일본부' 관인들의 행동에 어울리는 관점이라는 점에서 가장 사실에 근접한 견해라고 볼 수 있다. 설치 주체의 면에서는 임나 제국의 연합에 의한 것이라기보다는 안라국 단독의 행동이었다고 보는 견해가 가장 타당한 듯하다. 다만 여기서는 가야 제국을 둘러싼 당시의 국제관계에서 어째서 안라국이 그런 기관을 구성했는가에 대한 계기 설명이 좀 부족하지 않을까 한다. 합작 외교기관이나 중간 외교기관이었다는 설들은 새로운 설로써 참신성을 가진 것들이라고 생각된다. 그러나 양쪽 국가의 합작에 의한 기구라면 양국 모두에 속한 관인이라는 뜻인데 그런 것이 가능할까 하는 의구심이 든다. 그리고 중간 외교기관에 속한 관인들이었다고 하는 견해도 논리적으로는 매우 그럴 듯한데, 그들이 김해지방에 있었을 당시의 정황에 대한 설명이나 근거가 거

---

33) 백승충, 2003. 「'임나일본부'와 '왜계백제관료'」,『강좌 한국고대사』제4권, 가락국사적개발연구원.
34) 奧田尙, 1976. 「'任那日本府'と新羅倭典」,『古代國家の形成と展開』, 吉川弘文館.
35) 연민수, 1998. 앞의 책.
36) 이연심, 2004. 「임나일본부의 성격 재론」,『지역과 역사』14, 부경역사연구소.
37) 정효운, 2007. 「중간자적 존재로서의 '임나일본부'」,『동북아문화연구』13.

의 없다는 점이 문제이다.

(2)-④ 안라왜신관설은 교역기관설과 사신단설 및 외교기관설을 절충하여 가야연맹체 말기의 정치 상황과 연동시킨 점에 특징이 있다. 이는 필자의 견해로 '임나일본부'라는 것은 가야 말기인 530년대 후반부터 550년대까지 존재하였고, 외형상으로는 '왜국사절 주재관'의 명분을 지닌다는 점을 전제로 삼았다.[38]

가야지역의 소국들은 김해의 가야국을 중심으로 여러 소국들의 연맹체(전기 가야연맹)를 구성하고 있었으나, 4세기 말에 신라의 요청으로 들어온 고구려군에 의하여 이 체제는 강제적으로 해체되었다. 그 후 5세기에는 고령의 반파국, 즉 대가야를 중심으로 새로운 소국 연맹체(후기 가야연맹)가 형성되어 고구려·백제·신라 등의 변화에 대처하며 독자 노선을 추구하였다. 그러나 6세기에 들어 510년대에 백제와의 경쟁 끝에 호남 동부 지역의 몇 개 소국들을 상실하고 530년경에는 신라의 침공으로 경남 동부의 탁기탄국(영산)과 남가라국(=금관국, 김해)을 상실하였다. 그런 과정에서 가야연맹의 맹주국인 대가야의 권위가 흔들려 가야는 대가야국을 중심으로 한 북부 가야연맹과 함안의 안라국을 중심으로 한 남부 가야연맹으로 분열되었다. 이에 백제는 신라의 더 이상의 침공을 저지하기 위하여 가야 남부지역의 구례산 5성(칠원)에 군대를 진주시켜 그 서쪽의 안라국(함안)을 군사적으로 견제할 수 있는 상태에 있었으나, 가야 제국의 반발을 피하기 위하여 안라의 정치적 독립성을 유지시키고 그 곳에 왜국사절 주재관을 세운다는 명분으로 친백제 왜인 관료를 안라에 들여보내 '백제의 대왜 무역중개소'를 설립했다. 이것이 이른바 '임나일본부'의 기원이라고 하겠다.

그러나 530년대 후반에 신라가 정치적 공작을 벌여 창원의 탁순국을 병합하고 그 북쪽에 인접한 구례산성의 백제 주둔군을 쫓아내었다. 그리하

---

38) 김태식, 1993.『가야연맹사』, 서울: 일조각; 2002.『미완의 문명 7백년 가야사 1권~3권』, 푸른역사.

여 540년을 전후하여 안라국에 대한 백제의 군사적 영향력이 소멸되자, 남부 가야연맹의 맹주인 안라왕은 그 인원을 친안라 왜인 관료들로 재편하여 안라국의 외교를 지원하는 '안라의 특수 외무관서'와 같은 성격으로 변모시켰다. 이것이 『일본서기』에 나오는 540년대의 이른바 '임나일본부'로서, 그 명칭은 그 관인들에 대한 별칭인 "재안라在安羅 제왜신등諸倭臣等"을 참조하여 '안라왜신관'으로 고쳐서 부르는 것이 타당하다고 보았다. 왜냐하면 '일본'이라는 이름은 일러도 7세기 후반에나 성립되는 국명이므로, 6세기의 기관 명칭에 '일본'을 넣어 불렀을 리가 없고, 또한 그들은 가야지역에 대한 범칭인 '임나'를 위하여 행동한 것이 아니라 그 기구가 설치되어 있던 '안라'를 위하여 행동한 것이 분명하기 때문이다.

여기서 540년대 안라왜신관 관인들인 이쿠하노오미(的臣)・기비노오미(吉備臣)・가와치노아타히(河內直)・이나사(移那斯)・마도(麻都) 등의 출신과 행동 양식을 『일본서기』의 기사들에서 구체적으로 검토해 볼 필요가 있다.

본고에서는 그에 대한 사료 제시는 생략하나, 우선 그들 중에 상층 관인인 이쿠하노오미・기비노오미 등은 씨성으로 보아 왜인이다. 하급 관인인 가와치노아타히는 왜계 씨족명을 띠고 있으나 그 뒤의 가야인인 이나사 및 마도와 친형제 관계에 있는 사람이다. 그들 3인은 가야인과 왜인 사이의 혼혈인이었다고 보이므로 크게 보아 왜계인이라고 부를 수 있다고 하겠다.

그리고 안라왜신관 관인들은 모두 안라에 머무르면서 외국과 관련된 일에 관여하고 있었음을 알 수 있다. 즉 그들은 백제에 가서 가야연맹 전체의 앞날을 논의하는데 참여하였고, 신라에 가서 안라의 경작 문제를 논의하였으며, 고구려에 사신을 보내 백제 공격을 권유하기도 하였다. 그들은 가야연맹 전체 사신단의 일원으로 백제나 신라에 가기도 하였고, 안라만을 위해 단독으로 고구려에 가기도 하였다. 왜신관 관인이 논의한 것은 주로 안라의 경작 문제였던 것으로 보아 그들은 대외적으로 안라의 이익을 위해 행동하고 있었음을 알 수 있다.

또한 그들은 신라나 백제에 가는 왜의 사신을 한반도 남부의 기착지에서 맞이하여 그 목적을 확인하였으며, 그 때 얻은 왜왕의 의도에 대한 정보를 기반으로 하여 가야연맹 집사들이 백제왕이 주도하는 회의에 참여하지 않는 명분을 제공하였다. 이로 보아 왜신관 관인들은 왜 왕권과 직접적인 관련을 맺고 있지는 않지만, 일본어 소통 능력을 토대로 일본열도의 정보를 알아내어 가야연맹이 타국과 대외관계를 수립하는 데 중요한 역할을 하였다고 추정된다.

따라서 사료 상에 나오는 왜신관 관인들은 가야연맹체, 그 중에서도 특히 안라국의 독립성 유지 및 대외교섭을 위해서 활동하였던 것을 확인할 수 있다. 따라서 안라왜신관은 540년대에 가야연맹이 대가야 중심의 연맹체를 유지하고 있으면서 주위의 중앙집권적 고대국가인 신라와 백제의 복속 압력을 받고 있던 시기에, 가야연맹의 제2인자였던 안라국이 자신을 중심으로 한 연맹체를 도모하기 위해 운영하였던 기구였다. 그 관인들의 행동을 토대로 생각해 볼 때 그들이 속한 안라왜신관은 실질적으로 안라의 외무관서였다.

맺음말

이제 전형적인 임나일본부설을 주장하는 전문 연구자는 없다. 그러나 이것으로 문제가 완결된 것은 아니다. 왜냐하면 아직도 많은 개설서나 역사교과서에서 임나일본부설, 즉 고대 일본이 가야제국을 중심으로 하여 한반도 남부를 지배했다는 관념을 당연시하거나 혹은 이를 암시하는 표현으로 서술하고 있기 때문이다. 다만 이런 서술들은 과거 학설들의 잔재로 앞으로는 서서히 사라질 것으로 전망한다.

공식 자리가 아닌 사석에서 대화한 내용에 따르면 일본학자들은 임나일본부설이 공식적으로 주장되지는 않는다고 해도, 그 후의 여러 설 중에 유력한 대안이 뚜렷하게 부각되지 않고 있기 때문에 개설서나 교과서 등의 임나일본부설과 관련한 기존 서술은 앞으로도 상당히 지속될 것으로 전망하고 있었다. 교과서나 개설서의 속성으로 보아 이런 진단은 일리가 있다고 보인다. 물론 그렇다고 해도 일본의 어린이나 학생들이 그런 관점을 계속 답습하여 배우는 것은 앞으로의 한일관계를 위해 전혀 바람직한 것이 아니기 때문에, 대안이 분명치 않다면 아예 관련 서술을 삭제할 것을 요청해야 한다. 다만 그렇게 된다면 일본 고대사의 전개 과정에 대한 설명 체계가 불분명해진다는 점에서 일본의 출판사들은 문제를 느낄 것이라고 생각된다. 왜냐하면 일본의 고대사는 한반도로부터 선진문물의 전래를 인정하면서도 그것이 일본열도로 건너온 계기에 대해서는 일본 우월적인 관점을 유지해왔기 때문이다.

임나일본부설이 주장되지 않는다고 해도 그것이 변형된 임나문제는 여전히 존재하고 있다. 이것은 4세기 이후 한일관계사 전반에 걸쳐 있는 일본 우위의 관점이다. 거기에 가장 희생양으로 등장하는 것이 가야라는 점이 가야 전문연구자인 필자를 우울하게 한다. 즉 고대 시기에 문화 수준은 한반도 제국이 우수했을지도 모르나 적어도 무력이나 적극성은 일본열도의 왜가 우월했으며, 특히 적어도 가야보다는 우월하여 이를 '경영'할 정도였다는 것이다. 앞에서도 언급하였듯이, 한·중·일 대부분의 사료들이 그런 식으로 기록되어 있다는 점이 사태의 설명을 어렵게 하고 있다.

그리하여 왜 왕권은 자신의 이익을 위해서 철을 생산하여 공급하는 지역인 가야를 확보하였다거나 혹은 적어도 그 지역의 세력이 왜 왕권에 종속적이었다고 설명하고 싶어 한다. 4세기에는 그런 이익이 흔들릴 사태에 처하여 왜군이 주도적으로 한반도에 출동한 것이고, 5세기에는 왜 5왕이 그런 기득권(?)을 중국으로부터 공인받으려고 임나와 가라가 포함된 7국제군사호를 자칭하였다는 것이다. 6세기에도 이를 보장받기 위하여 가야나 백제의 세력들과 협의하였으나 신라가 562년에 가야를 병합하고 660년에 백제를 병합함으로써 모든 것이 틀어졌다고 생각하고 있다. 고대 한일관계에 대한 전문 연구자들도 왜군이 한반도에 출병하여 군대를 주둔시키며 항구적으로 임나 즉 가야를 지배했다는 것을 부인할 뿐이지, 왜 왕권이 한반도 남부, 특히 가야 지역에 대하여 우월성을 계속해서 유지하고 있었다는 생각까지 바꾼 경우는 거의 없는 듯하다.

앞으로 고대 한일관계사에 대한 연구는 이런 점을 유의할 필요가 있다. 가장 큰 과제는 가야의 독립성 여부, 가야와 왜 사이 교류의 실체이다. 국제 관계라는 점으로 보아 가장 합리적인 설명은 상호간에 등가성 있는 물품을 교환했다는 가설이나, 안타깝게도 가야의 철에 대하여 왜국이 무엇을 지불했는지는 발견되지 않고 있다. 그래서 왜국으로부터 인력, 즉 노동력이나 군사력을 도입하여 가야의 의도에 따라 부렸을 것이라는 가설을 제출하였으나, 당시의 가야가 이들을 통제할 만한 사회적 능력, 즉 중앙집권적 통치와 그에 따른 사회 정비를 갖추고 있었는지를 확인할 수 없기 때문에 설명에 어려운 점이 있다.

근래에 들어 여러 차례에 걸쳐 일본을 방문하면서 많은 것을 느꼈다. 그런데 한일관계와 관련된 역사 인식에서 큰 문제점의 하나로 보인 것은, 일본 긴키지방부터 서쪽으로 규슈지방에 걸쳐서 존재하는 고대 유적이나 신사 등에는 신공황후의 삼한 정벌에 관한 설명이 거의 상식적으로 나타나고 있다는 점이다. 특히 이를 위하여 세운 가장 큰 신사가 일본 오사카에 있는 스미노에 다이샤(住吉大社)이다. 거기에서는 신공황후가 삼한 정벌을 위해 배를 타고 바다를 건널 때 바람과 파도를 일으키고 물고기를 동원하여 도왔다는 소코쓰쓰노오노미코토(底筒男命), 나카쓰쓰노오노미코토(中筒男命), 우하쓰쓰노오노미코토(上筒男命)라는 세 명의 신과 신공황후를 위하여 네 개의 본궁을 지어놓고 있다. 그런 신사 유적들에는 당연히 삼한 정벌이 자랑스럽게 표출되고 설명문으로 붙어 있다.

그러나 다행스러운 것은 필자가 2003년 4월에 그 곳을 방문했을 때는 삼한 정벌에 대한 설명문이 여기저기 붙어 있었고, 그 옆에 그것이 한일 간에 왕래가 많았던 점에 대한 증거이기도 하다는 식의 한국인을 위한 위로성(?) 언급이 부가되어 있었으나, 2009년 2월에 방문하였을 때는 그런 안내문들이 모두 사라졌다는 점이다. 그리하여 그것이 세 명의 신과 신공황후를 위한 궁이라는 설명은 있으나 그 유래에 대한 추가적인 설명은 없기 때문에, 일본 고대사나 『고사기』, 『일본서기』에 정통하지 않은 사람이라면 신공황후의 삼한 정벌을 알 수 없도록 되어 있었다. 이런 조치가 늘어나는 한국인 관광객들을 위한, 혹은 더 나아가 한국인 전반을 위한 신사 측의 배려였다면 참으로 바람직한 것이다. 근거가 부족한 전설이나 신화라고 해도, 그것이 상대국에 대한 적개심이나 나쁜 인식을 줄 우려가 있다면 상호 배려의 차원에서 주의할 필요가 있다.

〈참고문헌〉

※ 부산대학교 한국민족문화연구소 편, 2001. 《한국 고대사 속의 가야》, 서울: 혜안.
※ 김태식, 2002. 《미완의 문명 7백년 가야사》 1권~3권, 푸른역사.
※ 한일관계사연구논집편찬위원회, 2005. 《광개토대왕비와 한일관계》, 경인문화사.
※ 한일관계사연구논집편찬위원회, 2005. 《왜 5왕 문제와 한일관계》, 경인문화사.
※ 한일관계사연구논집편찬위원회, 2005. 《임나문제와 한일관계》, 경인문화사.
※ 박천수, 2007. 《새로 쓰는 고대 한일교섭사》, 서울: 사회평론.
※ 한국고대사학회, 2007. 《한국 고대사 연구의 새 동향》, 서경문화사.

백제 부흥 운동 백강구 전투

노태돈*

> **목 차**
>
> 머리말
> 1. 백제의 멸망과 부흥운동의 전개
> 2. 복신과 부여풍
> 3. 주류성 공략전과 백강구 해전
> 맺음말

머리말

고대 한일관계사의 분수령을 이루는 것이 백제 부흥전쟁이며, 이 전쟁의 정점이 백강구 전투이다. 이 전투를 고비로 이어 주류성이 함락되는 등 백제 부흥전쟁이 종결되었다.

백제 부흥전쟁에 왜국은 도합 3만 2천 또는 4만 2천 명의 병력을 투입하였는데, 이는 고대 일본이 행한 최대의 해외 파병이었다. 이 전쟁을 끝으로 왜(倭)의 세력은 한반도에서 완전 철수하게 되었으며, 이 이후로는 더 이상 어떠한 형태의 무력 개입도 시도되지 못하였다. 아울러 이후 한반도와 일

* 서울대학교 국사학과 교수

본열도에서 각각 중앙집권적인 영역국가체제가 확립되어감에 따라, 양 지역 간의 주민 왕래에 대한 통제 또한 강화되었다.

그간 백제 부흥전쟁에 대해 일본학계에서 많은 연구가 행해져왔는데, 그것은 기본적으로 《일본서기》의 시각과 논리 구성에 입각한 것이었다. 자연 그에 따른 일정한 한계를 지니는 면을 보였다. 구체적으로 이 전쟁에서 다른 한 축의 주역인 신라군의 모습이 제대로 보이지 않는 편향된 것이었다. 반면 한국의 다수의 개설서 등에선 왜군이 활약한 백강구 전투를 아예 도외시하여, 또 다른 편향성을 보였다. 어느 편도 객관적인 역사적 사실의 규명과 균형 잡힌 역사의식을 나타낸 것이라고 볼 수 없다. 이는 한일 양국인의 건전한 역사의식의 함양을 위해 지양되어야 할 면이라고 하지 않을 수 없다. 이에 백강구 전투를 중심으로 한 백제 부흥운동의 실상과 그것이 지닌 의미에 대한 객관적 조망을 해보고자 한다.

1. 백제의 멸망과 부흥운동의 전개

660년 3월 당군 사령관 소정방은 13만의 원정군을 끌고 백제를 향해 진발하였다. 5월 16일 신라군은 수도를 출발하였다. 바다를 건너 덕물도에 도달한 당군은 6월 21일 신라 태자 김법민의 영접을 받았고, 양측은 백제 수도에서 양군이 만날 군기軍期를 약정하였다. 당군은 덕물도에서 10여 일 동안 휴식을 취한 뒤, 백강 하구를 향해 진발하였다. 신라군 5만도 백제 수도를 향해 나아갔다.

백제 조정은 신라·당 동맹군이 공격해온다는 소식을 접하자 당황하여 어떻게 대응할지를 놓고 논란이 분분하였다. 그러는 사이에 신라군이 탄현을 지나 서진하자 백제군 5천이 황산벌로 나아가 최후의 결전을 준비하였다. 백제군의 중심인 장군 계백은 출전에 앞서 스스로 자신의 가족의 목숨을 거두고 전선에 임하였다. 장수의 가족을 제물로 한 이 처절한 제의祭儀를 통해 군심을 하나로 모은 백제군은 신라군의 공세를 4차례 격퇴하였다. 그러자 이번에는 신라군이 소년 화랑들을 산화시켜 군심을 격동케 하였다. 양측 모두 순결한 생명을 제물로 한 제의를 통해, 전투의 두려움과 죽음의 공포를 뛰어넘게 한 데는 동일하였다. 결국 승패는 양측이 지닌 기본 역량의 차이에서 판가름 났다. 계백은 장졸과 함께 투혼을 불사르며 최후를 맞이하였다. 이 전투에서 백제군은 대파되고, 좌평 충상과 상영 등 지휘관 20여명이 포로로 사로잡혔다.

한편 백강구에선 백제군이 강 입구를 막고 강변에 군대를 주둔하였는데, 당군이 강 외편 기슭으로 상륙하여 산위에 진을 쳤다. 이어 양군의 접전에서 백제군이 패배하였다. 마침 만조 때가 되자 당의 해군은 일제히 강을 거슬러 진격하여 사비성 부근까지 나아갔다.

신라군과 당군은 7월 12일부터 사비성 포위전을 시작되었다. 이에 의자왕과 태자 효가 웅진성으로 달아났다. 개활지인 사비성보다 산간에 위치한 웅진성이 방어에 유리하고, 사비성과 웅진성이 기각지세를 이루어 침공군에 대항하는 모양새를 취하려 했는지도 모르겠다. 그러나 이미 대세는 기우려졌다고 판단하여, 왕이 떠난 뒤 사비성에선 부여융과 사택천복 등이 성을 나와 항복하였다. 부여태 등 왕자들도 항복하였다. 이어 웅진성으로 달아났던 의자왕과 부여태가 웅진방령(方令)이었던 장군 이식禰植과 함께 항복하였다. 이 날은 당군이 기벌포에 상륙한 7월 9일부터 겨우 10여일만인 7월 18일이었다. 너무나 허망한 왕조의 최후이다.

《일본서기》에 인용된, 일본에 귀화한 고구려 승려 도현道顯은 그의 저서 《일본세기》(日本世記)에서

춘추지(春秋智: 김춘추)가 대장군 소정방의 손을 빌려 백제를 협공하여 멸망시

컸다. 어떤 이가 말하기를(或曰) "백제는 스스로 망하였다. 임금의 대부인이 요사스럽고 간사한 여자로서 무도하여 마음대로 권력을 빼앗고 훌륭하고 어진 신하들을 죽였기 때문에 이러한 화를 불렀다. '삼가지 않을 수 있는가 삼가지 않을 수 있는가'라고 하였다." 그 주注에 신라의 춘추지는 고구려의 내신內臣 개금蓋金에게 청한 것이 받아들여지지 않자, 당에 사신으로 가서 자기나라 풍속 의관衣冠을 버리고 천자에게 아유하여 따를 것을 청하여 이웃나라에 화를 끼치고 그 의도하는 바를 이루었다.《《일본서기》 제명 6년 7월 을묘》

라 하였다. 이에서 말하는 대부인은 의자왕비 은고恩古이다. '백제가 스스로 망하였다'는 평은 사비성의 정림사 5층탑에 새겨놓은 대당평백제국비명大唐平百濟國碑銘에 기술된 백제 멸망원인에 대한 다음의 언급과도 통하는 면을 지녔다.

  항차 밖으로 곧은 신하를 버리고 안으로 요사스러운 부인을 믿어, 형벌은 오직 충직스럽고 어진 자에게만 미치고, 총해와 신임은 아첨하는 자에게 먼저 더해졌다.

물론 이 비문은 정복자가 침략을 정당화하기 위해 백제가 멸망할 수밖에 없다는 점을 내세우기 위해 서술한 것이다. 그런 만큼 문면 그대로 다 믿을 수는 없다. 하지만 위의《일본세기》에 언급한 바와 부합하는 면이 있다. 의자왕의 권력 운영이 왕비에 의존하는 편벽된 면을 보였음은 어느 정도 인정할 수 있으리라고 본다. 그런 가운데서 점차 사치와 쾌락에 몰입하는 면을 동반하였고, 그를 비판하는 신료들을 배제해나갔다. 이같은 국정운영의 난맥상은 귀족들의 분열을 낳고 무력감을 심어주어 위기를 당하자 능동적인 대처를 하지 못하게 한 것이다. 특히 변화하는 국제정세에 대한 통찰이나 상대국에 대한 정보 파악을 제대로 하지 못하게 하였다. 의자왕을 비롯한 지배층의 타성에 젖은 무사안일과 상상력 빈곤은 성충과 흥수가 제안한 수륙 양면에 걸친 신·당군의 침공가능성에 대한 대비책을 외면하였고, 창졸간에 공격을 받자 우왕좌왕하다가 백제를 멸망의 구렁텅이로 끌고 들어갔던 것이다.

도성이 함락되고 나라가 망하자 왕과 귀족들도 고초를 겪게 되었지만, 민초들은 더 비참한 상황에 봉착하게 되었다. 성이 함락되면 뒤따르는 것이 약탈과 노략질이다. 먼저 궁궐과 관청, 창고, 귀족들의 저택이, 이어 민가가 노략질의 대상이 된다. 그 과정에서 물자는 물론이고 사람 자체가 노획의 주요 대상이 되었다. 평민이라고 예외가 되지 않는다. 도성 내의 노략질이 끝나면, 그 다음 대상은 인근의 왕릉이나 사찰 등이 된다. 1993년 부여의 능산리 고분군에 인접한 백제의 옛 절터에서 발견되어 수습된 금동용봉향로도 이 때 이 절의 승려가 침략군의 약탈을 피하기 위해 임시방편으로 황급히 파묻어 둔 것이었는데, 기적적으로 보존되어 다시 그 모습을 드러내게 된 것이다.

전쟁을 마무리하는 절차는 전승 기념 축하연이다. 피정복국의 왕은 이 자리를 빛내주고 승자의 정복욕을 한껏 만족시켜주는 노획물이다. 7월 29일 무열왕이 금돌성에서 사비성으로 왔다. 이어 8월 2일 대연회가 개최되어 장졸들에게 푸짐한 먹거리와 술이 제공되었다. 이때 무열왕과 소정방 및 여러 장수들이 당상堂上에 앉고, 의자왕과 부여융 등을 당하에 앉히었다. 그리고 의자왕으로 하여금 술을 따르게 하였다. 이 기막힌 광경에 백제의 귀족들은 울었지만, 그것은 승자의 쾌감을 더 북돋아줄 뿐이었다.

그런데 전승 축하연은 개최되었지만, 전투가 완전 종식되지는 않았다. 신라군과 당군이 점령한 것은 사비성 웅진성 등 백제의 중심부 지역뿐이었다. 이 지역을 제외한 다른 곳에선 백제의 무장 역량이 온전히 남아있었고, 백제인들의 봉기가 잇달았다. 당군의 노략질이 이를 크게 부추기는 작용을 하였다. 두시원악(豆尸原嶽; 청양군 정산면)에서는 좌평 정무正武가, 구마노

리성(久麻怒利城: 공주)에서는 달솔 여자진(餘自進)이, 임존성(예산군 대흥면 대흥산성)에서는 복신·도침·흑치상지가 봉기하였다. 이에 8월 26일 소정방은 임존성에 대한 공격을 감행하였지만 실패하는 등 부흥군은 쉽게 진압되지 않았다. 하지만 신·당동맹군의 수뇌부는 철군을 결정하였다. 이미 백제의 중심부를 공략하였고 그 왕과 핵심세력을 포획하였던 만큼, 나머지 잔병의 준동이야 대세상 크게 문제될 것이 없으며 시간이 지나면 점차 진정될 것이라고 판단한 것 같다. 무엇보다 대 백제전은 최종 목적인 고구려공략을 향한 징검다리 작전인 만큼, 대병을 계속 주둔하는 것은 본래의 전략에 어긋나는 것이었다.

구체적인 원정군의 현지 사정도 장기 주둔을 어렵게 하였다. 당시 사비성과 웅진성 등 신라군과 당군이 공략한 수도권의 좁은 지역에 십수 만의 병력이 집결되어 있으니, 그들을 먹이고 재우고 전승 분위기에 휩싸여 약탈이 자행되고 있는 상황에서 질서를 유지하는 것은 쉽지 않은 문제였다. 대군이 내뱉는 오물을 처리하는 것도 간단한 문제가 아니었을 것이다. 위생상 적지 않은 난제가 따르기 마련이고, 전란에 따른 많은 시신과 전상자도 상황을 어렵게 하였을 것이다. 자연 그런 가운데서 질병이 창궐할 가능성이 있었다.

대규모 인간집단이 밀집 상태로 생활하는 군대는 전염병이 유행하기 매우 좋은 조건을 가지고 있으며, 더욱이 빈번하게 풍토가 다른 여러 지역에서 전쟁을 수행하였던 바 있는 당군의 경우, 이미 전염병균을 지니고 있을 가능성이 큰 집단이라고 할 수 있다. 그리고 당시 당의 본토에서도 전염병이 간간히 발생하고 있었다. 그런 만큼 양군의 수뇌부의 입장에선 원정군을 신속히 귀환시키는 일이 시급하게 느껴졌을 것이다. 실제로 그 뒤 얼마 안 있어 661년 초 신라에선 전염병이 창궐하여 백제 부흥군을 진압하기 위한 병력 동원에 큰 어려움을 겪었으며, 힘들게 동원한 병력도 제대로 활용치 못하고 퇴각하는 일이 있었다. 이 전염병은 당의 원정군과 함께 전해졌을 가능성이 높다고 하겠는데, 이 무렵 당에선 652년 서역에서 유입된 두창(천연두)이 크게 창궐하였다.[1] 그래서 신·당군은 유인원을 진장鎭將으로 한 당군 1만과 왕자 김인태가 이끈 신라군 7천을 주둔군으로 남겨놓고 전면적인 철수를 시작하였다.

신·당군의 철수는 백제유민의 저항을 촉진하였다. 각지에서 일어난 봉기 중, 9월 23일에는 백제 부흥군이 사비 도성까지 공격해와 신·당군과 격전을 벌였다. 부흥군이 패퇴하였지만, 사비성의 남쪽 산에 목책을 쌓고 여전히 사비성을 위협하였다. 10월 9일 무열왕이 직접 군대를 이끌고 백제 부흥군을 공격하여, 18일 이례성(小禮城:논산군 연산면)을 점령하니 백제 20여 성이 함께 항복하였으며, 30일에는 사비 도성의 남쪽 산의 목책을 공략하고 부흥군을 격파하였다.

이로써 일단 사비성의 주둔군에 대한 부흥군의 포위가 풀렸다. 무열왕은 11월 22일 수도로 개선할 때까지 계속 백제 부흥군에 대한 공격을 벌였다. 이번 무열왕의 작전에서 유의되는 점은 백제 귀족들을 등용한 사실이다. 황산벌 전투에서 항복하였던 좌평 충상·상영과 달솔 자간 등에게 일길찬을 수여하고 총관將軍에 임용하였으며, 은솔 무수와 인수에게는 대나마를 수여하고 각각 대감大監과 제감弟監 등 무관직에 임명하였다.

충상은 이듬해 661년 2월에 있은 백제 부흥군을 진압하기 위한 전투에 출전하였을 때에는 아찬으로 관등이 승진해 있었다. 이어 9월에 있은 토벌전에서 백제 부흥군을 격파하자, 달솔 조복과 은솔 파가가 항복하였는데, 조복에게는 급찬을 수여하고 고타야군(경북 안동) 태수로 임명하였으며, 파가에게는 급찬을 관등을 주었다. 백제군 출신에게 총관·대감 등의 고위 무관직이나 신라 내지의 태수와 같은 지방장관의 직을 주었음이 주목된다. 이는 곧 당시 신라 조정이 백제 유민의 포섭에 매우 적극성을 띠었음을 말

---

1) 이현숙, 2003, 〈7세기 통일전쟁과 전염병〉《역사와 현실》 47

해준다.

하지만 신라군의 수차례 토벌전에도 불구하고 백제 부흥군의 활동은 더 치열해졌다. 백제 부흥군은 처음에는 자연발생적으로 각지에서 일어났던 만큼 조직적인 면이 약하였다. 이례성이 함락되자 20여성이 항복하였던 것은 그런 면을 말해 준다. 그러나 부흥운동이 진행되어지면서 점차 중심이 형성되어갔다. 복신이 그 중심에 섰다. 그는 처음에는 임존성에 근거를 두고 승려 도침과 함께 세력을 확대해 나갔다. 소정방이 당으로 개선하기 직전인 8월 26일에 있은 당군의 토벌전을 막아내어 기염을 토하였다. 그런 가운데서 일면으로는 660년 10월 왜 조정에 좌평 귀지 등을 파견하여 당군 포로 100여명을 바치고 청병하였으며, 아울러 부여풍을 왕으로 옹립하려 한다면서 그의 귀국을 요청하였다. 이에 대해 왜의 조정은 적극 호응하였다. 12월에는 왜왕 사이메이(齊明)가 나니와(難波)로 거처를 옮기고 무기와 군사 기물을 점검하였으며, 이어 북규슈의 쓰쿠시(筑紫)로 가서 백제 구원군을 보낼 계획을 세웠다. 그리고 스루가노쿠니(駿河國)에 신라 원정을 위한 배를 만들 것을 명하였다.

신라와 당의 대 고구려 공략전 준비가 진행되고 있을 때인 661년 2월, 복신과 도침 등 백제 부흥군이 사비성을 공격하여 이를 재차 포위하는 형세를 보였다. 아울러 백제 부흥군은 웅진강구를 봉쇄하여 당의 보급로를 차단하려 하였다. 이에 당의 주둔군 사령관인 유인원은 지난해 9월 웅진도독으로 임명되어 왔다가 갑자기 죽은 왕문도王文度의 병사를 유인궤에게 맡기고, 그와 함께 방어에 나서는 한편 신라에 구원을 요청하였다.

당군은 웅진강구熊津江口의 양편에 구축한 백제부흥군의 목책을 격파하고 부흥군을 압박하니, 부흥군은 패퇴하여 사비성의 포위를 풀고 도침 등은 임존성으로 물러갔다. 한편 신라군은 이해 3월 두량윤성을 공격하였으나 백제 부흥군의 저항으로 성공하지 못하였다. 그리고 이어 주류성을 포위하였으나, 그 병력이 많지 않음을 안 백제 부흥군의 반격에 타격을 입고 퇴각하였다. 이 여파로 백제 남방 여러 성들이 반기를 들어 복신에 귀속하였다.[2] 아마도 이 무렵을 전후하여 주류성이 백제 부흥군의 중심지가 되었던 것 같다.

비록 사비성의 포위전에 실패하였지만, 백제 부흥군은 오히려 더 세력을 떨치게 되었다. 하지만 신라군과 백제 주둔 당군은 곧 있을 고구려 공략전에 참전하는 것이 더 급한 과제였음으로, 더 이상 병력을 투입하여 전투를 지속할 형편이 못되었다. 특히 신라로선 평양성 공략전에 참전하여야 할 뿐 아니라, 평양성으로 당군의 군량을 보급하고 또 백제 주둔 당군에도 그러하여야 했기 때문에 더 이상의 여력이 없었다. 이에 모든 것은 대고구려전 이후로 미루고, 신·당군은 백제 지역에서 잠정적인 현상유지에 주력하지 않을 수 없었다. 이 무렵 당군은 사비성에서 방어에 유리한 웅진성으로 사령부를 옮기고, 신라와의 수송로 확보에 주력하는 방책을 취한 것도 이런 면을 반영한다. 반면 백제 부흥군은 661년 9월 왜국으로부터 부여풍을 맞이하여 왕으로 옹립하니 백제의 서부와 북부 지역이 이에 호응하였고, 남방의 여러 성들도 귀부하였다. 이때 왜국의 원병 5천이 부여풍과 함께 도착하였고, 추가로 왜국의 원병이 더 파견되어올 것으로 예상되어 백제 부흥군의 세력은 더욱 확대될 기세를 보였다.

한편 661년 여름 당군과 신라군은 백제를 멸망시킨 기세로 고구려를 공격하였지만 실패로 끝나고, 오히려 고구려군의 반격을 받아 당군이 포위되는 등 곤경에 처하였다. 662년 초 후방과의 병참선이 차단당한 채 평양에서 포위되어 있던 당군은 신라군의 보급을 받아 간신히 후퇴할 수 있었다. 당의 조정은 크게 실망하고 낭패라 여기는 분위기였다. 반면 백제 부흥군은 더욱 기세를 올렸고, 웅진성의 당군은 고립되었다. 무엇보다 본국과의 연락과 군량미를 위시한 군수품의 보급이 여의치 않은 상태인데, 신라

---

2) 《삼국사기》 신라본기 문무왕 11년 7월 26일조, '答薛仁貴書'

와의 교통로마저 백제부흥군에 의해 자주 차단되는 형편이었다. 이에 당 고종은 웅진성 주둔군 사령관인 유인원에게 칙서를 보내어, 평양의 당군이 회군하였는데 웅진성만 홀로 지키기 어려우니 신라로 철수하고, 신라와 상의하여 필요하다면 신라에 주둔하고 그렇지 않다면 당으로 귀환하여도 좋다는 뜻을 전하였다. 당 본토로의 철수에 대해 다수의 장졸들은 찬성하였다. 그러나 급사急死한 웅진도독 왕문도 대신으로 파견되어 와있던 검교檢校대방주자사 유인궤는 만약 지금 당군이 철수하면 순식간에 백제가 재흥할 것이고, 그러면 고구려를 멸망시킬 수 있는 기회는 영영 다시 오지 않게 되어, 당의 동방 전략은 무너지게 된다고 하며 반대하였다. 그는 만약 고구려를 병탄하기를 원한다면 먼저 백제를 멸한 뒤 그곳에 군대를 주둔시켜 그 배와 가슴을 눌러야, 즉 고구려의 뒷들을 압박하여야 한다고 하였다. 그리고 신라로 들어가면 당군은 한갓 빌붙어 지내는 식객에 지나지 않게 된다면서, 백제 지역은 능히 제압할 수 있으니 병력을 증파해달라고 당 고종에게 요청하였다. 다른 한편으로는 662년 7월 유인궤는 신라군과 연결하여 진현성眞峴城에 대한 공격을 성공적으로 수행하여 이를 점령함으로써, 백제부흥군의 포위망을 뚫고 신라에서 웅진성에 이르는 수송로를 재차 확보하였다. 이에 신라로부터 군수품이 조달되어 웅진성은 위기에서 일단 벗어나게 되었다. 이어 당 조정은 손인사孫仁師를 장수로 하는 7천의 병력을 증파하였다.[3]

---

3) 《구당서》 백제전

2. 복신과 부여풍

1) 복신

이 무렵 백제 부흥운동군을 이끄는 중심은 복신이었다.《삼국사기》백제본기에 의하면 그는 무왕의 조카였다고 하였다. 그러나 복신을 무왕의 조카로 보기에는 의문스런 점이 있다. 660년 8월 거병하였을 때의 '귀실복신鬼室福信'의 관등에 대해 유인원기공비劉仁願紀功碑에선 5위인 '한솔'이라 하였고,《일본서기》에선 3위인 '은솔'이라 전한다. 만약 복신이 이미 무왕 28년(627) 당에 사신으로 파견되는 등 이른 시기부터 활동하였고, 무왕의 조카로서 의자왕과 사촌 간이었다면 그의 만년에 해당하는 660년에 여전히 관등이 한솔이나 은솔이었다는 것은 납득이 가지 않는다. 그의 성씨가 '부여'가 아니라 '귀실'이라는 점도 그러하다. 물론 이 점에 대해선 흑치상지의 흑치黑齒씨가 부여씨에서 갈라져 나와 그 봉지封地에 따라 성을 칭하였듯이[4] 귀실씨도 그러하였을 것이고, 그에 따른 관등 승진에 상한이 있었을 것이라고 상정해볼 수도 있겠다. 그러나 복신이 의자왕의 사촌으로 무왕 대부터 조정에서 활약하였다면, 어떻게 상정하더라도 만년의 낮은 관등은 이해하기 어렵다.

이렇게 볼 때 복신을 무왕의 조카로 여기기는 어렵다. 이는 달리 말하자면 복신이 부흥운동의 중심으로 부상케 된 데에는 그의 출신 가계에서 비롯한 면보다는 그의 군사적 정치적 역량에서 비롯한 면이 더 크게 작용하였음을 짐작케 한다. 그는 사비성이 함락된 직후 거병하여 임존성을 중심으로 점령군에 저항하였다. 뒤이어 이 해 8월에 있은 소정방 휘하의 당군의 공격을 격퇴하여 기세를 올렸다. 이는 그의 군사적 명성을 높이는데 크

---

4) 이문기,〈百濟 黑齒常之 父子 墓誌銘의 檢討〉《韓國學報》64, 1991

게 작용하였던 듯하다. 부흥운동 초기의 상황을 전한《일본서기》의 기사에서 "국인들이 이들을 높혀서, 좌평 복신, 좌평 자진自進이라고 불렀다. 오직 복신만이 신기하고 용감한 꾀를 내어 이미 망한 나라를 부흥시키었다"[5]라고 하여, 백제인들 사이에서 복신의 높은 명망을 전한다. 나아가 그는 앞서 살펴본 바처럼 661년 초의 사비성 포위전을 계기로 금강 남쪽으로 세력을 확대하였다.

복신은 정치적으로도 기민하게 움직여 왜에 사신을 보내어 왕자 부여풍의 환국과 왜의 군사적 지원을 요청하였다. 그는 당시 부흥운동이 산발적으로 각지에서 일어나고 있던 상황에서, 정통성을 지닌 의자왕의 적자인 왕자 부여풍을 영입하여 옹립하고 왜국의 원조까지 확보함으로서 부흥운동의 구심력을 만들어나갈 수 있었다. 그에 따라 각지의 부흥군이 복신과 연계를 하게 되었다. 흑치상지와 사타(택)상여가 거병하여 복신과 연계 호응한 것은 그 한 예이다. 특히 그는 군사적으로 신·당군과의 전투를 통해 군사적 역량을 확대함과 동시에 자신의 세력 기반을 구축해 나갔고, 스스로 상잠霜岑장군이라 칭하였다. 뒤이어 부흥군의 동료 장수인 승려 도침을 죽이고 그의 군사까지 합침에 따라 그의 세력은 부흥운동군 내에서 막강한 지위를 차지하는 듯 했다.[6] 그러나 이는 필연적으로 부여풍과의 갈등을 불러일으켰다.

2) 부여풍

부여풍은 부여풍장이라고도 하였다. 그가 언제 왜국에 질자로 보내졌는지에 대해《일본서기》에선 "서명舒明 3년(631) 3월 경신, 백제 의자왕이 왕자 풍장을 보내어 질자로 삼았다"라고 하였다. 부여풍이 의자왕의 아들인 것

---

5)《일본서기》 권26 齊明 6년 9월 계묘
6)《구당서》 백제전

은 다른 기록에서도 확인되는 만큼 사실이라고 여겨진다. 그러나 서명舒明 3년은 백제 무왕 32년으로, 아직 의자왕이 즉위하기 전이다. 그런 만큼[7] 이 해에 부여풍이 왜국에 보내졌다는 기사는 그 기년 상에 의문점이 남는다. 아무튼 그 시기는 분명치 않지만 부여풍은 왜국에 어린 나이에 보내져, 장기간 그곳에서 체류하였다. 660년 10월 복신이 왜의 조정에 부여풍의 환국을 요청하였다. 그의 환국 시기에 대해서도 각각 661년 9월과 662년 5월로 기술되어 있어 논란이 있지만, 661년 9월로 보는 것이 합리적이다. 이때의 부여풍의 귀국에 대해《일본서기》에선 다음과 같이 기술하였다.

> 9월 황태자가 장진구에 가서 백제왕자 풍장에게 직관織冠을 주고 또 多臣蔣敷의 누이를 처로 삼게 하였다. 그리고 大山下 狹井連檳榔과 小山下 秦造田來津을 보내 군사 5천여 명을 거느리고 풍장을 본국으로 호위하여 보내주었다. 이에 풍장이 입국함에, 복신이 영접하여 맞이하면서 머리를 조아리고 나라의 정사를 들어 모두 맡겼다.(天智 卽位 前紀 9월조)

이에서 전하듯 외형상으로는 일단 모든 국정이 부흥백제국의 왕인 부여풍의 휘하에 귀속되어졌다. 그런데 오랜 외국 생활 뒤에, 더욱이 백제 국가 자체가 붕괴되어 제대로 기능을 하지 못하는 상황 하에서 귀국하였던 만큼 그는 백제 자체에 자신의 세력 기반을 사실상 가지지 못하였다. 백제 현실에 바탕을 둔 상황 파악도 여의치 못하였을 것이다. 자연 귀국 직후 그에게 국정이 맡겨졌다고 하지만, 실제 그가 그것을 제대로 행사할 수 있었는지는 별개의 문제가 되는 바이다. 부여풍이 귀국한 후인 662년 정월에 왜국은 복신에게 화살 10만개와 실 500근, 포 1천단, 종자쌀 3천곡을 보내었으며, 3월에 부여풍에게 포 300단을 주었다.[8] 주요 군수 물자를 복신에게 사

---
7) 《속일본기》권27 天平神護 2년 6월 임자조에서 백제왕 敬福의 죽음을 기술하면서, 그를 '의자왕의 아들인 부여풍의 후예'라고 하였다.

여한 것은 그가 현실적으로 부흥백제국의 군사적 활동을 주도하고 있음을 왜국이 인정한 것을 말해준다고 하겠다. 이런 상황에서 부여풍이 의지할 수 있는 현실적 세력 기반은 그를 호송해온 왜군이었다. 당시 왜국과 백제 주둔 왜군은 부흥운동의 주요 지원세력이었다. 하지만 그것에 대해 의지하는 정도는 복신 등 현지 부흥운동군 출신과 부여 풍 사이에는 일정한 간격이 있을 수밖에 없다.

한편 백제부흥군의 중심지는 처음엔 임존성(지금의 충남 대흥)에 두었다가 661년 2월 무렵 주류성으로 옮기었다. 662년 12월에 주류성에서 다시 오늘날 김제로 비정되는 피성避城으로 옮기었다. 그 때 천도를 주장한 이들은 메마른 주류성 지역에 비해 피성 일대가 기름진 농경지대임을 강조하였다. 반면에 천토 반대론자는 피성이 적지와 인접해 있어 방어상 문제가 있음을 들었다.9) 피성 천도가 있은 후 곧이어 663년 2월 신라군에 의해 백제 남부의 4개 주가 불태워졌으며, 안덕安德 등 주요지역이 점령되었다. 안덕은 덕안德安으로 지금의 논산지역이다. 이곳이 신라군의 수중에 들어가자 인접한 피성지역이 바로 위협을 받게 되어 견딜 수 없게 된 부흥군은 다시 주류성으로 되돌아가게 되었다.

신라군의 압박이 강화되자 백제 부흥군은 왜국에 달솔 금수金受를 보내어 구원을 요청하였다. 이에 응해 왜국은 663년 3월 전장군前將軍 가미쓰케누노기미와카코(上毛野君稚子) 등으로 하여금 2만7천의 군사를 이끌고 신라를 치게 하였다.

이어 이 해 5월 이누가미노기미(犬上君)가 고구려로 가서 군사관계 일을 고하였다. 아마도 3월에 있은 왜 지원군 본진의 출병에 관한 사항을 알리고, 왜와 고구려가 남북으로 협동하여 신·당군에 대응할 전략적 문제 등을 상의하였던 것 같다. 그러나 당시 고구려는 평양성에 대한 신·당군의

---

8) 《일본서기》 권 27 天智 원년 춘정월 정사. 같은 해 3월 계사
9) 《일본서기》 천지 원년 12월조

침공을 저지한 직후이기 때문에, 남으로 백제 부흥군을 지원할 여력이 부족한 상황이었다. 아무튼 그는 고구려에서 돌아온 후 석성石城으로 규해糺解를 방문하였다. 이때 규해는 그에게 복신의 죄를 거듭 말하였다.[10] 규해는 부여풍의 다른 이름으로 여겨진다. 부여풍이 왜장에게 복신의 죄를 논하였다는 것은 복신 제거의 뜻을 밝히고 그에 대한 왜군의 지지를 요청한 것이라고 할 수 있다. 아마도 왜장들이 이에 대해 동의한 것으로 여겨진다. 왜로서는 부흥운동을 처음부터 주도하여 자신의 토착 세력기반을 지니고 있는 복신보다는 왜에 있다가 영입되어 온 풍장이 더 기호에 맞을 수 있는 인물이다.

복신과 부여풍 간의 갈등에 대해 각각 당과 왜의 기록이 전해진다. 당의 기록에 의하면, 양자 간의 불신이 심해지자 복신이 부여풍을 제거하기 위해 짐짓 병을 칭하였다. 부여풍이 문병하러 오는 것을 기다려 그를 죽이려고 하였다. 이 음모를 눈치 챈 부여풍이 측근을 규합하여 기습적으로 복신을 공격하여 그를 죽이었다고 한다.[11] 한편 복신의 최후 장면을 《일본서기》에 다음과 같이 구체적으로 전한다.

> 백제왕 풍장은 복신이 모반하려는 마음을 가졌다고 의심하여 손바닥을 뚫고 가죽으로 묶었다. 그런 뒤 이를 어떻게 처결하여야 할지 몰라 여러 신하들에게 '복신의 죄가 이미 이와 같으니 목을 베는 것이 좋겠는가, 아닌가?'라고 물었다. 이에 달솔 덕집득이 '이 악한 반역 죄인은 풀어주어서는 안 됩니다'라고 하였다. 복신이 덕집득에게 침을 뱉으며 '썩은 개와 같은 어리석은 놈'이라고 하였다. 왕이 시종하는 병졸들로 하여금 목을 베어 소금에 절이도록 하였다.[12]

---

10) 《일본서기》 천지 2년 5월조
11) 《구당서》 백제전
12) 《일본서기》 천지 2년 6월조

이로써 풍운아 복신의 웅지가 물거품이 되었다. 동시에 그가 정열을 불사르며 추구하던 백제 부흥의 꿈도 함께 사라질 위기에 처하였다. 복신이 덕집득에게 뱉은 '어리석은 놈'이란 말에는 이 꿈에 대한 그의 자부심과 안타까움이 실려 있었다. 사실 그간 백제 부흥운동에서 복신이 점하였던 비중과 위치를 고려할 때, 그의 처형이 몰고 올 파장은 쉽게 수습될 수 있는 것은 아니었다. 그의 목을 소금에 절이도록 한 것은 예상되는 그의 추종세력의 반발에 대한 경고와 위협 조처였다. 그러나 외형적인 저항은 억압할 수 있을 지라도, 부흥운동에 참여해온 이들의 가슴 깊숙이에 가해진 상처는 간단히 아물러질 수 있는 것은 아니었다. 그들 사이를 엮어주던 상호 신뢰와 헌신은 크나큰 타격을 입었다. 그리고 당장 백제 부흥군의 내분을 포착한 신라군이 적극적으로 공세에 나섰다. 이런 위기 상황을 타파하기 위해 부여풍이 할 수 있는 길은 사실상 왜국과 고구려의 구원에 매달리는 것뿐이었다.

3. 주류성 공략전과 백강구 해전

이 때 웅진성에 주둔하고 있던 당군은 당 본토로부터 증파된 손인사가 이끄는 7천 병력이 합류하자 크게 사기가 올라 있었다. 이 7천의 병사는 주로 산동 해안지역 출신의 병사들이었다. 아마도 해군이 주력이었을 것이다. 여기에 신라군이 합세하였다. 문무왕이 김유신·김흠순·김인문 등 28명의 장군과 함께 대병을 동원하여 웅진성으로 향하였다. 웅진성에서 양군의 지휘부가 합동 회의를 가졌는데, 이에서 최종 작전이 확정되었다. 육군은 문무왕이 이끄는 신라군과 손인사·유인원의 당군이 주류성으로 진격하고, 유인궤·두상杜爽·부여융이 지휘하는 해군과 식량 보급선단은

'웅진강에서 백강으로 가서(自熊津江往白江) 육군과 합류하여 주류성으로 진군한다'는 것이었다.[13]

이에서 말하는 백강이 어느 강인가에 대해선 금강 하류설과 동진강설 등이 그간 평행선을 그어왔다. 이 문제는 주류성의 위치 비정과 직결되는 바이다. 주류성의 위치에 대해서도 여러 설이 제기되었다. 즉 한산 건지산성설, 홍성설, 부안 우금산성설, 연기 당산성설 등이 그것이다.

먼저 백강구의 위치에 대해선 660년 백제 멸망 때 등장하는 백강은 금강이 분명한 만큼, 불과 3년 뒤에 같은 당측의 기록에서 백강이라 하였을 때 이는 금강을 가리킨다고 보아야 할 것이다. 그리고 금강 하구를 '웅진강구熊津江口'로 표기한 사례를 확인할 수 있다. 661년 백제 부흥군이 사비성을 포위하였을 때, 웅진강구를 봉쇄하기 위해 목책을 강 양안에 축조하였는데 이를 유인궤가 이끈 당군이 격파하였다는 《자치통감》의 기사는 그러한 예이다.[14] '웅진강에서 백강으로 가서'라 하였을 때의 백강과 웅진강은 각각 금강 하류와 중류를 지칭하는 것으로 이해된다. 그런데 백강구 전투를 묘사하여 "바닷물이 붉게 물들었다(海水皆赤)"라고[15] 하였으므로, 전투는 바다에서 벌어졌다. 금강 하구는 바다로 이어지며, 그리고 금강 하구와 동진강·만경강의 하구는 바다 쪽에서 바라볼 때 같은 해역에 속하는 근접한 지역이다. 당시 신·당 해군과 왜의 해군이 이 지역에서 각기 진을 쳤을 것이니, 진을 친 구체적인 지점에선 약간의 다름이 있었을지라도 넓게 보면 금강 하구 해역이라고 보아도 무방할 것으로 여겨진다. 그런 만큼 백강구가 어느 지점인가 하는 것이 곧 주류성의 위치 비정에 결정적인 열쇠를 제공해주는 것은 아닐 수 있다. 이 문제에서 먼저 주목하여야 할 요소는 육군의 진로이다.

---
13)《구당서》백제전
14)《자치통감》권 200 唐 고종 龍朔 원년 3월조.
15)《구당서》劉仁軌傳

이때 백제 부흥군과 왜군을 공격하는 신·당군의 주력은 육군이었다. 이는 신·당군 장령將令의 구성을 보아도 알 수 있다. 육군은 문무왕과 당의 장수인 손인사·유인원 등이, 해군은 유인궤·두상·부여융 등이 이끌었다. 뒷날 유인궤가 유명해져 그의 열전이 남아 전하여, 이때 유인궤가 당군의 사령관인 듯 기술되어있지만, 당시 웅진도독부의 책임자인 진장鎭長은 유인원이었으며, 유인궤는 웅진도熊津道 행군총관 손인사 휘하 막부幕府의 참모인 행군장사行軍長史였다. 두상杜爽도 휘하의 별장別將이었다.[16) 그래서 주류성 공략 뒤에 세워진 것이 유인궤가 아니라 유인원의 기공비紀功碑였다.

문무왕이 친히 김유신·김인문·김흠순 등 28명의 장수들을 이끌고 출전하였다. 그 병력도 수만에 달하였을 것은 능히 짐작이 되는 바이다. 당시 당군은 660년 9월 이후 웅진성에 주둔하여왔던 유인원 휘하의 1만과 도독으로 부임한 직후 급사한 왕문도 휘하의 약간의 병력, 그리고 새로 투입된 손인사 휘하의 7천명 정도였다. 그 중 전자는 이미 수년간의 주둔과 전투로 피폐해진 병력이었다. 그런 면에서 보면 663년 백강구 전투 당시 신·당군의 주력은 육군이었고, 육군의 주력은 신라군이었다. 단 해군은 당군이 중심이었을 것이다.

신·당군은 주류성을 향해 발진하기 전에 전략회의를 가졌다. 그 때 어떤 진격로를 택할 것인가를 논의하였다. 여기서 결정된 것은 부흥군의 세력 하에 있는 성으로, 지금의 서천군 임천면의 성흥산성으로 비정되는 가림성加林城은 사비성에 근접해 있지만 성이 가파르고 험준한 만큼 이를 공략하려면 병력 손실이 많고 시일이 걸릴 것이므로 이를 건너뛰고 부흥군의 중심처인 주류성을 직공한다는 방책이었다. 이에서 유의되는 점은 당시 백제 부흥군의 지배하에 있는 성들이 많았는데, 왜 가림성 공격 여부가 주

---

16) 拜根興, 2003 《七世紀中葉唐與新羅關係研究》, p.p.152-160 中國社會科學出版社, 2003

된 논제가 되었느냐이다. 이는 주류성을 향한 공격로 상에 가림성이 위치하고 있었기 때문이라고 보아야 할 것이다. 만약 주류성이 금강 이남에 위치하였다면 굳이 가림성이 논의의 대상이 되지 않았을 것이다. 이때 신라군의 주류성 공격 루트를 보면 문무왕이 김유신 등을 거느리고 두릉(량)윤성을 공략한 뒤 주류성으로 나가 이를 포위하였다. 661년 3월에도 백제 부흥군이 사비성을 포위하자, 이를 구원하기 위해 신라군이 두량윤성을 공격해 바 있다. 두량윤성은 사비성 주변에 있던 성으로, 지금의 청양군 정산면 계봉산성으로 비정된다. 이곳은 사비성(부여)에서 30리, 웅진성에서 50리 거리에 위치한다. 이곳에서 금강이 흐르는 방향과 나란히 하여 가림성(서천군 임천의 성흥산성) - 건지산성(서천군 한산)이 차례로 위치한다. 건지산성은 퇴메식과 포곡식(包谷式 : 拷栳峯式)을 절충한 복합식 산성으로, 가림성과 함께 금강 하류 지역을 통제할 수 있는 요충지에 위치하고 있다. 즉 건지산성을 주류성으로 비정하면[17], 두량윤성을 공략한 뒤 가림성을 건너뛰어 주류성으로 나아간 신라군의 진격로가 무리 없이 들어나게 된다. 아울러 해군의 전선과 보급선이 건지산성과 가까운 백강구, 즉 금강하구로 내려가 그곳에서 육군과 만나기로 한 작전의 의미도 이해된다.

근래 건지산성의 일부에 대한 발굴 조사가 있었는데, 삼국 말기와 통일신라기 유물이 전혀 확인되지 않았다. 고려 이후, 주로 조선시대의 유물이 보일 뿐이라고 한다.[18] 전면 발굴이 아니고 일부 지점에 대한 발굴이었지만 삼국 말기를 전후한 시기의 유물이 전혀 확인되지 않는 상황이므로, 현재로선 건지산성을 주류성으로 비정할 수는 없다. 주류성의 위치는 서천군 임천면의 성흥산성 이서의 금강 북안 지역 어느 곳일 것이라는 정도만 언급할 수 있을 뿐이다.

---

17) 이병도, 1977《역주 삼국사기》p.94, 430
   심정보, 1983〈백제부흥군의 주요 거점에 관한 연구〉《백제연구》14,
18) 충청매장문화재연구원, 1998《乾芝山城》p.p.248-250.

이어 주류성을 둘러싸고 벌어진 백제 부흥군의 최후를 살펴보자. 주류성을 향해 진군해오는 신·당군의 움직임은 바로 백제 부흥군 진영에 알려졌다. 방어책에 골몰하던 중 마침 이호하라 노기미오미(廬原君臣)가 이끄는 왜군 1만의 구원군이 오고 있다는 소식이 있자, 8월 13일 부여풍은 이를 맞이하기 위해 백강구로 나아갔다. 이때 그는 주류성에 주둔하고 있던 왜장 에치노 다쿠쓰(朴市田來津)의 왜군과 백제 부흥군을 끌고 갔다. 이호하라 노기미오미가 이끄는 1만의 구원군은 663년 3월 한반도로 보내진 제2차 파병군인 2만 7천의 일부인지 여부는 분명치 않다. 663년 3월에 파병한 부대는 그 진로가 신라의 사비기노강沙鼻岐奴江 등 2개 성을 공취하였던 것만 전하고 있다. 아마도 신라군이 백제 지역에 집중되어있을 것이니 자연 신라 본토가 상대적으로 방어력이 취약해졌을 것이라고 보고, 이를 공격하여 백제지역에 가해지고 있는 신라군의 공세를 풀어 보려 했던 것 같다. 그런데 과연 그 부대의 일부가 부여풍의 긴급 구원 요청을 받고 진로를 급히 돌려 백강구로 달려가 참전하였는지, 아니면 위급한 상황을 맞아 그와는 별도로 새로 보낸 '제3차 파병군 부대'인지는 구체적으로 언급한 기록이 없어 단정키 어렵다.

한편 8월 17일 신·당군이 주류성을 포위하였으며, 170여척의 당 수군은 백강구에 이르러 육군에 공급할 군량을 하역한 후 진을 치고 바다로부터 주류성을 구원하러 백강구로 진입하려는 적병, 즉 왜병을 대기하였다. 27일 왜 수군이 백강구에 도달하여, 기다리고 있던 주류성에서 온 일부 왜군 및 백제부흥군과 합세하였다. 백제부흥군의 기병이 강어귀의 언덕에 포진하여 왜선을 엄호하였다. 이어 왜 선단이 당 수군에 대해 선공을 하였으나 '불리하여 물러섰다.' 당 수군은 진을 지키며 추격치 않았다. 양측 간에 일종의 탐색전인 셈이었다. 양측 수군의 군세를 보면, 당군의 병선이 170척이었고, 왜군의 그것은 400척이었다. 당의 병선은 대형이었던 듯 하고, 왜선은 상대적으로 소형의 군선이었다. 다음날 본격적인 접전이 양측 간에 벌어졌다. 신라 기병이 백제 기병에 대한 공격이 행해졌으며, 왜의 수군이 당 해군에 돌진해 들어갔다. 구체적으로 이 이 날의 해전 장면을 《일본서기》에선 다음과 같이 전한다.

일본 장수들과 백제왕은 기상을 살피지 않고 서로 일러 말하기를 '우리들이 앞 다투어 싸우면 저들이 스스로 물러날 것이다' 고 하면서 중군의 군졸들을 이끌고 대오가 어지럽게 나아가 굳게 진치고 있는 당의 군대를 공격하였다. 당이 바로 좌우에서 배를 협공하여 에워싸고 싸우니, 잠깐 사이에 일본군이 계속 패하여 물에 빠져 죽는 자가 많고 배가 앞뒤를 돌릴 수 없었다. 에치노 다쿠쓰(朴市田來津)가 하늘을 우르러 보며 맹세하고 분하여 이를 갈며 성을 내고, 수십 인을 죽이고 전사하였다. 이 때 백제왕 풍장이 몇 사람과 함께 배를 타고 고구려로 달아났다.[19]

이런 기록을 통해 백강구 전투에서 왜군이 패배한 원인에 대해 몇 가지 점을 생각해볼 수 있다.

첫째, 당군이 8월 17일 백강구에 도착하여 대기하면서 주변 환경을 숙지하고 그에 따른 전술을 준비하였던 데 비해, 뒤늦게 도착해 기상조건이나 조수 등에 대한 고려 없이 전투에 들어간 왜군의 전술적인 실책이 지적되어진다. 이 전투에 대해 "연기와 화염이 하늘에 그득하였고" "바닷물이 모두 붉게 물들었다"고 하였는데(《구당서》 유인궤전), 이는 왜선이 화공火攻으로 큰 타격을 입었음을 말해준다. 화공에서 가장 중요한 것은 그날의 풍향이다. 바람의 힘을 업지 않은 화공이란 큰 효능을 발휘할 수 없기 때문이다. 이점에서 '기상을 살피지 않고' 근접전을 벌렸다는 것은 곧 화공에 대한 대비책을 고려하지 않았음을 말한다.

---

19) 《일본서기》 천지 2년 8월 기유

둘째, 당군은 진陣을 형성하고 일정한 전술에 따라 절도 있는 움직임을 전개하였는데 비해 왜군은 용감히 돌격해 들어가 단병접전短兵接戰으로 승부를 결정 지우려고 하였다. 이는 당일 개개 병사나 장수의 취향에 따른 결과로 볼 것만은 아닌 것 같다. 양측의 군대 편성과 훈련 과정의 차이와 연관되는 문제로 여겨진다. 이 당시 왜군은 기본적으로는 국조國造 등 지방세력가 휘하의 군대를 연합한 것이었다. 이들 부대는 각 지역 유력가와의 동족적 결합과 인격적 예속관계를 내포한 공동체적 유제가 강하게 작용하고 있었고 그에 비례하여 엄격한 상하지휘체계가 약한 군대였다. 그에 비해 당군이나 신라군은 국가에 의해 징발 편성되어 훈련된 군대였다. 그에 따라 후자는 일원적인 지휘체계에 바탕을 둔 군령에 의해 지휘되었고, 엄격한 군율에 따른 집단적인 진퇴 훈련이 되어있었다. 그에 비해 전자는 그런 면이 부족하였다고 여겨진다. 그에 따라 전자는 각개各個 전투에선 강하나, 진형陣形을 구성하여 벌리는 대규모 집단 전투에선 약함이 노출되었다. 위의 인용문에서 보듯 백강구 전투가 벌어진 당일 왜군은 소선으로 용약 돌진하는 식의 전투를 벌였으나 당군의 두터운 진형을 뚫지 못하였고, 이어 당의 전선이 정연하게 대오를 갖춘 체 좌우로 전개하여 왜선들을 포위하자, 왜선들이 우왕좌왕하며 탈출구를 찾지 못하고 혼란에 빠진 체 화공을 당하여 대패하였다. 이는 이날만의 예외적인 전투 양상이었다고 단정하기 어려운 면이 있다. 이는 백제 부흥전쟁에 파견된 왜군 부대의 성격을 나타낸 것으로 여겨진다. 즉 662년 5월의 1차 파견군은 전·후 장군이, 663년 2월의 2차 파견군에 대해선 전·중·후 장군이 이끈 것으로 기술되었고, 백강구 전투에선 '중군'이란 표현이 보인다. 그런데 왜군 장수가 띈 이 '전·중·후'의 칭호가 상호간의 상하 통속관계를 나타낸 것이 아니라 징병 지역에 따른 편제로 보거나, 출병 시간에 따라 구분된 것이라고 여겨지며, 각 장수들은 상호 병열적인 관계이고, 3군 또는 2군 전체를 통솔하는 수직적 지휘계통의 존재가 결여된 상태였다고 보는 것이 통설이다. 다시 말하자면 백강구 전투의 승패를 당시 양측의 국가체제의 상이함에서 비롯하는 군대의 편성원리와 성격의 차이에서, 율령에 기저를 둔 국가와 군대 운영 여부에 따른 차이에서 근본 원인을 찾는 시각이라 할 수 있다.

한편 이런 주장에 대해 당시 동원된 왜군을 지방 유력자들의 휘하 부대의 임시적 연합이라 보는 그간의 설은 백강구 전투에 대한 구체적인 기사에 입각한 것이 아니고, 이 무렵까지 왜국의 군대 동원 형태와 성격에 대한 이해를 토대로 설명한 것으로, 결과론적인 것에 지나지 않는 논리적 비약에 불과하다는 비판이 제기되었다.[20] 그러나 당시 왜국은 율령제가 정착되기 전이다. 아직 중앙집권적인 국가체제를 구축하지 못한 당시 왜국의 군대가 지닐 수 있는 약점에 대한 지적은 그것이 백강구 전투에서 왜군이 패전한 이유의 전부일 수는 없지만, 이유의 한 부분임은 인정할 수 있지 않을까 한다.

셋째, 앞서 보았듯이 부흥군 내부에선 복신의 처형에 따른 분열과 갈등이 있었다. 거기다 왜군과 백제 부흥군 간의 갈등과 불협화도 상정되어진다. 그것은 전체적으로 전투력의 저상 요인으로 작용하였을 것이다. 즉 복신과 풍장의 대립, 그로 인한 복신의 군대에 대한 왜군의 신뢰 부족에 따라 왜군이 백제 부흥군과 협력하여, 아직 당 본토에서 증원군이 도착하기 전에 당의 주둔군을 공략한다든가 하는 전략을 효율적으로 구사할 수 있는 기회를 놓치게 되었다는 평가도 가능하다. 이 면과 연관하여 왜의 지원군이 한반도에 도착하여 바로 주류성으로 진격하여 백제 부흥운동군과 합류하거나 전쟁의 승패를 가름할 수 있는 핵심지역인 백제 수도권지역으로 진격하여 기선을 제압하였어야 하는데, 사실상 전쟁의 외곽인 신라의 사비기 노강 등 2성을 공략하는 등 5개월여의 시간을 허송하여, 당의 장수 손인사의 증원군과 같은 전력 보강을 할 수 있는 기회를 상대방에게 주었던 점도

---
20) 韓昇, 2004 〈일본의 백촌강 출병에 대한 정치적 결정과 군사행동〉《古代 韓日關係의 現在的 意味와 展望》(고려대 일본학연구센터 편)

빠뜨릴 수 없는 전략적 실책이라는 지적도 가능하다. 이밖에 신라군과 당군은 오랜 전란을 치루면서 실전을 통해 단련된 군대인 점 또한 빠뜨릴 수 없는 요소이다.

넷째, 함선의 차이를 고려하여야 할 것이다. 당시 당은 견고한 대형의 군선을 건조하여 수전에 사용하였다. 이 때 당의 함선이 170척인데 비해 왜는 400여척에 달하였다는 기록으로 보아, 왜의 군선이 상대적으로 소형이었던 것 같다. 위에서 인용한 《일본서기》의 기사에서 "배가 앞뒤를 돌릴 수 없었다"고 한 상황에서, 당군이 화공과 함께 크고 우수한 군선으로 당파撞破 작전을 수행하여 왜선을 격파하였던 것 같다.

그다음 백강구 전투에 대해 고려할 점은 이 전투가 지닌 비중과 의의에 관한 이해이다. 백강구 전투의 의의를 당시 동아시아 국제정세를 판가름하는 결정적 회전이었다고 보는 시각이 제기된 바 있는데, 이는 지나치게 과장된 것이다. 즉 이 전투의 주력이 당군과 왜군이었음을 강하게 의식하여, 마치 임진왜란이나 청일전쟁과 대비하여 고대 중국세력과 일본세력이 한반도에서 자웅을 결한 전투인 것처럼 인식하려는 것은 사실에 부합하지 않는다. 물론 이 전투가 백제 부흥운동에 결정적인 영향을 미쳤다. 그리고 이를 고비로 왜의 세력이 한반도에서 완전 물러나게 되었다. 이는 고대 한일관계사에서 큰 의미를 지닌다. 백강구 전투에서 패배한 이후 왜국은 내적 체제 정비에 주력하여 중앙집권적 국가체제인 이른바 율령체제를 구축하였던 만큼, 이 전투가 일본사의 전개에 한 단락을 짓는 계기가 되었던 것은 사실이다. 역사적 사건은 그것이 뒤시기에 미친 영향에 의해 평가되는 면을 지닌 만큼, 백강구 전투가 지닌 일본사에서의 의미는 중시되어야 한다. 그러나 이 전투는 당의 입장에선 별로 큰 비중을 차지하는 전투가 아니었으며, 신라에도 주된 전장은 아니었다. 전투 규모도 양측이 실제 동원한 병력이 각각 만 수천 명 선을 벗어나지 않는 정도였다. 무엇보다 백강구 전투에 대한 과도한 강조는 그 해에 벌어진 백제 부흥전쟁의 주된 전장이 주류성 공략전이었음과 신라군의 존재를 홀시케 한 면이 있다.

한편 신라군이 주축이 된 육군은 백강구 전투가 벌어지기 전인 8월 13일 주류성 지역에 도착하여, 8월 17일 성을 에워싸고 공략전을 벌이었다. 왜군이 백강구에 도착하기 10일전이었다. 부여풍은 8월 13일 휘하의 일부 왜군과 백제 부흥군을 거느리고 왜국의 지원군을 맞이하러 백강구로 갔다. 그가 성을 떠나 백강구로 간 날이 바로 신라군이 주류성에 도착한 날이다. 그는 성이 포위되기 전에 빠져나가 곧 도착할 왜의 지원군과 연결하여 신·당군을 안팎에서 협공하려 하였거나, 퇴로를 확보하려 하였던 것 같다. 그러나 백강구 전투의 패배로 그의 구상은 물거품이 되었다. 주류성의 저항은 며칠 더 지속되었으나, 백강구 전투에서 왜군과 부흥군이 패배하고 부여풍이 고구려로 달아났다는 소식이 전해지자 성은 절망적인 것이 되어, 마침내 9월 7일 농성하고 있던 백제 부흥군과 왜군이 항복하였다.

주류성의 함락과 함께 인근의 백제의 여러 성들이 잇따라 투항하였다. 한편 좌평 여자신餘自信·달솔 목소귀자木素貴子·곡나진수谷那晋首·억례복류憶禮福留 등과 그의 가족 등 많은 수의 백제인들은 패퇴하는 왜군을 따라 일본열도로 망명하였다.

백강구 전투 이후에도 백제부흥운동의 초기 중심지이기도 하였던 임존성에서 지수신이 저항의 횃불을 놓지 않고 버티었다. 그러나 당군이 한때 백제 부흥운동군의 장수로서 임존성의 사정에 대해 잘 알고 있던 백제인 흑치상지와 사타(咤)상여를 공략전의 전면에 세워 압박해오자, 저항의지가 약화되어 마침내 이해 연말 임존성도 함락되었고, 지수신은 고구려로 달아났다. 이로써 만 3년에 걸쳐 치열하게 전개되었던 백제 부흥운동이 그 막을 내리게 되었다.

끝으로 백강구 전투 이후 왜국으로 망명한 백제인들의 삶에 대해 간단히 살펴보는 것으로 맺음말을 대신하고자 한다.

맺음말

　위로는 왕족·귀족에서, 아래로는 서민에 이르기까지 상당수의 백제인들이 백제 부흥전쟁 이후 이러 저러한 경로를 통해 왜국으로 망명해갔다. 이들 중 병법과 성곽 축조기술에 밝은 일부 귀족들은 당시 왜국이 신라군과 당군이 일본열도를 침공해올 가능성에 전전긍긍하던 상황이라 바로 중용되었으며, 오경五經·의약·음양 등의 분야에서 선진 지식을 지닌 이들도 등용되었다.

　이처럼 일본으로 간 일부 백제인들이 지닌 전문 지식과 개인적 능력에 대한 높은 평가는 그들의 새로운 삶에 큰 힘이 되었다. 하지만 그것은 근본적으로는 일본 조정의 배려에 의지하여 이루어졌다. 일본 황실에 기생하여 내일을 꾸려나갈 수밖에 없는 것이 그들이 지닌 숙명이었다. 그들은 백제 부흥과 고국 복귀를 바랐지만, 자력으로 그것을 구현할 역량은 없었다. 그들이 이를 열망할수록 그 실현 가능성을 일본세력의 한반도 개입에서 찾을 수밖에 없었을 것이다. 그들은 일본 조정이 한반도에 관심을 유지하는데 깊은 주의를 기울였을 것이며, 이를 위해 한반도가 이른 시기부터 일본 천황가에 종속되었다는 역사상歷史像 구축에 적극 나섰다. 그들이 백제 존립 당시 백제와 왜, 그리고 왜와 가야나 신라와의 관계사를 정리 기술할 때 취하였을 입장의 큰 틀은 짐작할 수 있다. 이른바 백제삼서百濟三書는 이들의 저술이거나 이들의 손을 거쳐 수정된 것으로 여겨지며, 이들 저술들이 《일본서기》의 내용 구성에 크게 작용하였다.

　그러한 《일본서기》의 내용과 시각에 따라, 다시 말하자면 참전하였던 왜인과 망명 백제 유민의 시각이 짙게 반영된 기록에 의거하여 백제 부흥전쟁과 백강구 전투를 재구성할 경우, 그에서 그려지는 신라군의 모습은 약하고 피동적인 미미한 존재이기 마련이었다. 그것은 실상에 부합치 않으며, 이은 시기 역사상의 파악에 도움이 되지 않는다. 이러한 측면을 고려하면서 백제 부흥전쟁과 백강구 전투에 대한 이해를 도모하여야 할 것이다.

〈참고문헌〉

※ 변인석,《백강구 전쟁과 백제 · 왜 관계》한울, 1994,
※ 노중국,《백제부흥운동사》, 일조각, 2003
※ 김현구,《일본서기 한국관계기사연구》(Ⅰ,Ⅱ,Ⅲ), 일지사, 2004
※ 노태돈,《삼국통일전쟁사》, 2009, 서울대출판부.
※ 정효운,〈7세기대의 한일관계의 연구(下)-백강구전에의 왜군파견 동기를 중심으로-〉《考古歷史學志》7, 1991

왜구와 조일통교

손승철*

> **목 차**
> 머리말
> 1. 왜구관련 기술
> 2. 왜구관련 기술의 비판
> 3. 통교관련 기술
> 4. 통교관련 기술의 비판
> 맺음말

머리말

현재 일본의 각종 역사서에는 14세기 동아시아 해역의 약탈자였던 왜구가 "일본인과 고려·조선인으로 구성되어 있으며, 근년에는 제주도인까지도 주목된다"고 했고, 조·일 통교가 "조선에서 막부에 요청한 것을 막부가 허락하여 시작된 것"으로 기술하고 있다.

이 글은 이러한 기술의 진실성을 규명하기 위하여, 일본에서 널리 사용하고 있는 사전·개설서·중고등학교 교과서의 내용을 분석하고, 이에 대한 한국학계의 연구동향을 소개하고자 작성하였다.

---
* 강원대학교 사학과 교수

분석 대상으로 삼은 사전은《일본사사전》(암파서점,1999)과《대외관계사사전》(길천홍문관, 2009), 개설서는《상설일본사연구》(산천출판사, 2008)와《개론일본역사》(길천홍문관, 2001), 고교교과서는《일본사B》(동경서적, 2007)와《신일본사》(산천출판사, 2007), 중학교교과서는《새로운 사회 역사(新らしい 社會 歷史)》(동경서적, 2006)와《새로운 역사교과서(新らしい 歷史敎科書)》(부상사, 2006)이다.

이러한 분석을 통해 이 주제에 대한 일본사학계의 역사인식과 그것이 역사교과서에 어떻게 반영되고 있는가를 알 수 있게 될 것이며, 이들 주제에 대한 한국학계의 연구동향과 비교·분석을 통하여 일본역사서의 왜곡실상과 그 문제점을 정확히 인식하게 될 것이다.

1. 왜구관련 기술

왜구에 관한 기술을《일본사사전》에서 보면,

〈왜구〉 14세기 후반에서 15세기 초에 걸쳤는데, 구성원은 쓰시마(對馬)·이키壹岐·북부규슈의 일본인을 중심으로 했고, 화척禾尺·재인才人이라고 불리는 조선반도의 천민 등을 포함하고 있다. 근년에는 제주도민까지도 주목하고 있다. 활동한 지역은 조선반도·산동반도 등을 중심으로 했고, 식료의 약탈과 인간을 포획하였다.

라고 하여 왜구에 고려천민을 포함시키고 있고, 최근에는 제주도민까지도 주목하고 있다고 기술했다.

《대외관계사사전》에는,

〈왜구〉《고려사》에 의하면, 13세기 초엽부터 조선반도의 남해안에서 소규모 왜인의 약탈이 보이지만, 왜구라는 고정 개념이 성립되는 것은 1350년(고려 충정왕2) 이후로, 조선에서는 "경인庚寅 이래의 왜구"로 칭하였다. 행동지역은 처음에 남조선 연안에 한정되어 있었지만, 이윽고 고려의 수도 개경에까지도 출몰하였고, 더욱이 황해도 연안만이 아니라, 내륙부의 오지에까지도 모습을 나타내게 되었다. 규모는 점차적으로 커지게 되어 4~5백 척의 선단, 1천~3천의 보졸과 함께 천 수백의 기마대를 이끄는 집단도 출현하였다. 이 시기 왜구의 구성원에는 ①일본인만의 경우, ②일본인과 고려인·조선인과의 연합, ③고려·조선인만의 경우가 생각되어진다. ①의 일본인만의 경우는 조선에 "삼도三島의 왜구"라는 말이 있는데, 쓰시마·이키·히젠 마쓰우라(肥前松浦) 지방의 주민이라고 추정된다. 이들 지방은 전반적으로 지형이 험준하여 농경에 적합하지 않고, 자급자족의 경제를 유지하는 것이 어려워 생활 수단을 어업과 교역이 의지하는 경우가 많으며, 이것이 왜구를 탄생시킨 기반이 되었다. ②와 ③의 존재에 대해서는 1446년(세종28) 판중추원사 이순몽이 그의 상서 속에서 "신이 듣기를 전조(고려) 때에 왜구가 흥행하여 백성이 의지하지 못하였다. 그러나 그들 중에 왜인은 불과 1, 2에 지나지 않고, 본국(고려)의 백성이 왜복을 가장하여 입고 무리를 지어 난을 일으키고 있다"고 기록하고 있는 것이 주목된다. 왜구 중에서 일본인은 10~20%에 지나지 않았다는 것이다. 고려인으로 왜구와 연합했던 것인 수척水尺·화척禾尺·양수척揚水尺·재인才人 등으로 불려진 천민으로 토지제도 문란의 희생이 되어 도망 다닐 수밖에 없었던 농민과 하급관료 등이다. 수척은 소와 말의 도살과 가죽 가공, 유기 제작 등에 종사하는 집단, 재인은 가면 연극 집단으로 부녀자를 함께 동반하여 행동하고, 일반 고려인으로부터는 이민족으로 취급되어 전통적으로 멸시되고 있었다. 일본인·고려인의 연합이 집단을 거대화하여 인원·마필·선박 등의 보급을 용이하게 하여 내륙 오지로의 침투를 가능하게 했던 것이다.

라고 하여, 현재 한일 간에 문제가 되고 있는 왜구구성에 관해 일본인만의 경우, 일본인과 고려·조선인의 연합, 고려·조선인만으로 구성된 사례를 설명하였다.

일본사개설서인《상설일본사연구》에서는,

> 〈동아시아와의 교역〉 이 무렵 왜구라고 불리는 일본인을 중심으로 한 해적 집단이 맹성을 떨치고 있었다. 왜구의 중요한 근거지는 쓰시마·이키·히젠 마쓰우라 지방 등으로 규모는 2~3척의 선박으로부터 수백 척에 이르는 것까지 여러 가지였다. 왜구는 조선반도, 중국연안을 돌아다니며 사람들을 포로로 하며 약탈을 행했다. 곤란을 받고 있던 고려는 일본에 사자를 보내 왜구의 금지를 요구했는데 당시 구주지방은 전란 속에 있었기 때문에 이들에 대한 금지는 성과를 거두지 못했다. 이 14세기 왜구를 전기왜구라고 부르는데 그 주요한 침략의 대상은 조선반도로서 기록에 명시하고 있는 것만도 400건에 이르는 습격이 있었다. 고려가 쇠망한 하나의 원인은 왜구에 있었다고 생각된다.

라고 하여, 전기왜구를 일본인을 중심으로 한 해적집단으로 기술하였다. 그 중요한 근거지는 쓰시마·이키·히젠 마쓰우라 지방 등으로 규모는 2~3척의 선박으로부터 수백 척에 이르는 것까지 여러 가지였다고 기술하였다. 그리고 조선반도를 400회 이상 습격하였고, 그것이 고려 쇠망의 원인이 되었다고 하였다.

그러나《개론 일본역사》에서는,

> 〈왜구〉 왜구란 중국의 해금정책에서 형성된 동아시아의 사무역, <u>해적집단으로 민족, 국경을 초월하여 연합하고 있었다</u>. 14세기 후반 이래 이들 집단이 사람과 물건과 기술 교류의 주역이 되어갔다. 1350년 이후 조선반도에서 활발화 한 <u>왜구는 쓰시마·이키나 북부 규슈를 거점으로 한 일본인이나 조선인을 주력으</u>

로 하였다. 그 후 15세기 초에 걸쳐서 조선반도, 산동반도 등을 중심으로 사무역이나 약탈행위들을 행하고 있었다.

라고 하여, 왜구를 민족이나 국경을 초월하여 연합한 세력으로 보고, 1350년 이후 조선반도에서 활발화 한 왜구는 쓰시마・이키・북규슈를 거점으로 한 일본인이나 조선인을 주력으로 하였다고 기술하였다.

다음 고등학교 교과서인 《일본사B》(동경서적)에는,

〈왜구의 활동〉 일송무역이 단절된 후, 일본은 어느 나라와도 정식의 국교는 맺지 않았지만, 일본・원・고려의 상인이나 선승들은 상호 간에 왕래하면서 활발한 문물의 교류를 계속하였다. 또 쓰시마・이키・마쓰우라반도의 주민들도 조선반도나 중국 연해안지역에 왕래하면서 조선반도 남부나 제주도의 주민과 함께 통상을 행하였다. 그러나 거듭된 원의 침공에 의해서 고려의 경찰권력이 약해지면서, 그들의 활동은 폭력적이 되어, 고려의 내륙부까지 침입하여 식량을 약탈해간다던지, 주민을 잡아 일본에 끌고 가게끔 되었다. 고려에서는 이들은 왜구(전기왜구)라고 부르며 두려워하였고, 일본에 여러 차례 금압을 요청하였지만, 내란상태에 있던 일본 측은 여기에 대응할 뜻이 없었다.

라고 기술하였는데, 매우 우회적인 표현을 하고 있지만, 조선남부나 제주도의 주민이 왜구에 포함되어 있음을 기술하고 있다.

《신일본사》(산천출판사)에는,

〈감합무역과 왜구〉 14세기 후반부터, 중국・조선의 연해지역에서는 왜구(주1)가 맹위를 떨치고, 식량과 사람의 약탈에 의한 피해가 극심했다. 이러한 상황 하에서, 대륙에서는 원이 쇠약해지는 혼란속에서 1368년, 주원장에 의해 한민족의 왕조인 명이 건국되었다.

주1) 왜구란 일조간의 해역, 즉 일본의 쓰시마·이키·마쓰우라 지방이나 조선의 제주도 등에 거주하는 해민을 포함하여, 조선반도·명의 연안부에서 국경을 초월하여 활동한 집단이다.

라고 하여, 일본의 쓰시마·일기·송포지방의 일본인과 제주도 해민^{海民}이 포함된 해적집단으로 기술하였다.

일본에서 채택률이 가장 높은 중학교 교과서인 《새로운 사회 역사》(동경서적)에는,

〈동아시아의 변동〉

이 무렵 중국에서는 한민족이 명을 건국하고, 몽골민족을 북으로 내 몰았다. 명은 대륙연안을 습격하는 왜의 단속을 일본에 구했다. 이 무렵 서국^{西國}의 무사나 상인·어민 가운데에 집단을 만들어 무역을 강요하며 해적행위를 행하는 자가 있었는데 왜구(주1)라고 불려졌다. 요시미쓰는 왜구를 금하고 정식의 무역선에 명으로부터 받은 감합이라는 증명서를 써서 일명무역(감합무역)을 시작했다.

주1) 왜구 속에는 일본인 이외의 사람도 많이 있었다.

라고 하여, 왜구를 서국의 무사나 상·어민 가운데 해적행위를 한 집단으로 기술하였다. 그런데 주를 달아서 왜구 속에는 일본인 이외의 사람도 많이 있었다고 하였다.

한편 현재 한일 간에 가장 심각하게 문제가 되고 있는 후소샤의 《새로운 역사교과서》에는,

〈감합무역과 왜구〉

14세기 후반, 중국에서는 한민족의 반란에 의해서, 원이 북방으로 추방되고, 명이 건국되었다. 명은 일본에 왜구 단속을 청해 왔다. 왜구란 이즈음 조선반도

나 중국의 연안에 출몰하였던 해적집단이다. <u>그들은 일본인 외에 조선인도 많이 포함되어 있었다.</u>

고 하여, 왜구구성에 일본인외에 조선인이 많이 포함되어있다고 구체적으로 기술했다.

　이상의 내용을 통하여 볼 때, 현재 일본의 사전·개설서·중고교 교과서에서는 고려말 조선초기에 한반도와 산동반도 등에서 약탈하던 왜구를 해적집단으로 성격을 규정하고 있다. 그 구성원에 대해 사전에서는 "쓰시마·이키·북부 규슈의 일본인을 중심으로 했고, 화척·재인이라고 불리는 조선반도의 천민 등과 근년에는 제주도민까지도 주목하고 있다"던가, "일본인만의 경우, 일본인과 고려인·조선인과의 연합한 경우, 고려·조선인만의 경우"를 설정하여 기술하였다. 또한 개설서에서는 "일본인을 중심으로 한 해적 집단"이나 "쓰시마·이키나 북부 규슈를 거점으로 한 일본인이나 조선인을 주력으로 했다"고 기술하였다. 고교교과서에는 "조선반도 남부나 제주도의 주민" 또는 "쓰시마·이키·마쓰우라 지방이나 조선의 제주도 등에 거주하는 해민"으로 기술하였다. 중학교 교과서에는 "일본인 외에 조선인도 많이 포함되어 있었다"던가 "왜구 속에는 일본인 이외의 사람도 많이 있었다"고 기술하였다. 결국 역사서 전부가 왜구 구성원을 일본인 외에 고려인·조선인 또는 제주도 해민을 포함하여 기술하였다.

2. 왜구관련 기술의 비판

1) <고려·조선인>설의 비판

왜구 구성에 조선인을 포함시킨 서술은 학설사적으로 볼 때, 다나카 다케오(田中健夫)와 다카하시 기미아키(高橋公明)의 주장이 반영된 것이다. 다나카는 '14·15세기의 왜구'에 대해서, "1350년 이후의 습격 회수와 규모가 급격하게 증가한 이 시기의 왜구를 일본인만의 해적 집단으로 생각하는 것에는 무리가 있다"고 한 다음,《고려사절요》의 화척·재인에 관한 기사를 들어, 고려 측의 천민과 일반 농민을 왜구 주력으로 지목하고, 이것을 보강하는 논거로 고려의 토지제도와 신분질서의 혼란을 들었다. 나아가《조선왕조실록》의〈이순몽상서李順蒙上書〉를 예로 들어 "왜구의 주체는 왜인의 복장을 한 고려인으로 일본인은 10~20%에 지나지 않았다"고 하는 소위 '왜구=고려·조선인 주체설'을 주장하였다.[1] 또한 다카하시는 수적水賊, 구체적으로는 제주도 해민에 대한《조선왕조실록》을 근거로 그들이 왜인과 밀접한 교류가 있었다는 것을 주장하면서, 제주도에 대량의 말이 있었다는 것에 주목하여 왜구와 제주도 해민의 관련성을 제기하였다.[2]

이러한 주장은 1990년대 이후 발행된 사전과 개론서에 반영이 되었고, 이것이 그대로 중고교 교과서에 기술되었다. 그러나 이러한 주장은 이미 많은 학자들에 의해 부정되고 있다. 예를 들면 일본에서는 무라이(村井章介)·하시모토(橋本 雄)·사에키(佐伯弘次) 등, 한국에서는 이영·남기학·김보한·손승철 등에 의해 비판을 받고 있다.[3]

---

1) 田中健夫, 1987〈倭寇と東アジア交流圈〉, 朝尾·網野 외 編,《日本の社会史1 列島内外の交通と国家》(岩波書店)
2) 高橋公明, 1987〈中世東アジア海域における海民と交流〉《名古屋大学文学部研究論集》史学33
3) 浜中昇, 1996〈高麗末期倭寇集団の民族構成-近年の倭寇研究に寄せて-〉《歴史学研究》685 ; 村井章介, 1997〈倭寇の他民族性をめぐって〉, 大隅和雄·村井章介 編,《中世後期における東アジアの国際關係》(山川出版社) ; 佐伯弘次, 2010〈14-15세기 동아시아의 해역세계와 일한관계〉《제2기 한일역사공동연구보고서》일본편 ; 李領, 1999《倭寇と日朝關係史》제4장, 5장 (東京大學出版會) ; 이영, 2005〈왜구의 주체〉《왜구·위사문제와 한일관계》(경인문화사) ; 南基鶴, 2003〈중세 고려, 일본 관계의 쟁점·몽골의 일본 침략과 왜구〉《일본역사연구》17 (일본사학회) ; 金普漢, 2005〈중세 여·일 관계와 왜구의 발생원인〉《왜구·위사 문제와 한일 관계》(경인문화사) ; 손승철, 2009〈「일본인의 역사교과서」(自由社)의 근세 한국사 관련서술과 日本近世史像〉

여기서는 필자의 의견을 중심으로 살펴보자. 우선 고려인설을 보면, ≪고려사≫에는 682건, ≪고려사절요≫에는 583건, 총 1,265건의 왜구 및 일본관련 사료가 수록되어 있다. 그런데 그 가운데 '고려인설'의 근거로 제시하는 고려 천민에 관계되는 사료는 단 3건이다. 그 예를 보면,

사료1 (1382년 4월, ≪고려사절요≫ 31, 신우 8년 4월)
양수척의 무리들이 떼를 지어 왜적 행세를 하며 영월군을 침범하여 관사와 민가를 불태우니, 판밀직 임성미 등을 보내어 쫓아 잡아서 남녀 50여명과 말 2백여 필을 노획하였다.

사료2 (1383년 6월, ≪고려사절요≫ 32, 신우 9년 6월)
교주·강릉도 수척·재인이 가짜 왜적이 되어 평창·원주·영주·순흥 등지를 약탈하니, 원수 김립견과 체찰사 최공철이 50여 명을 잡아 죽이고, 그 처자를 각 고을에 나누어 귀양 보냈다.

사료3 (1388년 8월, ≪고려사절요≫ 33, 신우 14년 8월)
수척과 재인은 밭 갈고 씨 뿌리는 것을 일삼지 않고, 앉아서 백성의 곡식을 먹으며, 일정한 산업도 없고, 일정한 마음도 없으므로 서로 산골에 모여서 왜적이라 사칭하는데, 그 형세가 무시할 수 없으니 일찍 도모하지 않을 수 없습니다.

이상의 사료를 볼 때, 고려 천민이 왜구화 하여 약탈을 감행한 것은 사료1과 사료2의 2건뿐이다. 또한 이들이 출몰한 때는 1382년과 83년 2차례뿐이며, 그 지역도 강원도 영월을 중심으로 한 깊은 산속이다. 뿐만 아니라 이들이 출몰한 직후 모두 토벌을 감행하였다. 물론 사료3의 기사가 1388년

《한일관계사연구》 33

이므로 천민의 가왜활동假倭活動이 계속될 수도 있겠으나, 실제로 1383년 6월 이후 가왜의 출현은 없었다.

물론 이 사료만으로 보더라도 고려천민의 가왜활동을 부정할 수는 없다. 그러나 가왜활동은 아주 일시적이었으며, 강원도 산속 영월지역 근처에 한정되었던 점을 생각하면 이들의 가왜활동을 일반화시켜 왜구의 주체나 구성에 포함시키는 것은 재고해 보아야 할 일이라고 생각한다.

또한 〈조선인설〉도 1443년 계해약조 이후 조일 간에 각종의 통교체제가 정비된 이후인 1446년에 판중추부사였던 이순몽의 상소문에 근거한 주장으로 그 사실성이 의심되는 사료이다. 이순몽은 상소문에서,

"신이 삼가 보옵건대, 국가의 성교가 먼 곳까지 퍼져서 변경에 근심이 없으며, 인민이 번식하고 호구가 많은데도 군액이 증가되지 않는 것은, 그 백성이 안정된 뜻이 없어서 부역을 도피하는 사람이 많기 때문입니다. 그 중에도 공천과 사천이 다른 도로 도망해 옮겨 가서 스스로 양반이라 속이고는 문벌이 있는 집과 혼인하여 자식을 낳은 뒤에 잡혀 와서 도로 천인이 된 사람까지 있게 되니, 그것이 상도에 어긋남이 매우 많습니다. 신이 듣자옵건대, 고려 왕조의 말기에 왜구가 흥행하여 백성들이 살 수가 없게 되었습니다. 그러나 그간의 왜인들은 1, 2명에 지나지 않았는데도, 본국의 백성들이 거짓으로 왜인의 의복을 입고서 당을 만들어 난을 일으켰으니, 이것도 또한 감계되는 일입니다. …"(≪세종실록≫ 28년 10월 임술)

라고 하였다. 즉 군액을 증가시키기 위한 상소문 중에서 왜구에 대한 언급이었는데, 이 내용을 가지고, '조선인설'의 근거로 제시하고 있는 것이다. 물론 고려말의 가왜를 염두에 둔 주장이겠지만, 1392년 7월 조선왕조 건국 후부터 이순몽의 상소문이 있는 1446년 10월까지 왜구 및 일본 관련 기사가 2,897건인데, 단 1건의 기사이다. 이 1건의 기사를 가지고, 그것도 전

문에 의한 내용을 근거로 조선인을 왜구의 주력으로 기술하는 것은 대단히 비논리적이고 합리적이지 못한 무리한 주장이 아닐까.[4]

2) <제주도 해민>설의 비판

'제주도 해민설'의 핵심내용은, ①제주도의 고려본토에 대한 '이질성과 독립성', ②왜구가 동원한 대량의 마필에 제주목의 말이 많이 섞여 있을 것이라는 설, ③1439년 전 제주도안무사 한승순의 전문내용에 "정의현 동쪽의 우봉, 대정현 서쪽의 죽도에 옛날부터 왜선이 몰래 정박한다"는 기록, ④≪성종실록≫ 13년(1482) 윤 8월 12일 "제주의 백성들이 연해 여러 고을에 떠돌아 다니며 숨어살고 있으나, 이미 호적에 올려 있지 아니하고 또 금함이 없어서 출입을 자유로이 하여 간혹 왜인의 말을 배우고 왜인의 의복을 입고서 해도를 왕래하며 몰래 표절을 자행하니, 그 조짐이 염려 된다"는 기록이 근거가 된다.

이 근거들에 대해서는 이미 여러 논문에서 반론 내지는 부정적인 견해를 제시하였다. 그러나 무엇보다도 이들 설의 근거가 한국사에 대한 부족한 지식과 검증되지 않은 추상적인 가설을 내세운 것이며, 논리적이고 합리적이지 못하다는 점이다.

예를 들면 ①제주도의 고려본토에 대한 '이질성과 독립성'은 제주도 역사에 대한 역사지식의 부족에서 기인한 것이다. 제주도는 여러 연구에 의해 12세기까지는 고려로부터 반독립적인 지위를 가지고 있었으나 1105년 탐라군이 설치되어 직접 지배영토가 되었다. 13세기 중엽이후 원元의 직할

---

4) 이순몽의 상소문에 의한 왜구의 8~9할이 조선인이었다는 설에 대해서는 李領, 1996 〈고려말기의 왜구구성원에 관한 고찰〉 ≪한일관계사연구≫ 5, 43~47 참조. 그는 ① 상소문의 주 내용이 호패법에 관한 것이며, 왜구에 관해서는 단지 전문(傳聞)을 인용했다는 점, ② 왜복(倭服)의 주체는 새로운 백정들의 모습이라는 점, ③ 이순몽이 개인적으로 신뢰할 수 없는 인물이라는 점 등을 들어 부정하였다.

지가 되었다가 원의 지배를 벗어나는 공민왕 초기인 1356년(공민왕 5)부터 약 20년간 제주도에서는 여러 차례 반란이 있었지만, 1374년 완전히 토벌되어 고려의 중앙에서 통제가 가능하였다. 1392년에 성립한 조선도 제주도에 대해 토착세력의 회유나 국가기구에의 편입 및 지배제도의 관철을 유지하였다.

② '왜구집단이 동원한 대량의 마필에는 제주목의 말이 많이 섞여 있을 것이라는 설'도 가설에 불과한 하나의 상상이다. 만약 상상하는 것처럼 왜구가 제주도의 많은 말을 동원했다고 할 경우, 제주도인의 조직적인 참여나 왜구와의 연합이 없이는 불가능 할 것이다. 한일 양국의 어디에서도 이와 관련된 사료는 등장하지 않았다.

③의 사료도 마을의 옛날 노인에게서 전해들은 이야기이며, 또 내용도 "옛날에 왜선이 와서 몰래 정박하였다"는 것이다. 왜구의 근거지라는 내용이 아니다. 그러나 '제주도 해민설'에서는 이 기사를 가지고 제주도에 왜구의 근거지가 있었으며, 왜구와 제주도민이 협력관계에 있었다고 추정하였다.

④의 기사는 '제주도인에 의한 해적행위'에 관련된 사료로, "제주도인이 왜인의 언어, 의복을 입고 해도를 왕래하며 몰래 약탈을 행한다"는 내용이다.

≪조선왕조실록≫에 의하면, 전남의 순천 일대에서의 해적행위는 1471년(성종 2)의 기사에 처음 등장한다.

"(왕이) 전라도수군절도사 이돈인에게 유시하기를, "이제 듣건대, 순천·홍양·낙안의 여러 섬 가운데에 8, 9인이 무리를 지어, 밤이면 왜복을 입고 배를 타고 바다에 들어가 사람을 겁탈한다든가 혹은 하륙하여 도둑질을 하되, 낮이면 그 옷을 숨기고 평민의 것처럼 한다고 하며 …"(≪성종실록≫ 2년 12월 임오)

"… 또 들으니, 낙안장교 김배와 순천에 거주하는 사노 배영달·옥산·박장명 등 30여 인이 작당하여 네 척의 배를 타고 궁시를 가지고서 혹 왜인이라 속이고, 혹은 제주인이라 하며, 여러 섬에 정박하여 해산물을 채취하는 사람을 겁탈하고, 또 변방 고을에서 방화하여 도둑질을 한다 하니, 경 등은 힘써 기묘한 계책을 내어 포획하여 아뢰되, 너무 번거롭고 떠들썩하게 하는 것은 옳지 못하니 힘써 비밀로 하라."(≪성종실록≫ 3년 2월 갑오)

그러나 이들의 소탕이 쉽게 이루어지지 않자, 조정에서는 원상회의를 하여 대대적인 토벌을 계획하고, 경상도·전라도의 감사·병사·수사로 하여금 같이 의논해 가지고 다방면으로 계책을 설정하여 끝까지 찾아서 잡도록 하였다. 그 결과 이들이 왜구가 아니라 조선인으로 밝혀졌다. 그러나 이들이 제주도인이라는 지적은 나와 있지 않다.

그런데 1477년에 이르면, 경남 사천·고성·진주지방에 두독야豆禿也라고 칭하는 제주인이 등장한다.

"경상도 관찰사와 좌·우도 병마절도사, 수군절도사에게 유시하기를,
'지금 어느 사람이 와서 말하기를, '도내의 사천과 고성·진주 지방에, 〈제주의 두독야〉라고만 이름을 칭하는 사람이, 처음에는 2, 3척의 배를 가지고 출래하더니, 이제는 변하여 32척이 되었다. 강기슭에 의지하여 집을 지었는데, 의복은 왜인과 같으나, 언어는 왜말도 아니고 한어도 아니며, 선체는 왜인의 배보다 더욱 견실하고, 빠르기는 이보다 지나친다. 항상 고기를 낚고 미역을 따는 것으로 업을 삼았다. 그렇기 때문에 군현에서도 역을 부과하지 못했고, 근처에 사는 백성들이 모두 생각하기를, 우리나라 사람을 약탈하는 자가 이 무리들인지 의심스럽다.'고 하였다. 그러나 이 말을 다 믿을 수는 없더라도, 또한 허망하다고 이를 수도 없다. 지금 쇄출하려고 하는데, 급히 하면, 저들 무리가 모두 움직여 바다 가운데로 도망해 들어가서, 변이 장차 예측할 수 없을까 염려되니, 이것을 염려하지 않을 수 없다. 경은 그것을 수령과 만호에게 유시하여, 서서히 불러 모아 안심시켜서, 그들이 거주하는 것을 편안하게 하고, 그 출입을 엄중하게 하되, 역시 놀라고 소요함이 없게 하라'고 하였다."(≪성종실록≫ 8년 8월 기해)

그리고 1482년의 기사에는

"지평 이의형이 아뢰기를, '제주의 떠돌아다니는 백성들이 진주와 사천 지방에 많이 우거하면서 호적에 〈이름을〉 등재하지 아니하고, 해중에 출몰하며 왜인의 말을 배우고 의복을 입고서, 해물을 채취하는 백성들을 침략하니, 청컨대 추쇄하여 본고장으로 돌려보내소서' 하니, 임금이 좌우에게 물었다."(≪성종실록≫ 13년, 윤 8월 무인)

고 한 사료를 보면, 1470년대에서 80년대에 제주도 유민이 경상도 연해에서 왜복을 입고, 왜어를 써 가면서 연해민들을 상대로 약탈행위를 행하고 있음을 알 수 있다. 그리하여 조정에서도 이들에 대한 철저한 수색과 포획을 경상도와 전라도 관찰사에게 명령하였다.

이상에서 본 바와 같이 1470년대 이후 1480년대 중반에 이르는 시기에 일부 제주도인이 경상·전라해안에서 연해민을 상대로 약탈행위를 했던 것은 사실이다. 그러나 이 사실만 가지고 왜구의 구성에 제주도 해민을 포함시킨다는 것은 수긍하기가 어렵다. 왜냐하면 우선 이들의 활동시기가 이미 소위 전기왜구의 활동기를 훨씬 벗어나 있고, 이들은 왜구와는 전혀 관련 없는 해적행위를 했던 것이다. 조선에서는 이들을 '수적水賊'이라는 고유명사로 왜구와는 별도로 인식했던 것이며, 일시적으로 남해안 지역에 출몰했던 단순한 해적집단이었다. 이러한 내용을 근거하여 제주도해민을 왜구의 세력 내지는 구성에 포함시키는 것이 과연 타당한 것인지 재고해 볼 사항이다.

3. 통교관련 기술

15세기 초반부터 이루어지기 시작한 조선과 일본의 통교관계에 대하여, 《일본사사전》과 《대외관계사사전》에는 별도의 항목으로 기술하지 않았다.

그러나 개설서인 《상설일본사연구》에는,

〈동아시아와의 무역〉 조선반도에서는 1392년 왜구를 격퇴하여 명성을 얻은 무장 이성계(1335~1408)가 고려를 무너뜨리고, 조선을 건국하였다. 조선도 명과 마찬가지로 통교와 왜구의 금지를 일본에 구하여 왔다. 막부는 곧바로 이에 응해서 일조무역이 시작되었다. 1419년(응영 26) 조선은 200척의 병선과 1만 7천인의 군병으로 쓰시마를 습격하였다. 이것을 응영의 외구外寇라고 하는데, 조선의 목적은 어디까지나 왜구의 격멸이었기 때문에 무역은 일시적으로 중단되었고, 후에 계속되게끔 되었다.

고 하여, 조선이 명과 마찬가지로 통교와 왜구의 금지를 일본에 구하여 왔고, 막부가 곧바로 이에 응해서 일조무역이 시작되었다고 기술하였다.

한편, 《개론일본역사》에는,

〈조선과의 통교〉 이씨조선은 일본과의 통교를 위해 왜구의 단속을 구하였다. 14세기말에 왜구의 단속을 요구했던 조선은 일본과의 통교무역을 제한적으로 허가하였다. 그리고 이들 교역을 관리 통제하는 역할을 쓰시마의 소씨(宗氏)에게 주었다. 1419년 조선은 왜구의 근거지인 쓰시마를 습격하는 사건이 있었지만, 16세기 후반에 이르면 조선에의 통교권은 거의 소씨가 독점하게 되었다. 무역품은 일본에서는 동·소목·유황·칠기 등이 수출되고, 조선으로부터 목면·

대장경·불구 등이 수입되었다.

고 하여, 조선에서 일본과 통교를 하기 위해 왜구의 단속을 요청한 것처럼 기술하였다. 그러나 그 후의 문장을 보면, 조선에서 일본과의 통교무역을 제한적으로 허가하였고, 또 소씨에게 무역을 통제하는 권한을 주었다고 기술하여 무역의 주도권은 조선이 가지고 있는 것으로 기술하였다.

고교교과서 《일본사B》(동경서적)에는,

〈조선의 성립과 일조무역〉 조선반도에서는 1392년(응영 원) 왜구의 격퇴에 공적이 있었던 이성계가 고려국왕을 퇴위시키고, 자신이 왕이 되어 조선왕조(이조)를 시작하였다. 조선도 고려와 마찬가지로, 일본에 왜구의 금압을 구하여 왔기 때문에, 막부는 구주탐제 이마가와 료슌(今川了俊)에게 명하여, 왜구에게 붙잡혀 온 조선인을 송환시켰다. 1400(응영7)년 료슌이 해임된 후, 대내씨에게 단속시켰다. 조선은 무역의 상대를 국가에 한정시키지 않았기 때문에, 일본으로부터는 막부만이 아니라, 오우치씨를 비롯하여, 서국의 수호, 북규슈나 세토내해의 중소무사, 하카다(博多)의 상인등도 조선과 무역이 가능하였고, 이 때의 통교증으로 통신부가 쓰였다. 15세기 초에는 통교자가 쇄도하였기 때문에, 대응하기 어려웠던 조선은 통교자에게는 쓰시마 소씨가 발행한 도항증명서(문인)의 휴대를 의무화시켰다. 교역지도 내이포(제포)·부산포(부산)·염포(울산)의 삼포에 한정시켰다. 그 후, 일조무역은 16세기 초에 이르기까지 활발하게 계속되었는데, 1510(영정7)년 삼포에 사는 일본인 거류민에의 통제강화에 반발하여 일어난 폭동(삼포의 난)을 계기로 쇠퇴해갔다.

라고 하여, 왜구의 금압과 통교문제를 분리하여 기술하였고, 조선에서 쓰시마 소씨를 통하여 조일통교를 통제해 가는 과정을 사실적으로 기술하였다.

한편 《신일본사》(산천출판사)에는,

〈조선과의 통교〉 한편, 조선반도에서는 왜구의 피해가 명明보다 컸고, 왜구 토벌에서 이름을 얻은 이성계가 1392년에 조선을 세웠다. 15세기 초에 이씨조선은 왜구의 심각한 피해를 받게 되었다. 왜구 대책의 하나는 무력제압이었고, 1419년(응영26)에는 이씨조선의 군대가 쓰시마를 습격하여, 왜구의 근거지에 직접타격을 주게 되었다(응영의 외구). 그리고 또 하나의 대책이 외교적인 노력으로, 조선 측은 고려말경부터 막부에게만 왜구의 단속을 요청한 것이 아니어서, 왜구의 일본 측 근거지에 영향력을 행사할 수 있는 서국대명이나 무사들을 통하여 왜구억압을 시도하였다. 그 때문에 다양한 일본 측 통교자를 인정하게 되었고, 일본으로부터 조선에 대하여, 장군을 비롯하여 관령이나 오우치(大內)·오토모(大友)·소씨(宗氏) 등의 수호, 쓰시마·이키·마쓰우라 지방의 무사들, 상인이나 승려 등 다양한 사람들이 조공(주1)이라는 형태로 통교했다.

주1) 조공이란 이족夷族이 국왕에게 토지의 산물을 공물로 바치는 대가로, 회사 즉 돌려주는 것을 받는 관계로, 명의 감합무역과 마찬가지로, 공물 이상의 회사가 이루어졌기 때문에, 통교자의 이익은 컸다.

라고 하여, 이씨조선이라는 폄하된 용어를 쓰고 있지만, 조선왕조의 왜구 금압 및 대책에 관하여 비교적 사실적으로 기술하였다. 특히 당시 조일통교의 형태가 왜구가 단절된 이후, 일본 측에서 경제적 요구를 충족시키기 위한 조공무역의 형식을 갖추고 있음을 기술했다는 점에서 주목할 만하다.

그러나 고등학교 교과서의 이러한 기술 경향과는 달리, 중학교 교과서에는 매우 소략하면서도 모호하게 기술하였다.

《새로운 사회 역사》(동경서적)에는,

〈동아시아의 변동〉 ··· 조선반도에서는 고려가 멸망하고, 대신하여 조선국이 세워졌다. 조선말을 글로 표현한 한글이라는 문자가 만들어졌고, 일본과의 무역도 열리게 되었다.

라고 하여, 단순하게 "열리게 되었다"고만 기술하였다.

한편, 교과서 왜곡이 가장 심하다고 거론되는 《새로운 역사교과서》(후소샤)에는,

〈조선과 유구〉 조선반도에서는 14세기에 이성계가 고려를 무너뜨리고, 조선국(이씨조선)을 건국하였다. 조선도 명과 마찬가지로 일본에 왜구의 금지와 통교를 요구해 왔다. 막부가 이에 응한 결과, 일조무역이 시작되었다. 그러나 16세기가 되면 일조 간의 마찰이 일어나 조선과의 무역은 부진하게 되었다.

라고 하여, 조선왕조를 폄하하는 용어인 이씨조선을 괄호 안에 표기하였다. 또 조선이 명과 마찬가지로 일본에 왜구의 금지와 통교를 요구해 왔고, 막부가 이에 응한 결과 일조무역이 시작되었다고 기술하였다.

이상, 일본 역사서에 기술된 조일 통교에 관한 내용을 정리해 보면, 사전류에서는 별도의 항목으로 기술하지 않았다. 그러나 일본사 개설서에서는 "조선이 명과 마찬가지로 통교와 왜구금지를 일본에 구하여 왔고, 막부가 곧바로 이에 응해서 일조무역이 시작되었다"고 한 반면, "조선에서 일본과 통교를 하기 위해 왜구의 단속을 요청한 것처럼 기술하면서, 그 후 조선에서 일본과의 통교무역을 제한적으로 허가했고, 또 소씨에게 무역을 통제하는 권한을 주었다"고 하였다.

한편 고등학교 교과서에는 왜구금압과 통교문제를 분리하여 기술하면서 조선에서 쓰시마 소씨를 통하여 조일통교를 통제해 가는 과정을 사실적으로 기술하기도 하였다. 조일통교의 형태가 일본이 경제적 요구를 충족시키기 위해 조공무역의 형식을 갖추고 있음을 기술했다는 점에서 주목할 만하다.

그러나 중학교 교과서에는 "조선의 건국 후, 일본과의 무역도 열리게 되었다"거나, "조선이 명과 마찬가지로 일본에 왜구의 금지와 통교를 요구해

왔고, 막부가 이에 응한 결과, 일조무역이 시작되었다"고 기술하였다.

결국 이상의 기술을 분석해 보면, 고교 교과서가 사실적으로 기술한 반면, 일반개설서와 중학교 교과서가 통교 사실을 모호하게 기술했거나 왜곡된 기술을 하고 있음을 알 수 있다.

4. 통교관련 기술의 비판

조선은 건국 직후부터 왜구의 금압과 피로인의 송환을 위해 중앙의 막부 정권 및 지방의 중소영주들과 외교교섭을 전개하면서 왜구를 평화적인 통교자로 전환시키기 위한 여러 가지 회유책을 추진하였다. 왜구에 대한 회유책으로는 이들의 침략원인이 기본적으로는 경제적인 데에 있었으므로, 이들에게 교역을 허가해 줌으로써 경제적인 욕구를 충족시켜 왜구를 평화적인 통교자로 전환시켜 간다는 것이었다. 그리하여 평화적으로 통교를 원하여 오는 자는 남해안의 어느 포구에서든지 자유로운 무역을 허락받게 되었고, 《조선왕조실록》에는 이들의 다양한 명칭이 보인다.

왜구가 통교자로 전환된 형태는 크게 세 종류로 나누어 볼 수 있는데, 사송왜인·흥리왜인·투화왜인이 그것이다. 즉 사송왜인使送倭人이란 사자의 명칭을 띠고 도항해 오는 자를 말하며 객왜라고도 하였다. 흥리왜인興利倭人이란 무역을 위해 도항해 오는 자를 말하는데 상왜 또는 판매왜인이라고도 하였다. 그리고 왜구로 연해지방에 침입하였으 종용에 따르는 경우나 왜구는 아니더라도 생활이 어려운 왜인이 바다를 건너 조선에 귀화하는 경우도 있었다. 조선에서는 이들에게 토지나 가옥을 주어 조선에 안주하게 하였는데, 이들을 항왜, 투화왜 또는 향화왜라 불렀다.

일본으로부터 내항하는 통교자를 기미질서에 편입시키기 위한 통제책으로는 도항지의 제한, 즉 포소와 왜관제도, 도항자를 제한하기 위한 행장·도서·서계·문인제도, 근해에서 어로행위를 하는 왜인을 통제하기 위한 조어·수세규정, 사송왜인을 통제하기 위한 상경도로나 접대규정 등이 있었다. 조선에서는 이러한 여러 가지 규정을 제도화해 감으로써 일본으로부터의 모든 통교자를 조선을 중심으로 한 기미질서 속에 편입시켜 정비해 갔다.

도항왜인에 대한 통제는 1407년(태종 7)경 포소의 제한으로부터 시작되었다. 즉 사송왜인이나 흥리왜인의 신분으로 조선에 도항해 온 왜인들은 처음에는 경상도 지방의 연해안을 주로 이용했지만, 점차로 그 지역이 확대되어 전라도 지역은 물론 다른 해안 지역에까지 무질서하게 내왕하게 되었다. 그러자 조선에서는 국방상의 이유와 더불어 흥리왜인의 폐단을 줄이기 위해 1407년부터 경상도 병마절도사 강사덕의 건의에 따라 경상좌도와 우도의 도만호가 거주하고 있는 부산포와 내이포(제포) 두 곳을 왜인들의 도박처로 한정시켜 그 출입과 교역품을 통제하기 시작하였다. 그러나 급작스런 도박처의 제약은 잘 지켜지지 않았고, 또 도항왜인이 급증하자 1418년에는 염포와 가배량 2곳을 늘려 4곳으로 하였다가 1419년 쓰시마정벌에 의해 일시 폐쇄되었다. 그 후 통교가 단절되자 식량과 생활필수품을 조선에 의존하였던 쓰시마의 간청에 의해 1423년 부산포와 내이포 두 곳을 다시 허락하였고, 1426년 염포를 추가함에 따라 삼포제도가 확립되게 되었다.

그리고 이들 포소에는 왜관을 설치하여, 제포 30호·부산포 20호·염포 10호의 항거왜인을 거주케 하면서 도항왜인에 대한 접대와 교역을 허가하였다. 이같은 왜관의 설치목적에 대해 이현종은 왜인들의 간계와 방종한 행동의 금지, 국가기밀을 위한 왜인접촉의 금지, 국방상의 이유, 접대처와 교역처의 역할이었다고 밝혔다. 그리고 사송왜인으로 도항한 왜인에 대하여는 상경인수와 도로, 각종연회 등을 제도화함으로써 규제를 하였다.[5]

---

5) 손승철, 2008《해동제국기의 세계》(경인문화사) 참조.

그러나 포소와 왜관의 설치 및 규제만으로는 도항왜인에 대한 통제가 전부 이루어 질 수 없었다. 그러자 조선에서는 이와 병행해 무질서하게 도항하는 왜인에 대한 보다 적극적이고 효율적인 통제를 위해 도항절차와 증명에 대한 여러 가지 규제를 실시하게 된다.

도항증명과 그 규제형식으로는 서계·행장·도서·문인·상아부·동인·자부 등 여러 가지가 있었다.

서계書契는 통교의 목적을 적은 서신으로 주로 사송왜인이 지참해야 하는 일종의 외교문서이다. 즉 당시 도항자의 목적은 사송왜인이라 하더라도 거의가 교역이었지만 중소영주들이 마음대로 사신을 파견해 오자, 이를 통제하기 위해 구주탐제나 쓰시마 도주의 서신을 휴대하도록 하였다. 그래서 모든 도항인은 사송차 도항한 목적과 용무, 별폭 형식의 서계를 휴대하는 것을 의무화하였으며, 조선의 기미정책에 의해 상국에 파견되는 사송선의 예를 갖추도록 하였다. 따라서 조선과 통교를 원한다고 하더라도 사자를 마음대로 조선에 파견할 수 없었고, 통교를 원하는 경우에는 반드시 구주방면은 구주탐제, 쓰시마 내는 도주인 소씨의 도서가 찍힌 서계를 휴대한 사송선의 형식을 취해야만 하였다.

한편, 흥리왜인에 대하여는 좌우도 도만호가 방어하는 곳(부산포와 내이포)에 와서 정박하도록 하였다. 그러나 여러 섬의 왜에게 두루 알리지 못한 까닭으로 전과 같이 각 포에 흩어져 정착하므로 각 섬의 거수渠首에게 두루 알리고, 행장을 발급해 주어서 그것을 휴대해 도만호가 있는 곳에 와서 정박하도록 함으로써 속이고 위장하는 것을 막도록 하였다. 즉 사송왜인에게는 서계를, 흥리왜인에게는 행장을 휴대하게 함으로써 도항왜인을 효과적으로 통제해 갔던 것이다.

그 후에도 중소영주들이 사송선의 명목으로 무질서하게 도항해 오자, 이후로는 일본국왕·쓰시마 도주·오우치(大內)·쇼니(小貳)·구주탐제 등 10곳의 사자 이외에는 도항을 허가하지 않도록 하고, 이 내용을 쓰시마 도주로 하여금 각처에 통보하게 하였다. 이 경우 중간 통제자였던 구주탐제나 쓰시마 도주는 그들의 위치를 이용해 상당한 이익을 취하기도 하였다.

그러나 1418년 쓰시마 도주 소 사다시게(宗貞茂)의 죽음은 쓰시마의 내분을 야기시켜 다시 왜구의 창궐을 몰고 왔다. 그리하여 기근에 의해 생활이 궁핍해진 쓰시마민은 다시 왜구가 되어 이듬해 5월 왜선 50여척으로 충청도 비인현을 침입해 병선을 불태우고 노략질을 하였다. 이어 황해도 연평도에 재차 침입한 후 요동반도로 향하였다. 이에 태종은 쓰시마를 정벌하기로 하고, 도체찰사 이종무로 하여금 병선 227척에 병 17,285명과 65일분의 식량을 싣고 쓰시마를 공격하도록 하였다. 이종무의 정벌군은 1419년 6월 20일 쓰시마의 아소만을 공격한 후, 왜구의 소굴이라고 생각되는 각지를 공격하였다. 그러나 당시 왜구의 주력은 조선을 거쳐 요동지방을 노략질하고 있었으므로 쓰시마에 없었다. 또 곧 태풍이 예상되어 더 이상의 제재를 중단하고 쓰시마 도주를 책망한 후, 7월 3일 거제도로 귀환하였다. 따라서 쓰시마정벌은 당초의 목적을 충분히 이룰 수는 없었다. 그러나 왜구에 대한 직접적인 무력행사를 과시함으로써 소정의 목적은 달성했다고 보겠다. 더구나 이후 조선과의 교역이 단절된 쓰시마는 조선의 요구에 순응해 옴으로써, 세종조의 각종 통제책의 확립을 가능하게 했다.

1419년 쓰시마정벌 이후, 교역이 단절되어 생존의 위협을 느낀 쓰시마로부터 교역재개가 요청되자, 조선에서는 쓰시마 도주의 정치적 입장을 옹호하면서, 그 지위를 이용해 대일 통교체제의 일원화를 꾀했다. 즉 교역이 단절되자 쓰시마 도주는 쓰시마를 조선에 귀속시키겠다고 하면서 조선의 명에 따르겠다는 서계를 보내왔다. 이를 계기로 조선의 통제책은 효과를 올리는 한편, 도주는 도내 지배권을 강화하게 되었다. 이로써 1420년부터는 쓰시마 도주의 서계가 없이는 사송선으로의 도항이 어려워졌다.

다음에 통교자에게 동으로 도장을 만들어 주어, 휴대한 서계에 찍게 함으로써 통교자의 왕래를 제한하는 도서제(圖書制)가 있다. 이것은 통교자가 조선의 예조에 실명을 새긴 도장을 새겨줄 것을 요청해 받은 다음, 조선에 보내는 서계에 찍어 신분을 확인하는 제도이다. 기록에 의하면 1418년 미작태수美作太守가 요청해 만들어 준 것이 처음이다. 그 후에도 구주탐제 및 휘하의 세력자, 쓰시마의 유력자, 이키의 세력가 등에게 만들어 주었다. 모두 일본쪽의 요청에 의해서 만들어 주었고, 이들을 수도서인受圖書人이라고 하였다. 조선에서는 이 제도를 통해 도항자의 신분을 확인하고 그에 따라 접대를 하였다.

그리고 쓰시마 도주가 발행하는 문인제文引制가 있다. 이것은 쓰시마 도주 소 사다모리(宗貞盛)이 1426년 일본의 각처에서 잡인이 횡행하기 때문에, 일본으로부터의 사송선 및 흥리왜인은 모두 자신의 노인(일종의 도항증명서)을 지급할 것이므로, 금후 이것을 지참하지 않은 자는 접대하지 않도록 해 달라는 것이었다. 당시 곧바로 이것이 시행되지는 않았고, 1436년 조선의 포소에 거주하고 있던 왜인이 쓰시마의 도항자로 가장해 조선으로부터 체재비 등을 지급받은 사실이 폭로되자, 1438년 경차관 이예를 쓰시마에 파견해 일본으로부터 도항하는 모든 사송선에 대하여는 쓰시마 도주로 하여금 선박의 대소·사자·선부의 숫자를 적은 문인이 없으면 접대하지 않기로 약조하면서 시행되었다.

이로써 쓰시마 도주의 조선과의 통교특권이 확립되었으며, 쓰시마 내의 수도서인의 통제까지 가능하게 되었다. 그리하여 1440년대부터는 문인제도가 조일양국의 통교에서 가장 중요한 기능을 발휘하게 되었다. 쓰시마 도주는 문인발행권을 통해 일본측의 대조선통교권을 장악하게 되었고, 동시에 문인을 발행할 때도 그에 대한 수수료를 받았으며, 교역물품에 대해서도 과세를 부과해 경제적으로도 이익을 도모하였다. 이와 같이 문인제도는 조선의 입장에서 볼 때도 효과적인 통제책이 되었을 뿐만 아니라, 쓰시마로서도 대조선 통교권을 장악하는데 큰 역할을 하였다.

한편 문인제도와 관련해 조선의 근해에서 고기를 잡는 왜인에 대한 통제책도 아울러 문제가 되었다. 조어요청에 대한 최초의 기록은 1430년에 보이는데, 그것이 정식으로 허가된 것은 1441년에 이르러서 전라도 남해의 고도와 초도에서의 고기잡이를 허용한 것이 처음이다.

그 절차를 보면 왜인으로서 고기잡이를 원하는 경우, 먼저 쓰시마 도주가 발행하는 문인을 받아 지세포(거제도)에 설치된 조선 관아에 그 문인을 맡긴 다음 조선에서 발행하는 고·초도 왕래 문인을 교부받은 후, 고기잡이를 한 후 다시 지세포에 돌아와 조선에서 정한 어세魚稅를 낸 다음 쓰시마 도주의 문인을 받아 돌아간다는 것이다. 그리고 조선조에서는 이때 받은 어세로 경상도 관찰사의 처분에 따라 입국왜사의 접대비용에 충당하게 하고, 나머지는 국가비용으로 충당하도록 하였으나, 실제 운영상에서는 많은 문제점이 있었고 또 그대로 지켜지지 않는 경우가 허다했다. 그러나 쓰시마 도주로서는 이 제도를 통해 도내지배를 더욱 강화해 나갔다.

이상 통제책의 몇 가지 내용을 살펴보았다. 그러나 위의 통제책들은 도항자 통제의 1차적인 권한을 쓰시마 도주에 위탁하였기 때문에 그 운영에 한계가 있을 수밖에 없었다. 이에 조선에서는 더욱 적극적인 통제책으로 도항자의 세견선수를 정함으로써 도항회수 및 교역량을 기본적으로 제한하였다. 세견선수의 정약은 1424년에 구주탐제에게 춘추 2회를 허용한 것이 시초이나, 이것이 통제책으로 확립된 것은 1443년 조선과 쓰시마 도주 간에 계해약조를 맺음으로써 비롯된다. 그 주된 내용은 쓰시마로부터의 세견선을 매년 50척으로 한정한다는 것이다. 물론 쓰시마 도주의 입장에서는 지금까지는 마음대로 견사를 해 왔기 때문에 불리한 것이지만, 한편으로 사송선에 대한 권한은 도주가 갖는 것이었기 때문에 도주의 입장에서는 큰 저항 없이 조선 측의 요구를 그대로 받아들였던 것 같다. 그러나 쓰시마내를 비롯한 종래의 수도서인, 수직인들의 반발에 의해 이후 이들과도 세견선 조약을 맺어 《해동제국기》가 완성되는 성종 초기에는 세견선만 년 112~126척에 이르고 있다.

모든 세견선은 도항에서부터 돌아갈 때까지 조선 측에서 정한 제 규정대로 규제를 받아야만 통교를 할 수 있었다. 도항자의 목적은 기본적으로 경제적인 것이었지만, 조선에서는 기본적으로 이들에게 외교적인 절차를 밟도록 하였다. 《해동제국기》의 〈조빙응접기〉에는 이들의 접대기준을 국왕사·거추사·구주절도사 및 쓰시마특송사·제추사 및 쓰시마수직인의 네 등급으로 나누어, 구체적인 응접례가 규정화되어 있는데, 모두 조빙하는 사자로서 응접하도록 하였다. 이러한 점에서 조선전기 대일 통교체제는 세견선 정약이 이루어지는 계해약조에 의해 체계화되기 시작해 《해동제국기》에 이르러 확립되었다고 보아도 무리가 없다. 그리고 이《해동제국기》의 제 규정은 이후 조선후기에 이르러서도 조일 통교체제의 기본골격을 이루게 되었다.

이상의 통교규정을 정비하는 과정을 도표화하면 다음표와 같다.

〈통교규정의 정비〉

통제규정 \ 연내	1400	1410	1420	1430	1440
포소제한		2곳		3곳	
수 직	항화왜인				통교왜인
서 계	(?) ······				
도 서	(?) ······				
통신부					
문인(노인)					
고초도조어금약					
세견선(계해약조)				규슈탐제	쓰시마 도주

결국 조선은 이상과 같은 과정을 통해 통교체제를 정비해 감에 따라 왜구를 평화적인 통교자로 전환시켜 갈 수 있었다. 또 각종의 규정에 의해 그들의 무제한적인 왕래를 구조적인 틀 속에 집어 넣어가면서 체계적으로 통제할 수 있게 되었다. 그리고 모든 도항자는 사송선의 형식을 취하게 하였

고, 각종의 서계나 행장에 외교문서의 형식을 갖추게 하였다. 조선은 그들을 야인이나 류큐사절처럼 상경을 시켜 국왕에게 조례를 하며, 진상과 회사의 형태로 교역을 행하게 하는 등 상국에 조빙하는 응접의 제 규정에 따라 접대하는 형식을 통하게 함으로써, 조선을 상국으로 하는 기미질서에 편입시켜 갔던 것이다.[6]

한편 조선왕조의 왜구대책 및 통교에 관하여, 일본의 《국사대사전》에는 다음과 같이 기술하고 있다.

> 이 시기에 일조관계는 왜구 대책을 축으로 전개되었다.
> 조선의 왜구대책은 다음의 두 가지로 분류할 수 있다. 첫 번째는 외교에 의해 일본 측에 왜구를 억제시키는 것. 무로마치(室町)막부에는 변경까지 지배를 미칠 수 있는 능력은 없었고, 조선 측은 막부와의 관계를 유지하면서도 이마가와 료슌·쇼니·오우치·소 등의 서국지방 권력에 기대하여 이전부터 관계가 있었던 그들을 계속하여 우대하였다.
> 두 번째는 왜구회유책. 이것은 서국의 중소영주와 상인에게 국내의 관직을 부여하여(수직왜인) 관위에 상당하는 대우를 하였으며, 평화적인 무역을 희망하는 자(흥리왜인)에게는 자유로운 무역을 허가한다는 것으로 국내 체제의 정비와 상응하여 그 효과는 컸었다. 그 반면 무역을 요구하여 도항하는 자가 증대하여 조선 측은 도항자 통제책으로 전환한다. 통제체계는 수도서제도, 서계·문인제도, 세견선 제도, 포소제도 등이 있는데, 쓰시마의 소씨는 여기에서 중요한 역할이 기대되었으며, 특히 우대되어 특권적인 지위를 점하였다.
> 소씨와 조선 사이에 정식의 관계가 시작된 것은 14세기 말인데, 왜구금압에 진력하고 있던 당시의 도주 사다시게의 사망에 의해 재발을 우려한 조선이 쓰시마의 왜구금절을 모색하여 행했던 것이 1419년(응영 26년)의 응영의 외구(己亥東

---

6) 손승철, 2006 《조선시대 한일관계사연구》(경인문화사), 64-76 참조.

征)이다. 그러나 세종이 실권을 잡았던 조선은 융화책으로 전환하여 15세기 중엽까지는 상기의 통제책이 정비되어졌다. 이들 통교 전반에 대한 결정, 조선국왕으로부터 소씨에게 사사되어졌던 것이 계해약조(가길3년, 1443년)이다. 15세기 후반이 되면, 무역의 확대를 희망하는 일본인과 억제·축소를 모색하는 조선 측과의 알력이 격화되어, 1510년에는 삼포(부산포, 내이포, 염포)의 일본인이 폭동을 일으켰다(삼포의 난). 이후 삼포의 거류민은 쓰시마로 송환되어졌고, 통교재개 후에도 개항장이 제포(후에 부산으로 변경) 한곳으로 제한되어졌으며, 무역액도 반감되는 등, 규제는 더 한층 엄중하게 되었다(임신약조). 그것에 대해서 소씨는 조선 통교 상의 제 권익을 쓰시마이외의 자들도 집중시켜 16세기 중엽에는 거의 독점하였다. 그러나 쓰시마 측으로부터 보아 조선관계가 거의 손댈 수 없을 정도의 상태였다는 것은 부정할 수 없다. 또한 조선으로부터의 수입품은 불구(대장경·종·불상·불화), 직물(마포·목면포), 모피, 청자 등이었으며, 수출품은 광산물(동·유황·은), 공예품(큰칼·부채 등), 중계물자(염료·향료·약재) 등이다. 근세의 일본에서도 활발하게 생산하게 된 목면은 이 시기에 조선으로부터 도입되었다.

고 되어 있어,《국사대사전》의 기술을 통하여 보더라도, 일본 내에서도 조일통교는 왜구를 평화적인 교역자로 전환시키려는 조선왕조의 왜구통제책으로부터 시작되었다는 것이 학계의 통설로 되어 있다.

맺음말

이상에서 현재 일본에서 사용되고 있는 역사서의 왜구 및 조선통교문제에 관한 기술을 검토해 보았다. 이미 언급한 바와 같이 왜구에 관해서는 사전을 비롯하여 중학교 교과서에 이르기까지 "왜구가 일본인 및 고려·조선인, 심지어는 제주도 해민으로 구성되어 있다"고 기술되어 있음을 확인하였다. 이러한 기술은 1980년대 한 두 학자에 의해 주장된 학설이 1990년대 이후 검증 없이 그대로 사전이나 개설서에 반영이 된 것이다. 이것이 2002년부터 중고교 교과서에 기술되기 시작하여 이제는 보편화되었다. 그러나 이 학설은 이미 국내는 물론 일본 내에서도 많은 학자들에 의해 사료의 객관성이나 논리의 비합리성에 의해 부정되는 추세에 있다.

또한 "조일통교가 조선에서 막부에 요청한 것을 막부가 허락하여 시작된 것"으로 기술하고 있으나, 이것도 왜구를 평화적인 교역자로 전환시키려는 조선왕조의 왜구통제책으로부터 시작되었다는 것이 한일학계의 통설로 되어 있음을 확인할 수 있었다. 다행히 조일통교문제를 사실적으로 기술하고 있는 역사서도 있지만, 일부 개설서나 교과서에는 여전히 왜곡을 서슴치 않고 있다. 또한 쓰시마 정벌도 조선군의 내습 또는 습격사건으로 기술하였고, 삼포왜란을 조선의 통제에 의한 일본인의 봉기 등으로 기술하였다. 쓰시마 정벌의 성격이나 삼포왜란의 실상에 사실적인 기술이 필요하다.

14~5세기 한일관계사에서 이 시기는 '약탈의 시대'에서 '공존의 시대'로 변화하는 시점이며, '왜구의 가해'와 '고려·조선인의 피해'라는 상반된 행위가 존재했던 시점이기도 하다. 이후 '동아시아해역'이라는 공간은 '가해자 왜구'와 '피해자 고려·조선인'들에게 교류와 공존을 위한 공간이었다. 이러한 관점에서 대립과 갈등의 악순환을 지향하고 바람직한 한일관계를 구축하기 위한 미래상을 만들어 갈 수 있는 사실적이고 긍정적인 측면의 한일관계를 서술해야 할 것이다.

〈참고문헌〉

※ 손승철, 2006《조선시대 한일관계사연구》(경인문화사, 서울)
※ 한일관계사연구논집편찬위원회, 2005《왜구·위사문제와 한일관계》(경

인문화사, 서울)
※ 한문종, 2005《조선전기 향화수직왜인의 연구》(국학자료원, 서울)
※ 동북아역사재단 편, 2009《역사속의 한일관계》(동북아역사재단, 서울)
※ 손승철, 2006《조선통신사-일본과 통하다》(동아시아, 서울)

임진왜란과 동아시아
―국교 재개 교섭기를 중심으로

이 계 황*

목 차

머리말
1. 명군의 유철을 둘러싼 조선과 명
2. 조일 강화교섭과 조선·명·일본의 동향
3. 조선과 일본의 화호 교섭 과정
4. 일본과 명·류큐
맺음말

머리말

임진왜란은 조선과 일본의 전쟁이 아니라 명과 일본의 전쟁이기도 하였다. 특히 명군에는 동남아시아 여러 나라들의 군대도 편입되어 있었다. 따라서 임진왜란은 동북아시아 제국만이 아니라 동아시아 전체를 둘러싼 국제전의 성격을 갖는 전쟁이라 하겠다. 이러한 성격을 가진 임진왜란이라면, 임진왜란의 전후처리도 국제적·동아시아사의 시야에서 설명되어야

* 인하대학교 동양어문학부 교수

마땅하다.

그럼에도 불구하고 임진왜란의 전후처리에 관한 연구는 조선과 일본의 외교관계를 중심으로 연구되어 왔다. 그것도 일국사一國史의 시각에서「타자」없는 관계사로 시종하는 경향이 강하다. 일본에서는 나카무라 히데타카(中村榮孝), 다나가 다케오(田中健夫), 다시로 가즈오(田代和生), 미야케 히데토시(三宅英利) 등이 임진왜란의 전후처리에 대한 연구를 주도하여 왔다. 그러나 그들의 연구에는 사실관계에 대한 여러 가지 잘못된 부분이 있고, 사료를 편의적으로 이용하고 있다는 약점이 있다.[1] 한편 한국에서는 이현종, 이원식, 재일 사학자 이진희, 민덕기, 유재춘 등의 연구가 있으나, 동아시아를 시야에 넣은 본격적인 국교 재개 교섭기에 대한 연구라 하기는 어렵다.[2] 그리고 위의 연구들이「타자」의 시선을 고려한 동아시아사의 시점을 결여하고 있음은 말할 나위도 없다.

본고는 위에서 말한 동아시아사의 입장에서 조·일의 국교 재개 교섭기를 대상으로 임진왜란 직후 조선과 명의 유철留撤교섭, 임진왜란 직후의 조일 강화교섭과 조선·명·일본의 동향, 조선과 일본의 화호 교섭 과정, 일본과 명·류큐의 외교관계를 명확히 하고자 한다. 특히 조선·일본·명의 국내사정과 연동하여 전개되는 각국의 외교상의 특징과 동아시아 전략에 주목하고자 한다. 이를 통해 명을 중심으로 하는 동아시아 국제질서, 즉 실리보다는 명분을 중시하는 국제질서에서 명분보다는 실리를 강조하는 국제질서로의 이행과정의 일단을 파악해 새로이 형성되는 동아시아 질서의 특질을 가늠하고자 한다.

---

1) 中村榮孝,『日鮮関係史の研究』下, 吉川弘文舘, 1969, 田中健夫,『中世対外関係史』, 東京大学出版会, 1975, 田代和生,『近世日朝通交交易史の研究』, 創文社, 1981, 三宅英利,『近世日朝通係史の硏究』, 文獻出版, 1989 등등 참조.
2) 李鉉淙,「임진왜란시 유구·동남아국인의 내원」,『日本學報』2(1974), 李元植,『朝鮮通信使』, 民音社, 1991, 李進熙,『江戶時代の朝鮮通信使』, 講談社, 1992, 민덕기,『前近代東アジアのなかの朝日関係』, 早稲田大学出版部, 1994 등을 참조.

1. 명군의 유철留撤을 둘러싼 조선과 명[3]

명은 일본군 퇴각 전후의 시기에 조선에 대해 어떠한 조치를 취하려 했던 것일까? 명은 정유재란이 끝난 직후 단계에서도 일본의 명 침략을 조선반도에서 막으려는 군사전략을 유지하고 있었다. 따라서 명장明將들은 조선반도에 '3만 유병'을 주장하고, 그것을 관철시켰다.

그런데 명장들은 3만의 병력을 어디에 어떻게 배치하려 했을까? 다음의 표는《사대문궤事大文軌》권32(卷之三十二), 만력萬曆 27(1599)년 윤4월 22일조에 의거해, 명군의 주둔지와 병력 수, 그리고 그 지휘관을 정리한 것이다. 표에서 보면 현지에 배치된 병력은 30,700명이다. 이것에 표병標兵 3천과 순포잡류巡捕雜流 1833명을 합하면 유병 총수는 35,500명이다.

〈표〉

지역	陸兵	水兵	馬兵	계
부산	茅國器 4100 陳蠶 4000	季金・李天常 4000		12100
죽도	張榜 4600	白斯淸・張良相 3000		7600
거제	藍芳威 3000	李應昌 1000		4000
한산		? 1000		1000
남해		? 1000		1000
竹島之南釜山之北			解生 3000	3000
巨濟之東竹島之西			兪尙德 2000	2000
계	15700	10000	5000	30700

---

3) 명군의 유철 문제에 대한 연구는 柳承宙,「왜란 후의 명군의 유병론과 철병론」,『천관우선생환력기념한국사학논총』, 정음문화사, 1985, 졸고,「壬亂後 明軍의 留徹을 둘러싼 朝鮮과 明」,『東西文化論叢』2, 인하대학교 동양사연구실, 1997 등을 참조하기 바람.

명군의 병력 배치의 특징은 경상남도에 모든 군병을 주둔시킨 점이다. 이러한 병력 배치가 갖는 군사 전략상의 특징은 거제도보다 죽도가 군사적으로 강조된 점에 있다. 이것은 일본이 경상남도 북부로 침략할 경우, 부산의 고립을 염려했기 때문일 것이다. 이에 대하여, 조선은 거제도를 경상·전라도로 침략하는 거점으로 보고 있었다. 때문에 조선은 죽도의 병력을 거제도로 배치하도록 요구하였다. 이 의견은 그대로 명장들에게 받아들여져 거제도에 육병(長榜) 4천6백, 수병(白斯淸·張良相) 3천을, 죽도에 육병(藍芳威) 3천, 수병(李應昌) 1천을 주둔시키게 되었다. 그리고 마병의 배치는 기동성을 살려서 상황에 따른 신속한 이동을 고려했던 것으로 생각된다. 수군의 비율이 높은 것은 일본군의 접안을 미연에 방지함과 동시에 일본군의 병참로를 차단하기 위해서였다고 생각된다.

한편, 조선은 내심 명군의 완전 철병을 바라고 있었다. 그러나 일본의 재침략에 대한 독자적인 대책이 없었던 점, 명군의 조선 유병이 명의 동아시아 군사 전략에 따른 것이었다는 점, 그리고 일본과 조선이 밀약을 맺어 명을 침략하려 했다는 〈정응태무주사건丁應泰誣奏事件〉도 아직 해결되지 않은 상태에 있었던 점 등으로 말미암아 완전 철병을 주장할 수는 없었다. 그래서 조선은 군량미(糧餉) 조달의 어려움을 구실로 「1만 5천 유병안」을 명에 제안하여 될 수 있는 한 유병 규모를 축소시키려 하였다.

조선이 명군의 완전 철병을 원하면서도 명장들이 주장하는 「3만 유병」을 받아들일 수밖에 없었던 요인은 조선의 군사력이 취약한 점과 국내 치안이 매우 불안했던 점을 들 수 있다. 당시 조선이 당면했던 과제는 국내의 정치·경제적 문제들에 대한 혁신, 그리고 일본의 재침략에 대처하기 위한 군사력의 강화였다. 그러나 조선의 상황은 7년간의 긴 전쟁으로 경지가 황폐되었고, 많은 사람들이 병사로 징발당하여 사망·행방불명되거나 일본에 피랍되어 노동력이 부족하였다. 따라서 민중의 생활기반이 완전히 파괴되어 민중의 생활은 대단히 불안정했다. 이러한 상황에서 조선은 군사력 강화가 사실상 불가능하였다. 따라서 조선은 일본의 재침략에 대처하는 것은 물론이려니와, 민심을 안정시키기 위해서도 명군의 일시적 주류는 어쩔 수 없다고 인식하였다.

조선이 명군이 제안한 「3만 유병」을 「1만 5천 유병」으로 역제안한 이유는 명군 유병에 따른 피해를 들 수 있다. 당시 조선은 명군의 주둔을 일본의 침입에서 오는 피해보다 더 심하다고 인식하고 있었다. 그리고 조선은 명장들이 다수의 명군을 조선에 유병시키고자 하는 것을 그들의 사욕을 채우기 위한 것으로 보고 있었다. 그리고 병량兵糧의 문제가 있다. 당시 명장 유격 모국기茅國器의 눈에도 조선의 재정 상태로는 다수의 유병은 무리로 보였다. 한편, 명의 재정도 조선에의 병량 원조가 가능하지 않을 정도로 악화되어 있었다. 이것은 정유재란이 끝나기 이전에 명이 조선에의 병량 원조가 한계에 달하고 있음을 나타내고 있다. 이러한 상황에서 명이 조선에 병량의 부담을 요구해 올 것은 분명한 것이었다 하겠다. 게다가 명 병사 일인당 지급되는 병량은 조선병사의 세배였다. 조선이 명군의 유병을 명의 동아시아 군사전략에 의한 것으로, 그리고 조선의 대일 전략에 있어서도 명군의 조선 유병을 피할 수 없는 것으로 인식하고 있었다면, 조선이 명군의 유병 규모를 될 수 있는 한 적게 제안하고 그것에 수반하는 군량미의 교섭을 유리하게 전개하고자 했음은 쉽게 짐작할 수 있다. 또한 명군에 지급될 병량으로 조선군의 전력을 강화하고자 했던 것도 추측하기 쉬운 일이라 하겠다.

위의 「3만 유병」에 대해서는 명 조정에서도 반대 의견이 나오고, 조선도 이에 강하게 반발했다. 결국, 조선 주류 명장들은 명 조정과 조선의 감군안에 따르지 않을 수 없게 되었다. 그러나 명장들은 명 조정의 「절성안節省案」을 「완전 철병안」으로 바꾸어 조선에 내놓았다. 그것은 조선의 「수병4·5천 유병안」을 철회시키기 위해서 제안된 것이었다. 따라서 그들은 다시 조선에 「1만5 천유병」을 제안한다. 이에 대해 조선은 「수병8천 유병」을 제안했으나 명장들은 그것을 거부했다. 그러나 이 감군 교섭에 있어서 조선은 향은餉銀의 부담을 피할 수 있게 되었다.

그 후 명 조정에서는 「진철안盡撤案」과 「1만 유병안」이 대립하고 있었으나, 경리經理 만세덕萬世德은 「1만 유병안」을 받아들였다. 이에 대해 조선은 「3천 유병안」을 제안했다. 명장들은 조선의 「3천 유병안」을 조선이 명군의 완전 철병시키기 위해 제안한 것으로 인식하고 있었다. 그럼에도 불구하고 그들은 강제로 조선의 「3천 유병안」을 재고시키려 노력하고 있다. 그러나 조선은 「3천 유병안」에서 한 발자국도 양보하지 않아, 그들의 노력은 수포로 돌아갔다.

한편, 조선은 명군의 유병을 조선이 싫어한다는 명의 인식을 해소하고, 당시 발흥하기 시작한 여진족에 대한 대책, 그리고 명군의 철병에 의해 혹시 일어날지 모르는 일본의 재침략에 대한 대책 - 명군의 철병으로 말미암아 군사적으로 고립되는 것이 아닌가하는 현실적인 군사·외교의 문제들을 고려하여 「1천 유병안」을 명에 제안했다. 그러나 명은 병량을 조선이 부담하지 않는 한 철병한다는 원칙을 세워 놓고 있어서 조선측의 「1천 유병안」 혹은 「3천 유병안」을 재고조차 하지 않았다.

조선이 「3천 유병안」을 제안한 이후에도 향은餉銀을 명에 부담시키려 한 것은 조선의 경제적 궁핍만으로는 설명되지 않는다. 조선이 본심으로서는 명군의 완전 철병을 바라면서도 명군의 유병을 어쩔 수 없는 것으로 인식하고 있었던 것은 명군의 유철 문제가 당시의 삼국 간의 군사·외교 환경과 각국의 국내 사정에 의해 규제되어 있음을 나타내고 있다. 그리고 명군의 유철 문제는 정유재란 말기의 명·일간의 철병 교섭에 얽힌 일본의 국교 재개의 움직임과도 깊이 관련되어 있음을 간과해서는 안 된다. 즉 조선 주류 명군의 철수 후, 조선이 일본과의 국교 재개 교섭에 적극적으로 임했던 것은 명의 조선에 대한 군사·외교상의 간섭을 배제하고, 일본의 재침략을 외교정책을 통해 봉쇄하려 했던 조선의 의도를 나타내고 있다 하겠다.

2. 조일 강화교섭과 조선·명·일본의 동향[4]

　도요토미 히데요시(豊臣秀吉)가 사망하자, 도쿠가와 이에야스(德川家康)를 필두로 하는 4다이로(大老)는 1598년 9월 조선에 재진중인 제장에게 철수를 명한다. 4다이로는 철수의 책임자로 가토 기요마사(加藤淸正)를 지명하고, 그것이 불가능할 경우는 누구라도 좋으니 책임지고 철수하라고 명했다. 더불어 조선왕자와 신하의 일본 파견과 일본에의 조공을 강화조건으로 요구했다. 이 명령에 따라 정유재란 종기의 철병 및 강화교섭은 고니시 유키나가(小西行長), 시마즈 요시히로(島津義弘), 가토 기요마사(加藤淸正) 등이 간여하였으나, 가토 기요마사는 소극적이었다. 그들이 철병·강화교섭에 임한 목적은 무혈 철병이었지만, 조선왕자와 신하의 일본 파견, 일본에의 조공을 강화조건으로 요구했다. 그러나 당시의 상황은 4다이로(大老)의 철병·강화조건을 관철시킬만한 여력은 그들에게는 없었다. 그들은 기껏해야 인질을 얻어 퇴로를 확보하여 퇴각하고자 했다.

　한편, 조선에 파병되어 있던 명장들은 일본군의 철병과 강화교섭에 통일된 견해를 가지고 있지 못했다. 그리고 전장의 명장들은 일본군과의 강화교섭을 전투행위의 일부로 보고 있었다. 즉 일본과 명장들에 의해 진행된 철병교섭은 교섭 당사자 사이의 약속에 불과해서, 다른 사람들에게는 아무런 구속력·효력을 가지지 못하는 성격을 가지고 있었다. 이러한 강화교섭

---

4) 中村栄孝, 「江戸時代の日鮮関係」, 『日鮮関係史の研究』下, 吉川弘文館, 1969, 田中健夫, 「鎖国成立期における朝鮮との関係」, 『中世対外関係史の研究』, 東京大学出版会, 1975, 三宅英利, 「徳川幕藩体制と朝鮮通信使」, 『近世日鮮関係史の研究』, 文献出版, 1986, 荒野泰典, 「大君外交体制の確立」, 『鎖国』(講座日本近世史 2), 有斐閣, 1981, ロナルド・トビ, 「初期徳川外交政策における『鎖国』の位置づけ」, 『新しい江戸時代像を求めて』(社会経済史学会編), 東洋経済新報社, 1987, 関德基, 「임진왜란 직후의 조·일 강화교섭과 쓰시마-교린·기미질서의 재편을 중심으로」(1), (2), 『史学研究』 39(1987), 40(1988), 「조선 후기의 조·일강화와 조·명관계」, 『國史館論叢』12(1990) 등을 참조할 것.

에 대해 조선이 일관되게 반대했던 것은 말할 나위도 없을 것이다. 그러나 당시의 일본과 명장들 사이에 약속되었던 강화조건은 이후 조·일의 국교 재개 교섭에 큰 영향을 미친다.

정유재란의 종기에 군문軍門 형개邢玠가 제기한 쓰시마 정벌론은 조선 조정에 논의를 불러 일으켰으나, 조선도 명장들도 소극적이었다. 조선이 쓰시마정벌에 반대하는 공식적인 이유는 (1)쓰시마 공격에서 승리를 담보할 확증이 없다는 점, (2)쓰시마와 다른 지역이 상호 원군援軍할 가능성이 있다는 점, (3)일시적으로 쓰시마정벌이 성공한다 해도 후일 환난의 씨가 될 수 있다는 점, (4)현실적으로 조선 단독으로 군사행동이 불가하다는 점을 들고 있다. 그러나 조선으로서는 쓰시마 공격을 부정할 명분이 없었다. 이에 조선은 군문 형개와 경리 만세덕의 의견을 묻고, 첩자를 보내 일본의 사정을 염탐한 후 판단하도록 건의했다. 한편 군문 형개는 쓰시마 정벌론에 대한 구체안을 밝히지 않고, 「시마즈씨 초유론(島津氏招諭論)」를 조선에 제안했다. 이에 대해 조선은 적극적으로 찬성의 의지를 표했다. 이렇듯 쓰시마 정벌론에 부정적 의사를 표하면서 「시마즈씨 초유론」에 적극성을 보이는 조선의 의도는 당시 진행되고 있던 유철 논의와 관련되어 있다. 즉 조선의 소수 유병을 관철시키는 과정에서 초유론은 다수 유병을 주장하는 명장들의 논의를 상대화할 수 있었기 때문이다. 이것은 형개의 쓰시마 정벌론이 조선에 다수의 명군을 주둔시키기 위한 전략이었다는 것을 의미한다.

한편 조선은 쓰시마정벌로 말미암아 장기에 걸친 명군의 주둔, 그것에 수반하는 폐해가 많음을 염려하였고, 명은 쓰시마정벌에 소요되는 군사적·재정적 여유가 없었다. 그리고 쓰시마정벌이 일본에 대한 명 조정의 군사전략도 아니었다. 따라서 쓰시마 정벌 계획은 폐기된다.

정유재란이 끝난 직후의 강화교섭은 전쟁 중의 강화교섭의 연장이었다. 당시, 명군이 주둔하고 있었기 때문에, 쓰시마는 명군과 조선군에 의한 쓰시마정벌의 위기를 피하기 위해 강화교섭을 지속시키려고 했다. 이 강화교섭에서 주목할 점은 (1)쓰시마가 명장만을 대상으로 강화교섭을 진행시키고 있다는 점, (2)강화조건이 고니시 유키나가와 명장 유정劉綎의 강화·철병 교섭시의 그것과 동일하다는 점, (3)군사적 위협이 포함되어 있다는 점, (4)조선이 명장들과 쓰시마 사이에 강화교섭이 진행되고 있음을 알면서도 침묵으로 일관하고 있다는 점이다. (2)에는 조선 왕자와 조선 신하의 일본파견을 포함하고 있다. (1), (2)는 당시의 강화교섭이 일본군 철수 전에 진행되었던 그것의 연장이라는 점을 나타내고, (3)은 조·명군에 의한 쓰시마 혹은 일본 공략을 역으로 경계·제어하기 위함으로 보인다. 특히 당시에 진행되고 있던 쓰시마정벌 논의는 쓰시마에게 위협으로 느껴졌음에 틀림없다. (4)는 조선 조정이 일본과 명장들에 의해 추진되는 강화교섭에 관여하지 않음으로써 강화교섭에서 발생할지도 모를 외교상의 책임을 회피하기 위함이라고 볼 수 있다.

쓰시마가 조선과 명장을 동시에 접촉하기 시작한 것은 1599년 7월 이후의 일이다. 조선은 명장들의 군사·외교상의 규제 하에 놓여 있었지만, 일본과 명장들에 의해 진행되는 강화교섭에 일관되게 반대했다. 그것은 명장들이 조선에 대한 외교상의 간섭을 배제함과 동시에 강화조건을 부정하기 위함이다. 한편 명장들은 위의 강화 조건이 명 조정에 발각되는 것을 두려워하고 있었기 때문에, 그들의 통제 속에서 조선이 강화교섭에 임할 것을 요구했다.

조선은 명군의 주류에 의한 폐해를 염려하여 기회 있을 때마다 소수의 유병을 주장했다. 위에서 보았듯이 조선의「3천 유병안」은 사실상 명군의 완전 철병을 요구한 것이었다. 이 시점에서 조선은 일본과의 직접 교섭에 의한 화호교섭으로 전환한다. 쓰시마와 명군도 명군의 완전 철병의 정보를 얻은 후, 강화교섭에서 화호교섭으로 전환한다.

1599년 7월 쓰시마의 야나가와 시게노부(柳川調信)가 부산의 첨사僉使에게 서계를 보내고, 1600년 4월에는 소 요시토시(宗義智)가 조선 예조, 고니시 유키나가·데라사와 마사나리(寺沢正成)가 조선 예조, 야나가와 시게노부(柳川調信)가 조선 예조 앞으로 서계를 보낸다. 이것은 일본의 중앙 정부가 조선의 중앙 정부를 강화·화호 교섭의 주체로 인정하고, 강화·화호교섭을 시작했다는 것을 의미한다. 일본에서 조선에 보낸 서계의 내용은 전과 대동소이하나, 주목할 점은 이에야스의 요청을 히데요리가 받아들여 명의 인질 모국과(毛國科)를 명에 송환했다는 점을 기록하고 있다는 점이다. 이것은 이에야스가 자신이 외교권을 가지고 있다는 것을 나타내기 위한 것이다. 즉 이에야스는 조선과의 강화·화호교섭을 통해 일본 외교권의 담당자임을 나타내기 위해 조선과의 강화·화호교섭에 적극적으로 관여하기 시작했음을 의미한다. 그러나 히데요리의 명에 따른다는 점에서 이에야스가 아직 일본의 외교권을 완전히 장악하지는 못했다고 할 수 있다.

이 교섭에서 조선은 우선 만세덕에게 보고하고 의견을 묻는다. 만세덕은 질관(인질) 모국과의 명 송환으로 일본과의 전쟁이 종결되었다고 인식하면서도, 조선과 일본의 화호교섭에는 반대의 입장을 표명했다. 그러나 그는 조선과 쓰시마와의 교역을 장려하고 있다. 이러한 만세덕의 의견에 대해 조선은 일본에 회답하여야 한다는 입장을 가지고 있으면서도, 화호가 불가하다는 내용의 답서를 일본에 보내자고 하였다. 조선의 이러한 태도는 일본과의 화호 교섭을 완전히 부정한 것이 아니라, 명장들이 조선과 일본의 화호교섭에 명장들이 관여하는 것을 피하고자 함을 나타낸다. 그리고 조선이 일본과 화호교섭에 적극적으로 대응하다 다시 조·일간의 군사·외교상의 문제가 발생할 경우, 명으로부터의 책임 추궁을 피하기 위한 것으로 보인다. 이것은 조선에게는 명과의 관계-명군의 완전 철병과 조선 외교권의 회복-가 일본과의 화호교섭보다 우선하고 있음을 나타낸다.

이러한 상황에서 명장들은 조선에「제왜추장초유(諸倭酋長招諭)」를 제안한다. 이에 대해 조선은 찬의를 표했다. 이는 일본과 조선의 화호교섭을 자신(명장)들의 통제 하에 두려는 의도를 나타내고, 조선은 명장들과 일본의 교섭을 차단하고자 하는 의도를 나타낸다. 그리하여 예조 참의의 명으로 소요시토시(宋義智)·데라사와 마사나리(寺沢正成)·고니시 유키나가(小西行長)·야나가와 시게노부(柳川調信)에게 회신을 보내기로 결정했다. 이리하여 마침내 조선과 일본사이에 화호교섭의 물고가 트이게 된다.

  조선이 일본과의 화호교섭으로 전환하는 것은 군사·외교에 있어서 명의 간섭을 배제하고, 조선이 생각하는 화이질서華夷秩序를 중심으로 한 일본과의 관계, 즉 쓰시마에 대한 기미羈縻와 일본에 대한 교린외교의 설정을 목표로 한 것이었다. 그러나 조선은 군사력의 취약성과 조선과 일본의 음결陰結에 대한 명의 의심이 재생산될 수 있는 가능성이 있었기 때문에, 명 조정을 조·일의 국교 재개 교섭에 끌어 드리려 하였다. 그리고 이에야스는 조선과의 화호교섭을 통해 외교권을 장악하고자 하는 국내 정치 사정에 규제되어 빨리 조선 사절을 유치하려 하였다. 쓰시마는 형성되어 가고 있던 막번체제에 자신의 위치를 확보함과 동시에 무역에 따른 경제적 이익을 확보하기 위해, 화호교섭에 가장 적극적이었다.

  위에서 보았듯이 조선의 「3천 유병안」은 명군의 완전 철수를 지향한 것이었으나, 이에 대해 명은 조선의 「3천 유병안」을 거절하고 완전 철병을 조선에 통고한다. 이 명의 완전 철병의 통고에 조선은 「1천 유병안」을 명에 제안한다. 조선의 「1천 유병안」은 군사적 의미보다는 명에 대한 의례적 측면이 강하고, 일본에 대한 「호표재산지세虎豹在山之勢」의 형국을 보여주기 위한 것이었다. 그리하여 명군의 완전 철병이 통보되자, 조선은 1600년 8월 공식적으로 쓰시마 기미론을 검토하기 시작한다.

3. 조선과 일본의 화호 교섭 과정[5]

한편 조선의 쓰시마 기미에 대해 명은 어떠한 입장을 취하고 있었을까? 1601년까지 명 조정은 조선의 쓰시마 기미나 일본과의 화호교섭을 인정하지 않고 있었다. 그러나 1602년 3월의 시점에서는 명은 조선의 일본과의 외교관계에 대해 간섭하지 않는다는 점, 그리고 군사적인 면에 있어서도 직접 간섭·지휘하지 않는다는 원칙을 세웠다. 이것은 명의 일본 전략이 제1차 방어선으로 조선 남부 해안방어, 제2차 방어선으로 평양과 의주를 중심으로 한 군사력 집중과 한성 방어에서 자국의 해안선 방어로 전환한 것을 나타낸다(그러나 조선은 여전히 명의 일본 방어의 제1차 저지선으로 위치한다. 따라서 명은 조선에 군비 강화를 기회 있을 때마다 강조한다).

조선에서 명군이 완전히 철병한 선조 33(1600)년 말 이후, 조선과 일본의 국교 재개 교섭은 조선이 쓰시마에 정탐사偵探使를 파견하려 하고 있던 선조 34(1601)년 말까지의 탐색기, 그 후부터 선조 37(1604)년 8월 유정惟政을 일본에 파견하기 직전까지의 조선과 쓰시마의 화호 교섭기로 나누어 볼 수 있다. 그리고 조선과 쓰시마의 화호 교섭기는 가토 기요마사가 명에 서장을 보낸 것이 문제가 된 선조 36(1603)년 정월을 기점으로 전기와 후기로 구

---

5) 中村栄孝,「江戸時代の日鮮関係」,『日鮮関係史の研究』下, 吉川弘文館, 1969, 田中健夫,「鎖国成立期における朝鮮との関係」,『中世対外関係史の研究』, 東京大学出版会, 1975, 三宅英利,「徳川幕藩体制と朝鮮通信使」,『近世日鮮関係史の研究』, 文献出版, 1986, 荒野泰典,「大君外交体制の確立」,『鎖国』(講座日本近世史 2), 有斐閣, 1981, ロナルド·トビ,「初期徳川外交政策における『鎖国』の位置づけ」,『新しい江戸時代像を求めて』(社会経済史学会編), 東洋経済新報社, 1987, 田代和生,「日鮮関係の再会と対馬」,『近世日鮮通好交易史の研究』, 創文社, 1981, 高橋公明,「慶長十二年の回答兼刷還使の来日についての一考察―近藤守重説の再検討」,『名古屋大学文学研究論集』(史学)31(1985), 李元植,「일본과의 교린관계」,『朝鮮通信使』, 민음사, 1991, 閔德基,「임진왜란 직후의 조·일 강화교섭과 쓰시마-교린·기미질서의 재편을 중심으로」(1), (2),『史学研究』 39(1987), 40(1988),「조선 후기의 조·일강화와 조·명관계」,『國史館論叢』 12(1990) 등을 참조할 것.

분할 수 있다. 이 각 시기마다의 조·일 국교 재개 교섭의 성격은 다음과 같다.

우선 조선과 일본의 국교 재개 교섭 탐색기를 보자. 이 시기의 조선은 명의 군사적·외교적 규제를 받으면서, 쓰시마와 화호교섭을 진행하고 있다. 그 주요 요인은 조선이 명의 일본 방어의 제1차 방어선으로서 위치되어 있었던 점을 들 수 있다. 그리고 당시 조선은 현실적인 군사력 강화가 불가능했고, 명군의 조선 철수는 조선에서의 전쟁 억지력를 상실하게 하였기 때문에, 조선은 쓰시마와의 화호교섭에 명을 끌어 드리려는 움직임을 보인다. 그것은 주로 조선 군사력의 약함에 기인하는 것이지만, 조·일 화호를 둘러싼 조·명 관계의 마찰을 피하려는 조선의 의도에 의한 것이다. 화호교섭을 둘러싼 이러한 군사·외교 환경은 일본 사자가 조선에 올 때마다, 그것을 명에 보고하고, 화호를 담당하는 관리(委官)를 파견하여 줄 것을 명에 요구하게 하는 것으로 나타난다.

그러나 1600년 일본에서는 세키가하라(関ヶ原) 싸움이 발생하여 1600년 6월에서 1601년 5월까지 쓰시마로부터 화호의 교섭 요구가 없었다. 더욱이 일본에서 도망쳐 오는 사람도 없었기 때문에 일본 사정을 알 수 없었다. 이러한 상황에 대해 조선은 우려스러운 사태라 인식하고, 일본의 사정을 파악하기 위해 김대함(金大涵)을 일본에 파견할 계획을 세운다. 그리고 이덕형(李德馨)은 김달(金達) 등에 유정(惟政)·장희춘(蔣希春) 등의 사신을 휴대하게 하여 쓰시마에 파견하려 하였다. 그러나 이 계획을 준비하는 사이에 일본에서 도망쳐 온 조선인, 그리고 쓰시마가 송환해 온 강사준(姜士俊)·김진덕(金進德) 등을 통해 세키가하라 싸움에 대한 상황·결과(이에야스의 확집), 시마즈씨의 동태, 화호와 관련한 쓰시마의 움직임 등에 대해 알게 되었다. 그리하여 위 계획은 중지된다.

마침내 1601년 6월 소 요시토시·데라사와 마사나리·야나가와 시게노부가 조선 예조 앞으로 보낸 서계가 도착한다. 이에 조선은 공식적으로 대

일본 외교의 기본 방향에 대한 결정의 시기가 도래했다고 보고, 대신들의 의견을 구한다. 조선에서는 일본으로부터의 화호 요구에 대해 명에 주문사奏聞使를 파견할 것인가 말 것인가를 둘러싸고 의견은 분분했지만, 동지사에 적정주문賊情奏文을 휴대시켜 명에 보고하기로 결정한다. 이는 일본과의 외교관계를 조선의 의지로 결정하면서도 명의 동의를 구하려는 의도를 나타낸다 하겠다. 그러나 조선은 쓰시마에 보낸 답신에서 화호를 인정하지는 않았다. 그럼에도 불구하고, 조선은 적극적으로 쓰시마와의 화호교섭을 지속시키려 하였고, 무역도 다시 재개했다.

이러한 조선의 입장을 이해한 쓰시마는 11월 다시 조선에 서계를 보낸다. 이 의외의 쓰시마 사자의 조선방문에 대해 조선은 표면적으로는 쓰시마가 화호 교섭을 서두르는 것에 대해 비판하였다. 그러면서도 조선은 쓰시마를 기미의 대상지로 자리매김하여 화호를 허락하는 태도를 보였다.

이와 같이 명군이 철수한 후, 조선은 쓰시마와 일본을 구별하여 쓰시마를 기미의 대상지로 자리매김하고 화호교섭에 임한다. 그것은 당시의 일본과 쓰시마에 대한 외교정책이 전통적인 일본·쓰시마 인식을 바탕으로 하고 있음을 나타낸다. 때문에 조선은 쓰시마에 화호의 조건을 제시하지 않는 것이다. 그리고 쓰시마에 전쟁책임도 추궁하지 않는다. 즉, 조선은 피로인의 송환과 화호를 분리하여, 쓰시마의 피로인 송환을 과거의 잘못에 대한 징표로서, 조선에 대한 「혁면개심革面改心」의 징표로 자리매김하였던 것이다. 그리고 조선은 일본이 조선을 침략할 의도가 있을 경우, 쓰시마는 그것을 억지할 수 있는 능력이 없다고 인식하고 있으면서도 쓰시마와 화호교섭을 지속하려 했다. 그것은 조선의 입장에서 보면, 조선이 쓰시마와 교섭하는 것은 해안 방비라는 군사적 측면=왜구 방지책의 일환으로 자리매김하고 있음을 나타내고 있다. 따라서 조선은 쓰시마의 사자에게 「상미賞米」 등을 하사하고, 무역을 인정하여 화호교섭을 지속하면서도 가능한 한 화호를 연기하려 했던 것이다. 또 조선은 쓰시마와의 화호교섭을 통해 일본의 사정을 파악하려 노력했다.

다음으로 조선과 쓰시마의 화호 교섭기를 보자. 이 시기의 전기에 있어서 만세덕은 조선에 쓰시마 기미・일본과의 교린은 조선 스스로 판단하여 결정하여야 할 것이라는 서장을 보내서 쓰시마와의 화호를 권했다. 그럼에도 불구하고 명은 조선의 쓰시마와의 화호에의 움직임과 관련하여 군사적 간섭을 강화한다. 그것은 조선과 쓰시마의 화호도 명의 동아시아전략의 틀 속에 위치되어 있었기 때문이다. 조선은 위의 만세덕의 견해를 받았음에도 불구하고, 쓰시마와의 화호를 맺으려 하지 않았다. 그것은 조선 스스로 판단하여 쓰시마와 화호를 추진할 경우에 생길지도 모를 명과의 외교문제를 염려했기 때문이다. 따라서 조선은 명의 거절에도 불구하고, 일본과 조선의 화호를 담당하는 위관委官의 파견을 계속 요청하는 것이다.

이러한 거듭되는 위관 파견 요구에 대해 만세덕은 명은 일본이 명의 책봉사를 모욕하였기 때문에 명이 조선과 일본의 화호를 인정하기 어렵고, 조선과 일본의 화호문제는 조선이 알아서 처리할 문제라는 견해를 가지고 있었다. 나아가 조선이 명조정에 일본과의 화호 허락을 받으러 상주하는 것은 오히려 조선・일본의 「교린」을 저해하는 것이고 쓰시마와 조선의 화호 교섭을 일일이 보고하는 것도 조선과 쓰시마의 화호에 도움이 되지 못할 것이라 하면서, 쓰시마와 조선의 화호를 권했다.

한편 조선은 일본을 정탐하기 위해 선조 35(1602)년 봄, 휴정休靜의 사신私信을 휴대한 첨지僉知 전계신全繼信, 녹사錄事 손문목孫文穆, 역관譯官 김효순金孝順 등을 쓰시마에 파견했다. 그 결과, 조선은 일본이 조선을 침략할 의도가 없음을 확인한 듯하다. 따라서 조선은 그것을 명에 보고함과 동시에, 한편으로는 명에 위관 파견을 요구하고, 또 한편으로는 선조 36(1603)년 봄에 유정을 쓰시마에 파견하는 계획을 추진한다. 그리고 쓰시마는 조선에서 전계신・손문목 등을 쓰시마에 파견한 것을 화호의 신호로 받아들여, 5월・6월・9월・11월에 사자를 조선에 파견한다. 이 시기에 주목되는 점은 이에

야스의 명에 의해 화호 교섭을 진행하고 있다는 점을 강조하고 있다는 점이다. 그리고 데라사와 마사나리의 서계에서 알 수 있듯이, 이에야스가 조선과의 교섭을 쓰시마에 일임하였다는 점이다. 이것은 소위 조선과의 교섭권이 세키가하라 싸움으로 고니시 유키나가가 멸망하여 대조선 외교라인이 쓰시마로 일원화되었음을 의미한다. 특히 소씨가 고니시와 인척관계(사위)에 있었기 때문에 쓰시마로서는 대조선 외교의 성사여부가 번의 운명을 좌우할 수 있는 상황이기도 했다. 따라서 쓰시마는 번의 운명을 걸고 대조선 교섭에 사력을 다하고 있었다. 그리하여 1603년에도 화호를 재촉함과 동시에 피로인을 송환한다.

그런데, 1602년 4월 가토 기요마사는 복건福建 순무巡撫에게 두 통의 서한과 피로인 왕인홍王寅興 등 87인을 송환하면서 명에 강화를 요구했다. 이 서한의 내용은 명이 일본과 화친하지 않는 것은 「괴례乖禮」이고, 양국 간에 화친이 없다면 타년他年 병선 혹은 적선=해적선이 도해하여 상호 적국이 될 것이라는 것이었다. 그리고 이 서한에서 가토는 일본 연호를 사용하였다. 명은 가토의 서한을 받고 군사 경계를 강화하였으나, 이에 대한 외교 조치는 취하지 않았다.

위 가토 서한 내용이 언제 조선에 전해졌는지는 불분명하나, 1602년 12월의 교섭에서 문제로 제기되었다. 조선이 이 문제를 제기한 것은 화호를 연기하기 위함이었으나, 쓰시마로서는 이 문제를 해결하지 않고서는 화호가 불가함을 이해했다. 이에 쓰시마의 야나가와 시게노부는 1603년 3월 가토는 원래 무례한 자이며, 명 순무에게 보낸 서장이 대단히 무례한 것이었다고 인정했다.

한편 조선과 쓰시마의 화호에 호의적이었던 만세덕이 사망하고 후임으로 건달蹇達이 부임한다. 이러한 사태는 조선과 쓰시마의 화호교섭에 새로운 국면을 가져오게 했다. 즉, 조선의 쓰시마에의 화호 허가는 연기되게 된다. 그러나 쓰시마는 이 시기 거듭되는 조선과의 교섭을 통해 자신을 조·

일 양국에 정당한 교섭권자로 자리매김하는 것에 성공했다. 그것에 결정적 도움을 준 것이 조선의 정탐사였다. 즉 쓰시마에서 보면, 1602년 조선으로부터의 정탐사 파견은 쓰시마의 노력의 결과이고, 자신이 양국의 정당한 교섭권자임을 눈에 보이는 형태로 막부에 인정시킬 수 있었던 것이다. 또 가토 기요마사가 명에 서장을 보낸 것이 문제되었던 것을 계기로, 쓰시마는 조선을 둘러싼 타다이묘의 교섭권을 부정하고, 조선과의 교섭권이 쓰시마에 있음을 막부에게서 인정받을 수 있었던 것이다. 그리하여 쓰시마는 일본의 조선과의 유일하고 정당한 외교 담당자로서 조선에 「신사信使」의 파견을 말할 수 있게 된다.

만세덕의 후임으로 건달이 군문으로 부임함으로 말미암아 조선은 조·일 외교를 둘러쌓고 이제까지 진행해 오던 명과의 관계를 재조정하지 않을 수 없게 되었다. 때문에 조선은 모든 수단을 동원하여 군문 건달을 설득했다. 그럼에도 불구하고, 건달이 조선과 쓰시마의 화호에 부정적인 견해를 보이자, 조선은 진주사를 명 조정에 파견하여, 건달을 견제함과 동시에 쓰시마의 기미=화호와 일본과의 통호가 조선의 내정에 해당한다는 원칙을 확인하고자 했다. 이러한 조선의 생각은 적중했다. 선조 36(1603)년 5월 마침내 조선과 일본의 관계는 조선 스스로 판단하여 설정해야 할 것이라는 화호를 둘러싼 명 조정의 태도를 재확인할 수 있었던 것이다. 그러나 여기에서 주의해야 할 점은 이러한 명의 태도를 재확인하기 전에 이미 조선은 유정의 쓰시마 파견을 결정했다는 점이다. 이것은 조선과 일본의 외교 재개에 대한 명의 대조선 태도가 두 번에 걸쳐 조선에 전해졌기 때문이기도 하지만, 조선의 일본 외교가 원칙적으로 조선의 내정에 해당하고, 명의 사전 승인이 필요 불가피한 것은 아니라는 점을 나타내고 있다.

한편 쓰시마는 막부로부터 조선과의 외교권을 위임받은 것을 방패삼아 조선에 신사 파견을 강하게 요구하게 된다. 이미 이 시기가 되면, 쓰시마는 조선과의 화호는 시간문제라고 보고 있다고 보인다. 이러한 인식을 바탕으로 쓰시마는 조선과 막부와의 통호 교섭을 대비하여 기초 닦기에 힘을 쏟기 시작한다.

이러한 교섭의 결과, 조선은 유정을 쓰시마에 파견하게 된다. 이 유정의 쓰시마 파견, 그리고 그들의 이에야스에의 접견은 조·일 양국 중앙정부가 조선·쓰시마의 화호를 정식으로 인정하는 것을 의미한다. 또 그것은 임진왜란 이래의 조선과 일본 양국 간의 군사적 긴장관계를 해소하고, 조·일의 교린외교=통호의 단서를 열었다는 점에 역사적 의의가 있다. 따라서 그것은 조·일 국교 재개 교섭 과정에 있어서 획기를 이루는 것으로 평가할 수 있다.

다음 조선과 막부의 통호에 관한 교섭에 대해 보자. 이 시기의 쓰시마의 조선 교섭은 신사 파견을 실현시키기 위한 것이다. 그 중에서도 가장 중요한 교섭은 선조 39(1606)년 2월의 다치바나 도모마사(橘智正)의 그것이다. 그는 2월 19일 조선에 와서 4개월 정도 조선에 체재하면서 조선 신사 파견 교섭에 매달렸다. 한편 조선은 다치바나의 신사 파견 요구에 대해, 이에야스의 서장과 범릉적犯陵賊의 인도를 요구했다. 그리고 이에야스의 서장에 국왕호를 사용하도록 요구했다. 이에야스의 서장을 요구한 것은 임진왜란을 일으킨 것에 대한 진사陳謝를 일본에 요구한 것이고, 국왕호 사용을 요구한 것은 이에야스가 일본의 국가권력을 대표하는 외교권자인가를 확인하기 위해서였다. 범릉적 인도 요구는 일본이 진정 통호의 의향이 있는가를 확인하기 위함이었다. 또 조선은 막부에 사자를 파견하여 막부의 통호 요구가 사실인가 확인하려 했다. 그것은 조선이 쓰시마를 통호교섭의 담당자로 인정하면서도, 일본이 조선 침략의 의도를 가지고 있는 경우, 쓰시마는 그것을 억지할 수 없을 것이라는 인식을 배경으로 하고 있었다고 생각된다.

이러한 조선의 요구에 대해서, 쓰시마는 즉시 막부에 조선의 요구조건을 고했다. 이에 대해 이에야스는 1606년 8월 쓰시마에 범릉적의 인도를 쓰시마에 위임한다는 서장을 보낸다. 한편 조선은 일본(막부)에 전계신·박대근

朴大根 등을 파견하고자 하였으나, 쓰시마의 맹반대에 부딪혀 쓰시마에 억류되었다. 그러나 그들은 쓰시마에서 이에야스 서장의 초안을 직접 보고, 그 개서改書를 요구했다. 이에야스 서장의 쓰시마 도착과 범릉적 박송 소식을 접한 조선은 곧바로 신사 파견을 준비한다. 조선의 신사 파견 준비는 대개 선조 39(1606)년 10월경까지 마련된다. 그러나 이에야스 서장과 범릉적의 박송이 선조 39(1606)년 11월에 이루어졌기 때문에, 조선은 선조 40(1607)년 정월 회답겸쇄환사回答兼刷還使라는 명칭으로 사절을 일본에 파견한다.

이와 같은 교섭 과정에서 보이는 조선·쓰시마·일본의 입장·태도는 어떠한 성격을 가지고 있을까? 조선의 쓰시마에 대한 기미론은 선조 33(1600)년 8월「1천 유병안」의 논의 과정에서 제기되고, 명군의 완전 철수가 확정된 선조 33(1600)년 9월에 정책으로 확정된다. 이러한 일련의 움직임은 조선이 일본에 대해 적극적·능동적으로 대처하려 했던 것을 나타내고, 쓰시마 기미정책은 그 일환이었다고 할 수 있다.

조선은 일본·쓰시마에 대한 문화적·역사적·지리적 이해를 바탕으로 쓰시마와 일본을 구별하고, 일본과의 교린=문화적 우위에 선 국가 간의 평등외교, 쓰시마에의 기미는 복구하여야 할 것으로 인식하여, 쓰시마와의 화호교섭에 적극적으로 임했다. 그러나 군사력의 약함으로 말미암아 조선은 하여금 일본과의 화호 교섭을 계속하면서도 가능하면 그 허가를 지연시키는 방침을 취하게 했다. 또 당시 조선은 명에 군사·외교적인 제약을 받고 있어서, 그것이 조선의 대일본 외교를 규제하고 있었다. 그럼에도 불구하고 조선은 일본과의 외교관계를 복구하여 명의 대조선 규제를 타개하고자 하였다.

쓰시마는 종래부터 가지고 있던 무역에 관한 교섭권을 최대한 이용하여 자신이 일본을 대표하는 외교권자임을 조선에 인식시키고, 그 성과를 가지고 자신이 대조선 외교의 적임자임을 막번체제 속에 스스로를 자리매김했다. 즉 당시 쓰시마가 조선과의 화호·통호교섭에 적극적이었던 것은 정치적인 이유에 의한 것이었다. 그 과정에서 쓰시마가 조선과의 무역에 적극적이었던 것은 말할 나위도 없다. 그리고 막부는 갓 성립한 막번체제를 안정화하고, 막부의 외교권을 확립하기 위해, 장군의 위광을 높이기 위해 대조선 외교에 적극적이었던 것이다.

4 일본과 명·류큐[6]

1599년 쓰시마는 명군을 교섭 대상으로 삼아 강화교섭을 행하고자 했다. 이러한 쓰시마의 태도에 대하여 조선은 침묵으로 일관한다. 위에서 언급했듯이 조선과 쓰시마의 강화교섭은 1600년 4월부터이며, 일본이 조선에게 명과의 교섭을 중개해줄 것을 요구한 것은 1607년 제1회 회답겸쇄환사 파견 때이다(進貢假道). 이러한 일본의 입장은 1604년 유정을 일본에 파견하였을 때도 제기되었었다. 이에 대해 조선은 일본이 명에 진공할 의도가 있다면, 스스로 명에 주청하여 구로(복건루트)로 해야 하고, 일본과 명의 강화는 조선이 관여할 문제가 아니라고 답변했다.

한편 위에서도 언급했듯이 1600년 이에야스는 임진왜란시 포로로 잡혀와 히젠 가라쓰에 억류되어 있던 모국과를 시마즈(島津)씨를 통해 송환하고, 사자로 도리하라 기에몬(鳥原喜右衛門)을 파견하여 감합(勘合)무역을 요청했다. 이에 대해 명 조정은 허가한 상선(사절)은 아니더라도 매년 2척의 상선을 일본에 파견한다고 약속했다. 그러나 명에서 파견한 상선은 가고시마 야마카와에 거점을 둔 사카이의 상인 이타미야 스케시로오의 습격을 받았고, 이로 말미암아 명·일간에 모색되던 교통재개는 무산되었다.

---

[6] 졸고,「에도(江戶)막부의 대외관계 형성과정」,『한국사연구』20(2009) 참조

이 시기에 명의 중앙정부 차원은 아니더라도 복건성(福建省) 차원에서 상선의 일본 파견을 결행한 것은 임진왜란 이후의 일본 정세를 파악하고자 하는 의도를 나타내고 있다고 생각된다. 한편 1606년 류큐왕 쇼네이(尙寧)의 책봉사가 류큐에 왔다. 이에 사쓰마(薩摩)의 시마즈 요시히사(島津義久)는 류큐왕 쇼네이에게 류큐에서 명선과 일본선이 무역할 수 있도록 하는 교섭을 의뢰하고, 스스로 책봉사에 서간을 보내 명 상선의 사쓰마 내항을 요청했다. 이에 대한 명의 대응은 보이지 않는다. 그리고 1610년 혼다 마사즈미는 복건도총독군무도찰원어사(福建道總督軍務都察院御使)에 서간을 보내 수교와 감합무역, 동남아 각지에 도항하는 주인선(朱印船)이 중국에 표착할 경우, 그들의 보호를 요청하였다(사쓰마의 류큐침략(1609)). 이와 같은 일본의 요구에 명은 일체 불응하여 일본과 명의 외교관계는 두절된 채 회복되지 못했다. 명의 입장에서 말하면 일본을 당시의 국제질서에서 추방해 버렸다고 볼 수도 있을 것이다. 그리하여 중국과 일본의 국가(중앙과 지방을 포함하여)차원의 외교관계는 단절되었다.

한편 중국선의 일본 무역은 1610년대에는 대개 30척 이상, 이토왓푸제(糸割符制)가 적용되던 1632년에는 4척으로 감소하지만, 1639년에는 93척, 1641년에는 97척으로 증가한다. 뒤에서 보듯이 1615년경부터 네덜란드(오란다)선의 일본 내항이 증가하는데, 이것은 대부분 포르투갈과 중국선의 약탈품이다. 이러한 네덜란드선의 증가는 포르투갈선에 의한 무역의 감소를 의미한다. 한편 일본의 중국인 사회의 두령 이단(李旦)은 1614년부터 25년까지 18척, 그의 동생 화우(華宇)는 5척의 주인선을 타이완, 베트남의 북과 남(東京과 交趾), 필리핀 등지로 파견하였다. 이단의 사후 동중국해 무역을 장악한 사람은 정지용(鄭芝龍)이다. 그는 1627년부터 중국연안을 침략하였다. 명은 네덜란드에게 지용의 추포를 명하고, 그 대상으로 중국인이 바타비아·타이완에 도항하는 것을 허가하였다. 그러나 네덜란드는 지용에게 패하였고, 지용은 중국연안에 대공세를 펼쳤다. 이에 명은 지용을 아모이총독에 임명하여 회유하였다. 그리하여 지용은 1635년경 동중국해에서 제해권을 장악한다. 위에서 본 중국선의 일본 무역 증가는 이러한 사정에 따른 것이었다.

한편 히데요시는 류큐에 1588년 8월 시마즈씨를 통해 복속·입공을 요구하는 서간을 보냈다. 그리고 시마즈씨는 류큐에 임진왜란을 앞둔 1591년 10월 조선침략의 군역으로 7,000인분의 병량미 10개월분과 나고야성 공사에 쓰이는 금·은·식량 등을 요구했다. 류큐와 막부의 공식적 접촉은 1600년 류큐선의 오슈(奧州) 표착에서 시작된다. 막부는 다테(伊達)씨와 시마즈씨에게 표착민의 정중한 송환을 명하였던 것이다. 막부와 시마즈씨가 표착민을 예의를 갖춰 송환한 것은 류큐로부터의 사절파견을 기대했던 때문이나, 1602년 파견된 류큐사절은 사쓰마에만 파견되고 막부에는 파견되지 않았다. 이를 계기로 막부에의 사절파견 지연, 조선침략 군역부담의 거부, 사쓰마 가독상속에 대한 축의의 지연 등을 이유로 사쓰마에서는 류큐 침략을 논의하기에 이른다. 그러나 위에서 보았듯이 1606년 류큐에 명의 책봉사가 왔기 때문에 사쓰마의 류큐 침략 계획은 일단 연기된다.

사쓰마는 다시 1608년 류큐 침략계획을 세우고, 1609년 2월 류큐에 최후통첩을 했다. 류큐에 대한 사쓰마의 군사행동은 1609년 3월에 시작된다. 사쓰마는 3000천의 군세로 4월 4일 슈리성에서 쇼네이왕의 항복을 받는다. 사쓰마는 전쟁 후 쇼네이왕과 그의 중신들을 가고시마로 연행하여 이에야스와 히데타다를 방문할 것을 강제하였다. 이 류큐왕의 에도행렬은 1607년 조선의 회답겸쇄환사의 행렬에 준하는 것이었다(입공사로서 자리매김함). 한편 명과의 교섭을 추진하고 있던 막부는 류큐인 모봉의毛鳳儀를 명에 파견하여 진상을 설명하고, 류큐의 삼사관명친방 정회鄭廻는 나가사키의 중국인을 통해 명에 밀서를 보냈다.

이 소식에 접한 명은 사쓰마의 류큐 침략을 명 침략의 일환으로 판단하고, 류큐와 일정의 거리를 유지하면서, 2년1공에서 10년1공으로 바꿨다(1612년, 1622년 5년1공으로 전환, 1633년 2년1공으로 전환). 한편 이러한 상황 속에서

1610년 막부는 복건성에 위에서 언급한 서간을 보내고 있다. 그리고 사쓰마는 쇼네이의 이름으로 명에 (1)일본상선의 명 도항을 인정할 것, (2)명의 상선을 류큐에 파견하여 일본상선과 교역할 것 (3)일본과 명이 직접 해마다 사신을 파견하여 교역할 것, 이 세 가지 중에 하나를 택할 것을 요구하고, 이를 거절할 경우 일본 규슈 아홉 지역九國의 군대가 명을 침공進寇할 것이라 경고했다. 그러나 이 서한이 명에 전해진 근거는 없다.『이국일기異國日記』에는 류큐가 명에 이 문서의 전달을 거절했다고 기록하고 있다. 한편 막부 외교의 최측근인 스덴(崇伝)의『이국일기』에 그렇게 기록되어 있다는 것은 막부도 그 사실을 용인하고 있었다는 것을 반증한다.

류큐에 대한 처분은 1609년 사쓰마에 위임되었다. 사쓰마는 우선 아마미시마(오오시마 5도)를 사쓰마령으로 편입하고, 류큐 전지역에 걸쳐 검지檢地를 실시, 아마미시마를 포함하여 석고 113,041석을 확정한다(류큐 본도 석고 89,086석). 이것은 류큐가 사쓰마의 속지임을 나타낸다. 막부도 사쓰마의 류큐 지배를 인정하여 사쓰마의 영지석고(605,000석)와는 별도로 류큐 123,700석(寬永檢地量)을 지행했다(1634년). 이것은 류큐가 일본의 일부임을 나타내고 있다.

이러한 상황에서 1620년 쇼네이왕이 사망하여, 류큐는 1622년 쇼호(尚豊)의 책봉을 청하는 사절을 명에 파견하고, 2년1공을 회복하고자 하였다. 명은 5년1공을 하락한다. 쇼호의 책봉은 1633년에 승인한다. 쇼호왕은 책봉에 감사하는 사은사를 1633년 책봉사와 더불어 명에 파견하고, 2년1공을 청했다. 이에 명은 그것을 허락한다. 한편 류큐는 1634년 2월 시마즈 미츠히사에 명으로부터 책봉 사실을 보고하면서 감사를 표했다. 이후 류큐로부터 사쓰마에 보내지는 연두사年頭使는 항례화된다. 한편 1634년은 시미즈 이에히사는 이에미쓰(家光)의 교토행(上洛)에 맞추어 쇼호의 국왕책봉을 감사하는 국왕의 사은사를 교토로 불러 이에미쓰를 알현하게 했다. 이후 국왕의 교체시에 류큐에서 막부로 보내는 사은사가 항례화한다. 더불어

1653년 이에쓰나 쇼군 계승을 축하하는 경하사가 파견된다. 이후 경하사도 항례화된다. 이리하여 류큐의 명에의 책봉과 조공관계, 일본에의 귀속이 확정된다(명·일 양속관계).

이상의 과정에서 주목되는 점은 1)막부가 사쓰마의 류큐에 대한 외교 및 통상 활동을 완전히 장악하지 못하고 있었던 점, 2)사쓰마의 류큐지배를 인정했다는 점, 3)일본(사쓰마와 막부)측의 류큐정책에 대해 명이 무력하였던 점, 4)명이 류큐의 양속관계를 인정하고 있다는 점 등이다.

1)은 1610년대 막부의 전국지배의 우위성이 인정되지만, 친히데요리계 다이묘가 건재하는 상황, 유서 깊은 도자마다이묘(外様大名)로서의 사쓰마의 지위, 그리고 동중국해를 무대로 한 해상세력의 교역활동 등과 관련된다고 생각된다. 2)는 1)의 상황과 관련하여 막부가 류큐를 직접 지배할 경우 발생할 수 있는 외교 분쟁을 피하고자 하는 의도를 나타내고 있다고 생각한다. 즉 막부가 류큐를 직접 지배할 경우, 명은 막부가 명을 침략한 것으로 생각하여 전쟁을 일으킬지도 모르는 일이다. 이렇게 발생한 전쟁에서 승리한다면 막부의 「무위」는 더욱 고양되겠으나, 만에 하나 적절하고 신속한 대응이 불가할 경우, 갓 설립된 막부는 존립 그 자체가 위험할 수 있을 뿐더러 막부의 「무위」가 심각하게 손상될 수 있었던 것이다. 이러한 상황에 대비하여 막부는 사쓰마의 류큐 지배를 인정하였던 것이다.

3)은 당시의 국제정세와 관련되어 있다. 명이 해금정책을 실시하여 자국인민의 해외도항을 금지하고 있으나, 동중국해를 무대로 하는 교역활동은 활발하였다. 임진왜란 이후 명은 급격히 쇠퇴하고 있었다. 1616년 후금의 건국은 명 쇠퇴를 상징한다. 명은 북변의 후금 건국과 남변의 일본·류큐 문제에 대처할 여력이 없었던 것이다. 4)명이 류큐의 양속을 인정한 것은 현실적으로는 북변에 전력 대처하기 위한 방편이었다고는 하나, 화이사상을 바탕으로 하는 천하사상, 책봉체제와 조공무역체제를 스스로 무너뜨리는 것이었다. 한편 위의 막부의 대외 제정책·태도는 막번체제의 안정화

를 지향하고는 있으나, 새로운 동아시아 질서를 창출하려는 일관된 방향성과 목적을 가지고 추진되었다기보다는 국제정세에 편승한 것이었다고 볼 수 있을 것이다.

맺음말

이상에서 정유재란 후부터 회답겸쇄환사의 일본 방문에 이르기까지의 조선·명·일본의 각각의 관계를 유철 논의, 조선과 일본의 강화·화호 교섭 과정, 일본과 명·류큐의 교섭과정을 통해 보았다. 이 기간 중에 조선은 명의 군사·외교정책에 기본적으로 규제되어 있었다고 할 수 있다. 따라서 조·일의 강화·화호교섭도 기본적으로는 당연히 명의 동아시아에 대한 군사·외교정책에 영향을 받았다. 이러한 상황 하에서 조선은 명의 군사·외교적인 간섭을 배제하기 위해서, 그리고 일본의 재침략을 막기 위해서, 조·일의 국교 재개에 적극적으로 임했던 것이다. 명도 국내의 민란, 여진족의 발흥, 재정사정의 악화, 조선의 움직임-명군 철수와 일본에 대한 자주적 외교의 전개-등에 의해 일본에 대한 방위체제를 본토 연안 수비체제 강화로 전환하고, 조·일의 외교를 조선에 위임하게 된다. 일본도 국내정치가 불안정하였기 때문에, 빨리 조선 신사를 유치하여, 장군권력將軍權力을 확고히 하려 했다.

이와 같은 상황 하에서 조·일의 국교는 단시일 내에 재개되었으나, 이 조·일 국교 재개에는 세 가지 문제를 포함하고 있다. 첫째, 쓰시마가 조선의 기미 대상지로 설정되어 있던 점에서 발생하는 문제이다. 이것은 기유조약에 수직인受職人 조항으로 나타난다. 이 조항이 쓰시마의 대조선 무역을 위해 들어간 것이라고는 하나, 특정 일본인이 조선에 속한다는 것을 의미한다. 막부 입장에서 보면, 이것은 장군권력이 이들에게 완전히 침투하지 못한다는 것을 의미한다. 따라서 막번체제가 안정화함에 따라 막부는 이러한 상태를 제거하려 할 것이다. 당연히 막부는 쓰시마의 대조선 외교를 통제하는 방향으로 정책을 취할 것이다.

둘째, 조·일 국교 재개가 일본=막부의 국내의 정치적 안정을 도모함과 더불어 장군권력의 위광을 높이기 위해 필요했던 것이라는 점에서 발생하는 문제이다. 즉 일본의 국내 정치가 안정되고 막번체제가 확립되면, 막부의 대조선 외교는 정치적 필요·이용에서 체제유지를 위한 것으로 그 성격이 변화할 것이다. 그리고 막부는 일본을 중심으로 한 대조선 외교를 전개하려 할 것이다. 따라서 조선 통신사의 자리매김도 성격도 변화할 것이다. 이러한 문제와 첫째 문제가 뒤얽혀「야나가와 사건(柳川一件)」이 발생하고, 그 결과 조선에 대한 다이쿤(大君)외교가 성립한다.

셋째, 조선과 일본의 국교 재개가 명의 묵인 하에 성립된 것에서 발생하는 문제이다. 일본이 명과 외교 관계를 맺지 못했다고는 하나, 일본이 동아시아 국제질서에 편입되지 않았다고는 할 수 없다. 일본은 조·일 국교 재개에 의해 당시의 국제질서에 편입되었다고 평가할 수 있다. 그러나 여진족의 발흥은 그 구조를 근저에서 부정할 가능성이 있었다. 따라서 일본은 후금이 조선을 침략했을 때, 조선에 원정군을 파견하려는 계획을 검토했다고 보인다. 또, 일본은 명·청 교체기에도 청의 군사적 위협에 대한 군사전략, 외교체제의 구축이 필요했다. 그것은 소위「쇄국(鎖國)」체제의 성립으로 나타난다. 이렇게 보면,「쇄국」체제는 청의 대일정책에 규제되는 성격을 가지고 있고,「쇄국」체제의 가장 중요한 기반으로 기능하는 조선과의 교린외교도 청의 대조선 정책에 규제된다고 보인다. 그러한 의미에서 군사·외교체제로서의「쇄국」체제는 일본의 동아시아 질서에의 포섭 형태의 한 표현이라 하겠다.

[본고는 拙著,『文禄・慶長の役と東アジア』, 臨川書店, 1997, 「에도(江戶)막부의 대외관계 형성과정」,『한국학연구』 20(2009)을 바탕으로 부분부분 개필・가필했음을 밝혀둔다. 그러나 본고의 논지는 위 졸저와 같다]

〈참고문헌〉

※ 이형석,《임진전란사》상/중/하/별권, 임진왜란사간행위원회, 1974
※ 한명기,《임진왜란과 한중관계》, 역사비평사, 1998
※ 이장희,《임진왜란사연구》, 아세아문화사, 1999
※ 손승철,《근세조선의 한일관계연구》, 국학자료원, 1999
※ 한일관계사연구논집편찬위원회편,《임진왜란과 한일관계》, 경인문화사
※ 정두희/이경순 역음,《임진왜란 동아시아 삼국전쟁》, (주)휴머니스트 출판그룹, 2007

조선후기 왜관의 역사적 의미

한 명 기*

목 차

머리말
1. 왜구문제와 왜관의 성립
2. 임진왜란과 왜관의 재등장
3. 정묘·병자호란과 왜관
4. 왜관에서 일어났던 일들
5. 조선의 왜관 통제와 접왜지 도의 모색
맺음말

머리말

'가깝고도 먼 나라'. 한국 사람들이 일본을 가리킬 때 흔히 쓰는 말이다. 지리적으로는 그 어떤 나라보다도 가까이 있지만, 장구한 시간에 걸쳐 갈등과 마찰을 빚고 피해를 받아 왔던 한국인들의 역사적 경험이 응축되어 있는 표현이다. 그렇다면 조선시대를 살았던 한국인들의 일본 인식은 어떤 것이었을까?

문헌에 나타난 조선시대 지식인들의 일본을 부르는 명칭이나 그 명칭 속

---
* 명지대학교 사학과 교수

에 나타난 일본 인식은 대체로 부정적이다. 일본을 왜(倭), 왜국(倭國)으로 부르고 일본인을 왜인(倭人), '섬의 왜인(島倭)', '섬 오랑캐(島夷)'라고 지칭하였다. 이렇게 일본을 '오랑캐'로 여기는 분위기와 맞물려 조선 지식인들은 조선이 '일본보다 문화적으로 우월한 나라'라는 자부심을 갖고 있었다. 성리학적 명분론이 극성했던 16세기 이후에는 심지어 일본을 가리켜 '개돼지(犬豕)'라고 비하하기도 하였다. 한 예로 1590년(선조 23) 일본에 사신으로 갔던 김성일(金誠一)의 표현은 특히 격하다.

> 지금 와서 볼 때 우리나라는 중국과 같고 도왜(島倭)는 실상 오랑캐와 같습니다. 대국의 사신으로서 하찮은 오랑캐에게 굴복하여 그들에게 능멸과 무례를 당하고서도 오히려 부끄러운 줄을 모르고, 도리어 중한 체모를 하찮고 사소한 것으로 여기니, 이것은 또한 춘추(春秋)의 뜻과 다르지 않겠으며, 또한 한 나라 유신(儒臣)의 소견과 다르지 않겠습니까. 이것이 바로 내가 이른바 '하나만 알고 둘은 모르며 기러기발을 아교로 붙이고서 비파를 타는 격'이라고 이르는 것입니다. … 우리들이 개돼지의 소굴에 들어와서 개돼지와 섞여 있어 형세가 고단한 바, 그 위태로움이 심하다고 할 수 있습니다. (김성일, 《학봉집(鶴峰集)》 권5 〈答許書狀箴〉)

위에서 보이듯이 김성일은 조선을 '중국'이자 대국으로, 일본은 '오랑캐'이자 '하찮은 나라'로 보았다. 심지어 일본을 가리켜 '개돼지의 소굴'이라는 극단적인 표현까지 사용하였다.

그런데 조선시대 내내 조선 영토 안에는 위에서 보이는 일본에 대한 부정적 인식이나 문화적 우월의식과는 결코 어울리지 않는 공간이 존재했다. 그것이 다름 아닌 왜관(倭館)이었다. 조선에 오는 일본인들의 거처이자 외교를 위한 공관(公館)이었다. 또 양국 상인들 사이에 무역이 이루어지는 일종의 상관(商館)이기도 했다. 많을 때는 서울을 비롯하여 4곳에, 임진왜란 이후부터 19세기 후반까지는 1곳이 존재하였다.

오늘날의 관점에서 볼 때 조선시대 왜관은 이해하기 어려운 존재다. 왜냐하면 오늘날의 국가와 국가 사이의 관계는 쌍무적이고 대칭적인 성격을 지니고 있기 때문이다. 즉 우리나라에 일본의 공관이 있으면 일본에도 우리나라의 공관이 존재하는 것을 지극히 당연한 것으로 생각하게 된다. 그런데 조선시대에는 달랐다. 왜관은 조선에만 있었고, 일본에는—만약 있었다면 '조선관朝鮮館', '한관韓館' 등으로 불렸을지도 모르는—조선 사람들이 거주하는 공간이나 외교 공관, 그리고 상관이 존재하지 않았다. 왜 이 같은 현상이 일어나게 되었던 것일까?

왜관은 1403년 처음 건설된 뒤, 우여곡절 속에 존폐를 거듭하면서 1868년까지 계속 유지되었다. 위에서 언급했듯이 일본과 일본인들을 부정적으로 인식했던 조선이 왜관을 지어주고 일본인들의 거주를 허용했던 까닭은 무엇일까? 더욱이 일본이 무고하게 전쟁을 일으켜 조선 전토를 황폐화시켰던 임진왜란 이후에도 왜관이 다시 건립되고, 이후 19세기 후반까지 존속되었던 까닭은 무엇일까? 또 왜관과 왜관 주변에서는 어떤 일들이 벌어지고 있었던 것일까?

1. 왜구문제와 왜관의 성립

1) 침략자에서 통교자로의 변신

조선시대 왜관이라는 비대칭적인 존재가 창설되어 계속 유지되었던 배경에는 왜구倭寇 문제가 놓여 있었다. 왜구란 한마디로 일본 출신의 해적들을 가리킨다. 13세기 초부터 조선의 남해안 일대에 출몰하여 약탈을 일삼았던 왜구는 14세기에 들어와 더욱 기승을 부렸다. 14세기 중반 왜구는 서해를 거슬러 개성 부근까지 올라오거나 동해를 따라 강릉 등지에도 나타나 노략질을 벌였다. 왜구는 조선인들을 붙잡아 가고 미곡을 운반하는 조운선을 습격하거나 연안에 설치된 미곡 창고를 공격 목표로 삼아 횡행하였다. 극심했던 왜구 피해 때문에 부심하던 고려 정부는 1366년 일본 조정에 사신을 보내 왜구를 단속해 달라고 요구했지만 일본 조정은 반응을 보이지 않았다.

왜구의 침입과 약탈 행위는 1370년대 이후 더 극성을 부렸다. 이 무렵 왜구의 근거지와 가까운 규슈(九州) 일원이 동란에 휩싸여 제대로 통제가 이루어질 수 없었던 상황도 왜구가 발호하는데 주요한 원인이 되었다. 당시 왜구가 침입하는 지역은 내륙으로까지 확대되었다. 왜구가 더 심하게 발호하자 고려는 일본에 다시 사신을 보내 바쿠후(幕府)와 규슈를 상대로 교섭을 벌였다. 하지만 별다른 효과를 보지 못하였고 상황은 날로 심각해졌다. 1377년의 경우, 거의 1년 내내 왜구의 침략이 이어졌고, 남해와 서해 연안의 고을 가운데는 왜구를 피해 치소(治所)를 내륙 지역 등으로 옮기거나 치소 자체가 아예 폐치(廢置)되는 곳도 나타났다. 심지어 고려 조정에서는 빈발하는 왜구의 위협을 피하기 위해 수도를 개성에서 철원으로 옮겨야 한다는 주장이 제기되기도 하였다.

고려는 왜구를 막기 위한 군사적 대책을 마련하기 위해 부심하였다. 특히 1380년대에 이르면 왜구들이 탄 선박과 해전을 벌이거나 육지에서의 싸움이 빈번하게 벌어졌다. 당시 왜구와의 해전에서 고려군은 화포 등 화약 무기를 사용하여 상당한 효과를 보았다. 1383년 정지(鄭地)가 남해 관음포에서 왜구를 대파하였고, 1389년에는 경상도 원수 박위(朴葳) 등이 군사를 이끌고 왜구의 근거지인 쓰시마를 공격하기도 하였다.

쓰시마 공략을 비롯한 왜구에 대한 군사적 대응은 상당한 성과를 거두었다. 또 왜구의 잦은 발호 때문에 위기의식이 높아지는 한편에서 최영(崔瑩)과 이성계(李成桂) 등 왜구를 토벌하는데 공을 세운 무장들이 고려 말의 혼란한 정국에서 정치적으로 두각을 나타내기도 하였다. 어쨌든 고려 말 왜구의 피해는 심각한 것이어서 일부 연구자들은 '왜구 때문에 고려가 망했다'고 무리한 주장을 펴기도 한다.

1392년 건국한 조선 또한 왜구를 종식시키기 위한 대책 마련에 부심하였다. 그것은 강온强穩 양면에 걸쳐 나타났다. 조선은 1419년(세종 1) 왜구의 소굴인 쓰시마를 직접 공격하는 군사 작전을 벌였다. 조선에서는 이 원정을 보통 기해동정己亥東征이라 부르고, 일본에서는 '응영應永의 외구外寇'라고 한다. 쓰시마 정벌은 일정한 성과를 거두었지만, 그것은 어디까지나 제한적인 작전이었다. 조선은 이후 경제적으로 당근을 제시하면서 일본인들을 회유하는데 주력하였다. 왜구가 될 가능성이 있는 일본인들에게 경제적 기반을 마련해 주면서 투항을 촉구하기도 하고, 무역을 허락하면서 맞아들이거나, 벼슬을 주면서 귀순을 허용하였다. 이 같은 회유책에 호응하여 조선에 들어온 왜인들을 각각 투화投化왜인, 흥리興利왜인, 수직受職왜인이라고 부른다. 조선은 이들을 회유하여 왜구의 피해를 막는 한편, 그들에게 생계 기반을 마련해 주고 물품을 사여賜與함으로써 대국의 위신을 과시하고자 하는 의도도 갖고 있었다.

건국 직후부터 회유책을 통해 왜구의 피해를 근절시키고자 했던 조선의 노력은 시간이 지나면서 점차 효과를 발휘하였다. 기승을 부리던 왜구가 진정되는 기미를 보이기 시작했던 것이다. 1395년 무렵 남변南邊 상황을 언급했던 다음의 기록은 그 같은 정황을 잘 보여준다.

> 도왜島倭들도 얼굴을 고치고 내조來朝하여 다시 무역을 하게 되어, 남도의 백성들이 안심하고 살 곳을 정하여, 호구가 더욱 불어나고 닭 우는 소리와 개 짖는 소리가 서로 들리게 되었으며, 바닷가의 땅과 매우 험준한 섬까지 남김없이 개간하여, 전쟁을 모르고 날마다 마시고 먹을 뿐이다. 《태조실록》 권8 태조 4년 12월 계묘）

왜구 문제가 어느 정도 진정되면서 삼남의 백성들이 평화롭게 생업에 종사할 수 있게 된 상황이 언급되어 있다. 치소를 옮기고 천도까지 고려해야 할 정도로 심각했던 고려 말의 상황에 비하면 확실히 좋아졌다고 할 수 있었다.

하지만 왜구가 될 가능성이 있는 일본인들을 포용하여 회유하는 것은 결코 간단한 문제가 아니었다. 일본인들의 조선 거주를 허용하고 그들을 평화로운 통교자로 변신시키는데 들어가는 사회경제적 비용이 만만치 않았기 때문이다. 일본인들이 조선에 머물거나 왕래하는 동안 제공해야 할 식량·숙소·교통 등 접대에 필요한 경제적 비용이 대단히 컸다. 그리고 그 부담은 사실상 백성들이 감당해야 할 몫이었다. 더욱이 경제적 대가 등을 바라고 조선으로 몰려드는 통교자의 수는 날이 갈수록 늘어나고 있었다.

요컨대 왜관은 회유책에 호응하여 조선으로 몰려드는 일본인들을 접대, 통제하려는 목적에서 생겨난 것이다. 1409년 서울에는 일본인들의 객관으로서 동평관東平館이 설치되었다. 오늘날의 충무로 부근이었다고 한다. 이어 일본과 지리적으로 가까운 경상도 연안의 삼포三浦에도 왜관이 세워졌다. 1423년(세종 5) 제포薺浦와 부산포釜山浦에, 1426년(세종 8) 염포(鹽浦-울산)에 설치되어 이른바 삼포왜관으로 불리게 되었다. 15세기 중반 조선에는 서울과 경상도에 모두 4개의 왜관이 존재하고 있었다.

2) 종기가 터지다: 삼포왜란과 왜관

회유책을 통해 왜구를 통교자로 전환시키려는 조선의 정책은 일단 성공을 거두었다. 왜구 피해가 크게 줄었기 때문이다. 하지만 시간이 지나면서 왜인들을 회유하는데 필요한 여러 가지 부담은 눈덩이처럼 커지고 있었다. 서울과 삼포에 거주하는 왜인들 뿐 아니라 조선 측이 제공하는 이런저런 증여를 노리고 입국하거나 상경하는 왜인들의 수가 급증하였다. 이미 15세기 초 서울에 거주하는 왜인들의 수는 100명을 넘어섰다. 15세기 중반이 되면 제포 한 곳에만 400여 명이 거주하고, 삼포 전체로 치면 수천 명의 왜인들이 항거恒居하거나 포구 주변에 임시로 머물고 있는 상황이었다. 임시로 머무는 자들도 가능한 한 조선에 오래 머물기 위한 방도를 찾기 위해 골몰하는 형편이었다.

왜인들의 증가는 많은 문제점들을 야기하였다. 그들 가운데는 합법적으로 생업에 종사하는 자들 말고도 갖가지 불법, 일탈 행위를 벌이는 자들이 많았다. 거주 지역을 벗어나 조선의 여염을 횡행하거나, 밀렵과 밀무역을 벌이거나 심지어 인신매매에 가담하는 자들도 있었다. 그 과정에서 조선인들과 접촉이 잦아지면서 발생하는 치안 문제 또한 간단치 않았다. 조선 조정은 거주 왜인들의 인구 증가를 우려하여 통제를 시도했지만 여의치 않았다.

16세기 들어서면서 삼포 지역의 인구는 더 늘어났다. 이 지역에서 어업권이 인정되는 등 왜인들의 생활 여건이 더 좋아졌기 때문이었다. 쓰시마 출신을 비롯한 왜인들 중에는 가족들이 모두 이주하여 거류하는 경우도 있었다. 1503년(연산군 9) 삼포 지역을 직접 시찰했던 전한典翰 정인인鄭麟仁은 국왕에게 다음과 같이 실정을 보고한 바 있다.

전한 정인인이 서계書契하기를, "신이 직접 제포의 왜인들을 검찰하여 보니 호의 총수가 4백에 인구 2천여 명으로 출생이 날마다 늘어나니, 염포나 부산포 또한 반드시 이럴 것입니다. 마치 종기가 뱃속에 맺히는 것과 같아 언젠가는 썩어 터질 것이므로 식자들이 한심하게 여깁니다. 또 본도(쓰시마)의 남녀가 삼포 왜인과 혼인하여 와서 사는 자도 몹시 많습니다. 옛날의 약조대로 쇄환刷還하지 않은 것도 벌써 국가로서 계책이 아닌데, 어찌 또한 새로 삼포에 들어오는 왜인을 받아야 합니까? 남자는 바다에 나가 해산물을 캐고, 여자는 여염에서 장사하여 모두들 넉넉하게 지내고 나아가 많은 일꾼들을 두고 부유하게 사는 자까지 있으니, 정말 낙토樂土입니다. 쓰시마는 토지가 모두 모래와 자갈인데다 좁고 작습니다. 비록 바다에서 나는 것이 있으나 가져다 팔 곳이 없는데, 인구는 날마다

번성하고 살 길은 적으니 만일 금지하지 않는다면 누가 살기 어려운 곳을 굳이 지키고 낙토로 가지 않으려 하겠습니까?

위에서 보이듯이 당시 삼포를 어떻게 할 것인지를 놓고 조선 정부는 딜레마에 처해 있었다. 모래와 자갈 밖에 없는 쓰시마에 비해 조선에서는 머슴까지 두고 부유하게 살 수 있으니 쓰시마 왜인들에게 삼포는 분명 '낙토'였다. 하지만 정인인에 따르면 그 '낙토'는 조선의 입장에서는 언젠가는 터질 수도 있는 '뱃속의 종기'였던 것이다.

조선 조정은 자연히 왜인들을 보다 확실하게 규제하려고 시도하였고, 왜인들은 반발하였다. 조선은 삼포 주변에 목책을 비롯한 차단 시설을 설치하여 왜인들의 출입을 통제하는 한편, 밀무역 등을 막으려고 감시를 강화하였다. 또 그들에게 전세를 비롯한 세금을 부과하겠다는 방침을 통고하였다. 불만을 품은 왜인들이 들고일어나면서 마침내 '종기'가 터지고 말았다. 1510년(중종 5) 4월, 조선 측의 규제 강화에 반발했던 삼포 거주 왜인들은 쓰시마의 군사적 지원을 얻어 폭동을 일으켰다. 조선의 군영을 공격하여 부산첨사를 살해하고, 제포첨사를 포로로 잡는가하면 주변의 여러 지역을 약탈하였다. 이것이 삼포왜란三浦倭亂이다. 폭동은 조선의 군사 작전에 의해 곧 진압되었지만 후유증은 컸다. 조선 측은 삼포를 폐쇄하였다.

1512년(중종 7) 임신약조가 체결되어 제포가 다시 열리고, 1522년(중종 17) 부산포가 재개되어 왜관이 다시 열렸지만 과거처럼 왜인들이 마을을 형성하여 거류하는 것은 불가능해졌다. 이어 1544년(중종 23) 쓰시마를 중심으로 왜인들이 사량진왜변을 일으켜 도발하자 조선은 제포의 왜관을 다시 폐쇄하였다. 1547년(명종 2) 이후 왜관은 이제 부산에만 남게 되었다. 왜관이 부산에만 유일하게 남음으로써 조선의 왜인 통제는 훨씬 원활하고 용이해졌지만, 문제는 그것으로 끝난 것이 아니었다. 16세기 중반 이후 일본에서는 전국시대의 혼란이 끝나가는 한편 통일의 기운이 높아지고 있었다.

2. 임진왜란과 왜관의 재등장

1592년 일어난 임진왜란을 계기로 부산의 왜관은 사라졌다. 서울에 있던 동평관은 불타 없어졌다. 사실 전쟁 이전까지 왜관을 운영하는 일본 측 주체였던 쓰시마는 도요토미 히데요시(豊臣秀吉)의 조선 침략이 매우 곤혹스러운 일이었다. 실제 쓰시마는 조선과의 전쟁을 회피하기 위해 노력한 바 있다. 그들은 1587년 5월, 시마즈(島津)를 공략하기 위해 사쓰마(薩摩)에 있던 히데요시에게 사자를 보내 조선을 공격하는 대신 조선에 공물과 인질을 요구하자고 주장하였다. 쓰시마의 지배층은 또한 히데요시가 자신들에게 관철시킬 것을 요구했던 '조선 국왕 입조入朝'를 '통신사 파견'의 조건으로 바꿔치기 하는 것을 구상하기도 하였다. 왜란 이전까지 조선에게 경제적으로 얹혀살았던 처지에서 입조를 요구하는 심부름을 하거나, 조선을 공격하는데 앞장설 경우 쓰시마의 앞날이 걱정스러웠기 때문이었다. 하지만 쓰시마는 히데요시의 강요를 끝내 피하지 못했고, 소 요시토시(宗義智) 등은 고니시 유키나가(小西行長)가 이끄는 제1군과 함께 조선에 침입하여 평양까지 북상하기도 하였다. 본심이 아니었다고 얘기할 수 있겠지만, 그 동안 조선을 드나들면서 숙지하게 된 지리 정보 등을 제공하고 침략군의 앞잡이 노릇을 했다는 원망을 피할 수는 없는 것이었다.

임진왜란 이전 왜관을 드나들면서 일본인들과 절친했던 조선인 가운데는 전쟁이 터지자 일본군에 붙어 잔학한 행위를 일삼는 자도 나타났다. 잠상 출신으로 일찍이 서울의 동평관을 드나들면서 일본인들과 친해지고 일본어를 익힌 박수영이란 자의 경우가 대표적이었다. 그는 평소 일본인들에게 조선 사정을 누설했는데, 일본군이 서울에 입성할 때 그들을 맞이하여 갖은 아첨으로 악행을 자행하였다. 그는 일본군의 위세를 빌어 평소 원한을 품었던 일본 사람들에게 보복했는가 하면, 일본군에게 저항을 꾀하는 도성 주민들을 밀고하여 처형하기도 하였다. 박수영은 일본군이 철수할 때 그들을 따라갔다. 바로 그와 같은 존재 때문에도 왜란을 거치며 조선의 왜관에 대한 인식은 극히 적대적일 수밖에 없었던 것으로 보인다.

아무튼 임진왜란을 계기로 일본과 쓰시마에 대한 조선의 원한과 적개심은 극에 이르렀다. 임진왜란이 끝난 직후 조선은 일본을 '영원히 함께 할 수 없는 원수(萬世不共之讐)'로 여기게 되었다. 무고한 침략 때문에 엄청난 인적, 물적 피해를 당했던 상황을 고려하면 당연한 것이었다. 그리고 그 적개심은 조선 후기 내내 저류底流로 이어졌다.

사실 임진왜란 직후의 분위기에서 조선이 일본과 국교를 재개하거나 왜관을 다시 열어주는 것은 생각하기 어려웠다. 조선은 또한 조선에 군대를 파견했던 명을 의식해서도 일본과의 관계를 재개하는 것이 곤란하였다. 이미 왜란이 일어났던 직후 명 일각에서는 조선이 일본과 공모하여 요동을 탈취하려 한다는 의구심이 존재하였고, 조선이 일찍이 자국 영토 안에 왜관을 열어주고 일본인들의 거주를 허용한 것 등을 역시 의심의 눈초리로 바라보는 분위기가 존재하였다. 조선은 이 때문에 '왜관은 사나운 왜인들을 포용하여 기미羈縻하기 위한 목적'에서 허용했다는 것, 왜관 때문에 전쟁이 일어난 것은 아니라는 사실을 변무해야만 하였다.

한편 1598년 히데요시가 죽고 왜란이 끝나자 쓰시마는 필사적으로 움직였다. 조선과의 통교를 재개하지 않으면 생존할 수 없었기 때문이다. 도쿠가와 이에야스(德川家康)의 막부 또한 쓰시마를 내세워 조선과의 강화를 실현하고자 하였다. 막부는 조선에 피로인을 송환하는 조처를 취하는 한편, 강화를 거부할 경우 재침再侵 하겠다고 협박하는 등 이중적인 태도를 구사하였다.

조선은 '명의 허락이 없이는 강화를 스스로 결정할 수 없다'며 이른바 차중지계借重之計를 통해 일본의 본심을 파악하기 위한 시간을 벌려고 하였다. 그리고 여전히 양국 사이에서 중개자 역할을 담당하고 있던 쓰시마에 대해서는 일단 포용하는 자세를 보였다. 쓰시마를 포용하여, 그들이 다시 왜구가 되는 상황을 막아야 하는 상황을 고려한 것이었다. 그 와중에 협상을 위해 부산에 드나드는 쓰시마의 왜인들을 위해 부산 앞바다의 절영도絶影島에 임시로 왜관이 다시 설치되었다. 절영도는 임진왜란 당시에는 조선으로 향하던 침략군들이 잠시 머물면서 쉬어가던 휴식처로 사용되기도 하여 일본인들에게는 낯설지 않은 곳이었다.

 쓰시마는 양국 사이를 오가며 조선의 '마음을 되돌리기 위해' 범릉적犯陵賊을 송환하고, 피로인被擄人을 쇄환刷還 하는 등의 노력을 기울였다. 조선 또한 일본 측의 거듭된 요청을 마냥 거부할 수 없었다. 임진왜란 이후 서북방에서 누르하치의 세력이 날로 커지며 새로운 위협으로 떠올랐던 상황 또한 조선의 입지를 불안하게 했다. 서북방의 불온한 정세에 제대로 대처하려면 동남방에서 일본과의 관계를 안정시키는 것이 절실하였다. 조선은 이에 쓰시마, 일본과의 교섭을 받아들이고 국교를 재개할 명분을 찾으려고 하였다. 명분의 하나는 왜란 이후 일본의 지배자로 등장했던 도쿠가와 이에야스가 -도요토미 히데요시와는 달리-조선 침략에 소극적이었고, 조선에 대해 계속하여 국교 재개를 요청하는 등 성의를 보였다는 점이었다. 이 같은 상황에서 1607년 조선은 일본에 회답겸쇄환사回答兼刷還使를 파견했고, 두 나라의 강화는 성립되었다.

 정식으로 강화가 성립되면서 절영도의 임시 왜관 대신 부산에 왜관이 다시 설치되었다. 이것을 두모포豆毛浦 왜관이라 부른다. 조선이 결국 일본과의 국교 재개를 수용하고 쓰시마 측의 간청을 받아들여 왜관을 다시 설치해 준 것은 왜란 이후의 엄혹한 현실을 고려한 조처였다. 하지만 조선은 쓰시마, 일본에 대한 경계심을 결코 풀지 않았다. 국교를 재개하고 왜관은 다시 허용했지만 일본 사절이나 상인들의 상경은 엄격히 금지하였다. 과거 서울과 삼포에 왜관이 있던 시절, 서울을 자유롭게 왕래하던 일본인들에 의해 산천 형세나 관방關防과 관련된 조선 내부 정보가 고스란히 노출되었던 전철을 다시 밟지 않기 위한 조처였다.

 그럼에도 일본과 국교를 재개하고 왜관을 다시 허용한 것은 민족감정으로 볼 때, 결코 내키지 않는 것이었다. 실제 왜란이 끝날 무렵, 조선 신료들 가운데는 쓰시마를 정벌해야 한다고 주장하는 사람들이 있었다. 그들은 일본군이 철수하는 척 하다가 도서 사이에 머물면서 명군이 철수하기를 기다렸다가 다시 쳐들어올지도 모른다는 우려를 제기하고, 일본군의 중간기지 역할을 했던 쓰시마를 아예 없애버리자는 주장을 폈다. 그런데 이제 '만세불공의 원수'를 무력으로 응징하여 복수하기는커녕 왜관을 설치하여 교역을 허용함으로써 회유해야 했던 상황은 분명 울분을 불러일으키는 것이었다. 자연히 조선의 무력無力함을 통탄하는 목소리가 나타날 수밖에 없었다. 요컨대 '원수' 일본에게 왜관을 다시 설치해 주었던 것을 비판하는 분위기는 임진왜란 이후 조선 지식인들이 지녔던 일반적인 정서였던 것으로 여겨진다.

3. 정묘·병자호란과 왜관

1) 정묘호란 무렵의 왜관

 임진왜란 직후의 일본 막부나 쓰시마는 조선에 대해 어느 정도는 미안한 마음을 갖고 있었던 것으로 보인다. 우선 무고한 침략을 자행하여 조선에 막심한 피해를 끼친 '원죄'가 있었기 때문이다. 나아가 막부의 경우 조선과의 관계를 개선하여 대외적 위신을 높임으로써 내부의 통치 기반을 다져야 할 필요성이 있었고 쓰시마의 경우는 조선과의 교역 재개가 사활이 걸린 문제였기 때문이었다. 당연히 적개심에 불타는 조선에 대해 통신사 파견, 교역 재개 등의 '아쉬운 소리'를 해야 하였고, 그 과정에서는 피로인 쇄환이나 범릉적 송환 등의 조처를 통해 나름대로 성의를 보여야만 했던 것이다.

하지만 시간이 지나면서 막부나 쓰시마가 갖고 있던 조선에 대한 '미안한 마음'은 점차 사라지는 조짐을 보인다. 그것은 17세기 초이래, 조선이 처한 안팎의 환경이 점점 더 어려워지고 있었기 때문이다. 주지하듯이 1621년 누르하치의 후금後金은 만주 전체를 장악하여 명과 조선을 더욱 옥죄고 있었다. 또 1623년 조선에서는 인조반정이 일어나 광해군정권이 몰락하고 인조정권이 수립되었다. 인조정권은 정권을 획득하는 과정에서 '친명배금親明排金'의 기치를 보다 선명히 했거니와 인조 집권 이후 후금과의 관계는 긴장이 고조될 수밖에 없었다. 더욱이 1624년, 반정 당시의 논공행상에 불만을 품은 이괄李适이 반란을 일으켜 서울을 점령하는 사태가 빚어지자 인조정권의 위기의식은 극에 이르렀다. 특히 이괄 반란군의 선봉에 섰던 항왜降倭들의 군사적 위력을 목도하면서, 인조 조정의 신료들 가운데는 왜관에서 원군을 빌려야 한다는 주장을 펴는 자들도 나타났다.

이 같은 상황에서 1627년 정묘호란이 일어나자 상황은 더욱 미묘하게 변화되었다. 후금군의 침입으로 인조와 조정은 강화도로 피신했거니와 그 같은 위기 상황에서 조선의 대일인식이나 정책은 어쩔 수 없이 유화적인 방향으로 변할 수밖에 없었다. 애초 후금과의 관계가 틀어져서 서변西邊의 긴장이 높아졌을 때부터 조선 조정은 그 사실을 왜관과 일본인들이 알지 못하도록 숨기려고 하였다. 하지만 이미 전쟁의 발생이 기정사실이 되어가고 있던 상황에서 언제까지나 숨길 수는 없는 것이었다. 더욱이 삼남 지역에서 수군까지 차출하여 강화도의 조정을 숙위宿衛해야 했던 상황에서 왜관이나 쓰시마와의 관계를 우호적으로 유지하는 것은 필수적인 과제이기도 하였다.

정묘호란의 발생 사실을 알게 되자 왜관과 쓰시마는 기민하게 움직였다. 정묘호란 발생 직후 쓰시마는 조선에 사절을 보내 무기를 원조하겠다고 제의하였다. 또 이후 조선에 조총과 화약 등을 판매하였다. 강화가 성립되어 후금군이 철수한 뒤에는 조선 스스로 쓰시마로부터, 혹은 쓰시마의 중개를 통해 일본산 조총이나 장검 등을 도입하고, 피로인 출신들을 활용하여 포수를 조련하는 방안 등을 검토하기도 하였다.

왜관과 쓰시마는 정묘호란을 계기로 위기에 처한 조선의 수세를 교묘히 활용하여 상당한 실리를 취할 수 있었다. 그 가운데 무엇보다 주목되는 것은 1629년 승려 현방玄方의 상경을 관철시킨 사건이었다. 앞에서 언급했듯이 임진왜란 이후 조선은 왜사倭使의 상경을 엄격히 금지하였고, 쓰시마와 일본 측은 수차례에 걸쳐 상경을 허용해 달라고 조선 조정에 요구한 바 있었다. 그럴 때마다 조선은 요지부동이었는데 정묘호란을 치르면서 상황이 달라졌다. 1629년 4월, 막부로부터 정묘호란 이후의 대륙 정세와 조선 내정의 탐색을 명받은 승려 현방은 왜관을 거쳐 서울로 상경하는데 성공하였다. 조선 조정에서는 그의 상경을 허용하는 여부를 놓고 격렬한 논란을 빚었지만, 결국 "후금의 위협 때문에 곤경에 처한 상황에서 일본과는 화호和好할 수밖에 없다"는 상황 논리에 밀려 허용하고 말았다. 현방 일행은 서울에서 "요동을 수복하고 명에 조공하겠다"고 운운하면서 조선 조정의 반응과 분위기를 정탐하였다. 그리고 의외의 성과도 거두었다. 현방 일행은 과거 조선이 쓰시마에 주겠다고 약속했다가 당시까지 주지 않았던 공목公木을 제공하라고 요구하였고, 결국 주겠다는 약속을 받아냈던 것이다.

2) 병자호란 무렵의 왜관

위에서 보았듯이 정묘호란을 계기로 조선의 대일 인식이나 정책은 훨씬 유화적으로 바뀔 수밖에 없었다. 서북방에 있는 후금의 침략 때문에 국가의 존망이 위협받게 된 상황에서 동남방에 있는 일본과 갈등을 유발하는 정책은 있을 수 없는 것이었기 때문이다. 나아가 일본 막부나 쓰시마는 조선의 이 같은 수세를 교묘히 이용하고자 하였다. 그 과정에서 왜관이 쓰시마를 통해 제공하는 정보가 중요한 역할을 했으리라는 것은 쉽게 짐작할 수 있다.

1636년 병자호란이 일어났던 당시에도 이 같은 추세는 바뀌지 않았다. 조선의 위기를 활용하여 실리를 챙기려는 일본 측의 기도는 더 노골화 되었다. 여기에는 조선의 유화적인 자세도 한 몫을 했다. 청과의 긴장이 더욱 고조되고 있던 1635년 무렵, 조선은 쓰시마의 소씨를 포용하려는 정책을 취하고 있었다. 소씨가 왜관을 운영하는 주체인데다, 청과의 관계 때문에 일본과의 관계를 우호적으로 유지해야 하는 입장에서 쓰시마를 잘 다독여야 했기 때문이다. 특히 쓰시마 도주 소씨와 그 가신 야나가와(柳川)씨 사이의 갈등인 '야나가와 잇켄(柳川一件)'이 일어났을 때에도 조선은 소씨를 두둔하는 자세를 취했었다. 나아가 청과의 관계가 불안한 상황에서 쓰시마를 통해 일본산 무기를 확보하여 방어력을 강화하기 위해서도 왜관과 쓰시마를 포용할 필요성이 절실하였다.

막상 병자호란이 일어나자 쓰시마는 정묘호란 때와 마찬가지로 신속하게 행동하였다. 그들은 왜관을 통해 전쟁의 진행 상황을 파악하려고 골몰하는 한편, 군대를 동원하여 조선을 원조하겠다는 풍문을 흘리기도 하였다. 하지만 조선은 그 같은 왜관의 제의를 거부하는 한편, 조선군이 청군을 누차 격퇴하여 그들이 화의를 요청하면서 퇴각했다고 짐짓 '조선의 건재함'을 강조하였다. 하지만 궁극적으로 조선의 항복 사실이 왜관에 알려지고, 조선의 약세弱勢가 완전히 노출되면서 조선의 대일 자세 또한 자연히 누그러질 수밖에 없었다.

병자호란이 조선의 항복으로 끝나자 쓰시마는 다시 이런 저런 요구를 내놓았다. 1637년 12월 쓰시마는 평성련平成連을 왜관으로 보냈다. 그는 상경을 허용하라고 요구하였다. 조선 조정이 거부하자 그는 왜관과 쓰시마에 대한 조선의 접대 관행을 문제 삼고, 시정을 요구하였다. 그는 우선 조선이 왜관에서 교역하는 물품들의 품질을 문제 삼았다. 이어 왜사倭使가 모래밭에서 숙배肅拜하게 하는 것을 고칠 것, 왜관에 해마다 미두米豆를 주는 것을 하사下賜라 부르지 말 것, 봉진가封進價라는 표현을 쓰지 말 것, 쓰시마를 귀주貴州라고 불러 줄 것, 왜선이 정박하는 곳에 풍파를 막을 수 있게 돌을 쌓아 주거나 왜관의 관사館舍를 개축해 줄 것 등을 요구하였다. 조선이 병자호란 때문에 위기에 처한 것을 빌미로 그 동안 요구하고자 했던 조목들을 한꺼번에 제시한 것이다. 그러면서 그는 조선이 상경을 허용하지 않자, 귀국하지 않고 3년 동안이나 왜관에 머물며 조선의 태도 변화를 채근하였다.

병자호란 이후에는 왜관을 통한 쓰시마의 구청求請 행위가 빈번해졌다. 쓰시마 도주가 장군을 알현하려고 에도江戶로 들어갈 즈음에는 이런 저런 물자를 내달라는 요구가 증가하였다. 매·황앵黃鶯·말·인삼·어피魚皮·잣 등 조선산 물품 뿐 아니라 중국산 물화도 다수 포함되어 있었다. 1640년 무렵 쓰시마 도주 평의성平義成은 자신의 아들 언만(彥滿-뒤의 平義眞)을 위해 별도로 세견선을 지급해 달라고 요구하기도 하였다. 주목되는 것은 병자호란 이후 쓰시마가 조선에 보낸 왜차倭差들의 기세가 - 청에서 보낸 사신이 조선을 방문하는 시점이 되면 - 더욱 등등해진다는 보고가 나오고 있는 점이다. 청의 압박을 무마하는데도 겨를이 없던 조선은 대개 쓰시마의 요구를 받아들여주곤 하였다.

병자호란 이후 조선도 왜관이나 쓰시마를 통한 일본과의 관계에서 수동적인 자세만을 취한 것은 아니었다. 조선은 병자호란 이후 청과의 관계를 유지하는 과정에서 쓰시마와 일본, 나아가 왜관을 '지렛대'로 활용하고자 했다. 효종 연간(1651~1659) 이른바 북벌北伐을 도모하는 과정에서 무기를 수리하고 성지를 수축할 때 특히 그러하였다. 군비 증강을 견제하려는 청의 힐문과 간섭을 피하기 위해 조선은 "일본의 재침再侵이 우려된다"는 이른바 왜정가려론倭情可慮論을 내세웠다. 이 때문에 청과의 외교적 갈등과 긴장이 유발되기도 했지만, 병자호란 이후 가중되고 있었던 청의 압박을 견제하기 위한 차원에서 일본의 존재를 이용하고자 시도했던 것은 주목되는 것이다.

조선은 이렇게 병자호란 이후부터 청과의 관계가 안정될 때까지 대일정책의 기조를 세심하고 조심스럽게 유지할 수밖에 없었다. 그리고 그것은 대일정책을 펴나가는 과정의 매개고리였던 쓰시마와 왜관에 대한 유화적인 태도로 구체화되었다. 하지만 조선은 그 과정에서 커다란 경제적 대가를 치러야만 했다. 조선후기 이래 "경상도 지역에서 거둬들이는 부세의 절반이 왜관으로 들어가므로 국가 유지는 오로지 호남에만 의존하고 있다"는 지적이 나올 정도였다. 병자호란 이후 왜관을 통한 일본에 대한 '회유'는 백성들의 희생 위에서 이루어지고 있었던 것이다.

4. 왜관에서 일어났던 일들

1) 조일무역의 최일선, 왜관

임진왜란 직후부터 쓰시마가 가장 절실하게 원했던 것이 조선과의 교역을 재개하는 것이었다. 그리고 쓰시마의 그 같은 소망은 1609년 이른바 기유약조己酉約條가 체결되면서 이루어졌다. 왜관은 이제 양국 교역의 창구로 다시 등장하게 되었다. 특히 임진왜란 직후 왜관에서는 조선 상인들을 매개로 명과 일본의 물자가 활발하게 중개되었다. 쓰시마의 상인들은 왜관으로 은銀을 실어왔고, 조선 상인들은 그 은을 갖고 명으로 가서 비단을 비롯한 중국산 상품을 구입하고, 거기에 조선산 토산품을 더하여 일본 상인들에게 넘겨주었다. 임진왜란 이후 왜관은 중개무역의 기지가 되었던 것이다.

왜관을 통한 무역에서는 잠상潛商들의 역할이 컸다. 그들은 명나라산 금백金帛이나 명주 등을 갖고 왜관으로 몰려들었는데 그와 관련하여 다음의 기록은 매우 주목되는 내용을 담고 있다.

사간원이 아뢰기를 … "남북의 잠상에 대한 일은 조종조 때부터 통렬히 금지하여 법령에 실어 놓았습니다. 그런데 근래 국가의 기강이 해이해져 사람들이 법을 두려워하지 않아, 잠상들이 조금도 거리낌 없이 금·비단·명주 등의 물건을 수레에 가득 싣고 끊임없이 왕래하여 모두 동래東萊에서 팔고 있습니다. 이에 왜인들이 이득을 노려 물건이 오는 곳을 묻고 심지어 길을 빌려서 요동遼東의 개시開市하는 곳에까지 가서 스스로 취하고자 하니, 매우 놀랍습니다. 의주義州의 잠상들도 본주의 상류에 있는 편리한 길을 따라 마음대로 중원 지방의 오랑캐 마을을 왕래하면서 나라 안의 일을 누설하지 않는 것이 없으니, 다만 국가의 비용이 이로 인하여 결핍될 뿐만 아니라, 훗날의 근심을 이루 다 말할 수 없습니다. 동래부사와 의주부윤을 아울러 추고하여 죄를 다스리고, 묘당으로 하여금 별도로 처치하여 잠상의 폐단을 통렬히 금지하도록 하소서"라고 했다. 《광해군일기》권53 광해군 4년 5월 신유)

홍미로운 것은 왜관의 일본 상인들이 중국 상품을 구하려고 요동으로 직접 가려고 시도했다는 점이다. 또 왜란 이후 조선 상인들이 명과 여진, 그리고 일본 사이에서 중개무역을 했던 사실을 잘 보여주고 있다. 왜관의 일본 상인들이 중국 상품을 구하려고 요동까지 직접 가고자 했던 것에서 임진왜란 이후 조선 조정이 일본인들의 상경을 금지했던 또 다른 이유를 짐작할 수 있다.

누르하치 세력의 위협이 커지면서 왜관을 통해 이루어지던 중개무역도 변화의 계기를 맞게 된다. 1621년 후금이 요동 전체를 장악하자 조선 상인들은 육로를 통해 요양 등 명의 개시 장소로 갈 수 없게 되었다. 산해관山海關→ 요양→ 의주로 이어지는 중국 상품의 유입 통로가 단절되었던 것이다. 하지만 단절은 오래 가지 않았다. 1622년 명나라 장수 모문룡毛文龍이 철산鐵山 앞바다의 가도椵島에 동강진東江鎭이란 군사 기지를 설치한 뒤부터 가도가 새로운 무역 거점으로 등장한다. 모문룡은 가도의 군병과 한인漢人들에게 필요한 군량과 물자를 확보하기 위해 산동山東 지역의 식량과 물자들을 끌어들였다. 그 때문에 일찍부터 명나라 상선들이 폭주하기 시작했고, 가도의 인구는 급증하였다.

인조대 초반의 경우, 봄이 되면 산동, 절강浙江 등지로부터 상선들이 바다를 가득 메울 정도로 몰려들었고, 그렇게 벌어지던 사무역을 통해 섬 안의 군병과 요민遼民들은 배불리 먹을 수 있었다는 기록이 있기도 하다. 1637년 병자호란이 끝난 직후, 청군이 동강진을 파괴하기 전까지 가도는 조선과 명, 후금 상인들이 물자를 교역하는 핵심적인 상업 거점이 되었다. 조선 상인들은 바로 가도를 통해 중국산 물자를 획득할 수 있었고, 그것을 다시 왜관에 전매했던 것으로 보인다.

병자호란 직후 평성련이 왜관으로 유입되는 중국 물화의 품질 문제를 언급했던 사실을 지적했거니와, 그것은 당시 가도의 동강진이 청군에게 함락되었던 상황과 관련이 있는 것으로 보인다. 실제 병자호란 직후 중국 물자의 유입이 막히자 왜관으로 들어오는 조선 상인들의 발자취도 잠시 끊긴 적이 있었다. 1637년 11월의 경우, 왜관의 일본인들은 자신들이 요구한 물품을 판매하러 오는 조선 상인들이 없다는 이유로 왜관 밖으로 몰려나와 가로막는 조선 군관을 구타하고 문을 부수는 등 행패를 벌인 바 있다.

하지만 청 태종이 '성하의 맹' 당시 조선에게 일본과의 교역을 계속하라고 종용했던 사실에서도 나타나듯이 왜관과 쓰시마를 매개로 한 대일무역은 곧 정상화 되었다. 나아가 왜관은 중국산 생사와 비단 등을 일본에 공급하는 중요한 창구가 되었다. 도쿠가와 막부가 1639년 포르투갈 상인들의 내항來航을 금지하는 쇄국정책을 취할 수 있었던 것도 중국산 물자를 수입할 수 있는 왜관이라는 대체 창구가 있었기에 가능한 것이었다.

17세기 후반 이후 일본의 대외무역에서 왜관이 차지하는 중요성은 더욱 커져갔다. 당시 나가사키(長崎)의 데지마(出島)에 있던 네덜란드 상관을 통해서도 중국산 생사나 견직물이 들어왔지만, 그 수량은 왜관에 비하면 보잘 것이 없는 수준이었다. 또 막부는 17세기 후반 이후 은 생산이 저하되면서 나가사키에서 이뤄지던 중국 무역을 제한하였다. 당연히 중국으로 유출되던 은의 양은 격감하였다. 하지만 1684년~1697년 무렵 왜관을 통해 조선으로 수출되던 은의 분량은 연평균 2,349 관목貫目으로 당시 중국으로 유출되던 수량의 7배에 달하고 있었다. 1700년(숙종 26) 막부의 화폐 개주改鑄에 따라 일본 국내에서 은을 조달하는데 문제가 생기고, 그에 따라 왜관에서의 거래가 영향을 받기도 했지만 전체적인 추세는 크게 달라지지 않았다.

중국산 생사나 비단, 그리고 일본 은을 매개로 이어지는 중개무역 뿐 아니라 조선의 입장에서도 왜관과의 무역은 중요했다. 우선 왜관은 17세기 초부터 조선의 국방을 위해 절실히 필요한 조총, 창검, 유황 등을 구매할 수 있는 가장 중요한 루트였다. 당시 조선은 일본산 무기류의 우수성을 인식하고 있었기 무역은 왜관을 통해 그것을 확보하는데 적극적이었다. 하지만 이 같은 조선의 바람과는 달리 일본은 조선에 대한 무기 수출에 소극적이었다. 나아가 조선에 대한 '무기 수출'을 자신들이 원하는 다른 물품을 확보하기 위한 수단으로 교묘하게 활용하려고 시도하였다.

왜관은 또한 약재 등의 물자가 교환되는 장소이기도 하였다. 1621년 무렵, 후금이 요동 전체를 정복하여 중국산 약재를 입수하는 것이 곤란하게 되자 조선은 왜관을 통해 중국산 약재를 확보하려고 시도하였다. 당시 중국 선박들이 나가사키로 약재를 실어오고 있었기 때문이다. 또 병자호란 이후 17세기 중반을 지나면서 왜관은 조선 인삼의 중요한 수출 시장으로 자리 잡았다. 이 무렵 일본에서는 조선 인삼을 거의 '만병통치약'으로 여기는 분위기가 생겨났고, 왜관을 통해 조선 인삼을 독점적으로 수입했던 쓰시마는 1674년 에도에 인삼좌人參座를 창설하여 막대한 이득을 챙기기도 하였다.

일본의 막번체제幕藩體制 속에서 조그만 섬 쓰시마의 위상은 사실 보잘 것이 없었다. 농토가 거의 없는 상황에서는 쓰시마의 경제력이 유지될 수 없었던 것이다. 하지만 왜관을 통해 조선과의 외교 교섭과 교역을 사실상 독점하고 있는 상황은 쓰시마를 부유한 번藩으로 유지시키는 원동력이 되었다. 당시 쓰시마 도주 소 요시자네(宗義眞)은 조선과의 관계를 배경으로 자신의 석고石高를 '10만 석 이상'이라고 과시하였고, 실제 조선을 통해 들어오는 무역의 이익은 그 같은 과시를 경제적으로 뒷받침하고 있었다.

2) 조일 양국인의 접촉 양상과 정보의 유출

임진왜란 이후 두모포에 들어선 왜관은 시간이 지나면서 이전移轉 논의에 휩싸였다. 쓰시마 측은 병자호란 직후인 1640년, 처음으로 이전을 요구한 이래 수시로 조선에 이전 문제를 제기하였다. 조선은 옮겨갈 장소의 적합성, 그 과정에서 부담해야 할 비용 등을 고려하여 단호히 거부하는 자세를 보였다. 쓰시마 측은 1658년에도 조선에 왜관 이전을 집요하게 요구한 바 있고, 1667년 왜관에 큰불이 났던 것을 계기로 조선에 대해 호소와 협박을 반복하였다. 화재가 거듭되고, 쓰시마의 간청 또한 이어지면서 조선은 결국 태도를 바꾸게 된다. 1675년 초량草梁에서 시작된 새 왜관 건설 공사는 1678년 종료되었다. 17세기 중반까지 조선은 두 차례의 호란 경험이 말해주듯이 청의 압박이 심각했던 상황에서 일본과 쓰시마에 대해 유화적인 자세를 취할 수밖에 없었고, 그 유화책의 최종적인 결정판이 새 왜관의 건설을 허용한 것이었다. 물론 새로운 장소에서 일본인들을 제대로 통제해야 한다는 의도 또한 새 왜관 이건移建의 배경으로 자리 잡고 있었다.

새로운 왜관이 건설되어 일본인들의 도항과 거주가 더 원활해짐에 따라 '왜관 문제' 또한 다양하게 표출되기 시작했다. 당시 왜관에는 1천 명 이상의 일본인들이 거주하고 있었거니와, 자연히 그들과 조선 사람들 사이에서는 교역의 과정이나 일상의 영역에서 접촉이 잦아지고 여러 가지 갈등과 문제점들이 생겨났다.

우선 밀무역密貿易 문제가 심각하였다. 이미 조선 전기에도 서울의 동평관과 삼포 등지에서 밀무역 문제가 심각하게 제기된 적이 있었다. 왜관 이외의 지역, 예를 들어 절영도 등 도서島嶼 지역에서 감시를 피해 몰래 거래하거나, 왜관 내부에서도 공개된 대청大廳이 아닌 각방各房에 잠입하여 거래하다가 발각되는 경우도 있었다. 조선은 밀무역에 가담한 관련자들을 효수하는 등 엄하게 처벌했지만 그것은 좀처럼 근절되지 않았다. 심지어는 밀무역을 감시해야 할 동래부사가 고의로 감독을 소홀히 하여 방조하는 사례도 보고되고 있었다.

다음으로 왜관의 거왜居倭들과 주변의 조선 사람들 사이의 접촉을 통해 발생하는 문제들을 들 수 있다. 거왜들의 거처는 왜관으로 제한되어 있었지만 그들은 땔감 마련, 성묘, 온천욕 등 이런저런 핑계를 내세워 경계를 넘어서는 경우가 많았다. 주변의 조선인 마을로 들어가거나 왜관에서 자못 멀리 떨어진 지역의 장시場市까지 출몰하기도 하였다. 또 거왜들에게 필요한 식품·찬거리·시탄柴炭 등을 판매하기 위해 조선 사람들도 왜관 주변으로 모여들면서 양국인들의 접촉이 잦아지는 것은 필연적인 추세였다. 그 과정에서 거왜들과 왜관 주변의 조선 여인들 사이의 통간通姦 문제가 심심치 않게 발생하고 있었다. 1661년(현종 2), 동래에 사는 박선동朴善同이란 자가 왜인의 뇌물을 받고 여인을 왜관에 들여보내 통간케 했던 사건이 발생하였다. 1707년(숙종 33)에도 비슷한 사건이 있었다. 조선은 관련자들을 왜관 밖에서 효시하고, 그 밖의 왜인들과 교통한 여자와 상놈들을 원지에 유배하는 조처를 취한 바 있다.

1년 내내 무역 활동이 벌어지는 왜관 주변에는 아무래도 많은 사람들이 몰리기 마련이었다. 한마디로 조선의 다른 지역에 비해 경기景氣가 좋기 때문이었다. 조선 사람들 가운데는 왜관에 몸을 맡기고 고공雇工이 되어 생계를 유지하는 경우도 있었다. 왜관에 거주하고 있던 일본인들의 경제 사정이 상대적으로 유족했던 현실에서 그곳에 들어가 허드렛일을 해 주면서 생계를 유지한다는 것이다. 또 역관들 중에는 동래로 내려가 1년 이상 거주하면서 현지의 여인과 결혼하여 정착하는 사례도 보고되고 있었다. 이 같은 상황에서 왜관 측은 조선의 역관과 별차別差들을 회유하는 정책을 쓰기도 하였다. 실제 은화를 뇌물로 뿌려 이들을 회유하기도 하였다. 자신들에게 우호적인 사람들을 포섭하기 위한 '투자'였던 셈이다.

1천 명 이상의 일본인들이 머물고 있던 데다 다양한 부류의 조선인들과의 접촉이 일상화 된 상황에서 조선의 내부 정보는 항상적으로 왜관을 통해 유출되었던 것으로 보인다. 조선은 일찍부터 이러한 점을 우려하여 왜관에 머무는 일본인들의 신속한 귀환을 촉구했지만 별로 소용이 없었다. 이미 조선 초부터 왜관 주변의 일본인들은 '바람이 불기를 기다린다는 핑계로 오래 머물면서 아국의 허실虛實을 엿보려한다'는 지적이 계속 제기되고 있는 형편이었다. 또 왜관의 일본인 가운데는 실제로 조선의 내지 사정을 정탐하기 위해 경상도 지역을 벗어나 원격지까지 잠입하는 경우도 있었다. 강화 문제를 놓고 조선과 일본 측의 신경전이 한창이었던 임진왜란 직후의 경우, 일본인 가운데는 평안도 지역까지 출몰하여 조선의 변경 사정을 살핀 자가 있을 정도였다.

17세기 초 중반 대륙에서 명청교체明淸交替가 진행되고 있을 무렵, 왜관은 조선을 통해 관련 정보를 입수하기 위해 상당한 노력을 기울였다. 또 조선 내부에서 커다란 격변이나 사건이 발생했을 경우에도 왜관은 관련 정황을 입수하기 위해 부심하였다. 그들이 뇌물을 뿌려 역관 등을 포섭하려 했던 것은 이런 의도와도 밀접하게 연관되어 있었던 것으로 보인다. 자연히 왜관을 통해 조선의 서적이나 지도들이 유출되는가 하면, 조선인들 가운데는 오늘날의 관보官報에 해당하는 조보朝報를 등사하여 일본인들에게 넘겨주는 자들도 있었다.

왜관이 쓰시마, 나아가 막부의 지시를 받아 특정 분야와 관련된 조선의 내부 정보를 조직적으로 조사, 정탐하는 경우도 있었다. 대표적인 사례가

1721년(경종 1) 막부가 조선의 인삼 모종을 반출하여 국산화를 시도하려는 목적으로 시작한 조선의 동식물 조사사업이었다. 전대화생田代和生의 정밀한 연구에 따르면 1721년 막부는 쓰시마에 조선의 새와 짐승, 풀과 나무에 대한 조사를 실시할 것을 지시했고, 쓰시마는 이 임무를 왜관에 맡겼다고 한다. 왜관은 조선에서 자신들의 '은밀한 사업'에 협조할 수 있는 역관들을 포섭했고, 그 과정에서 조사와 운반비용은 물론 조선인 협력자들에게 두둑한 사례비까지 뿌렸다고 한다. 이 과정에서 왜관은 결국 인삼 모종과 씨앗을 쓰시마를 거쳐 일본 본토로 반출하는데 성공하였고, 이후 인삼의 국산화가 이루어진다. 이 '조사 사업'의 진행 과정에서 주목되는 점은 왜관 측이 자금을 뿌려 역관, 의관, 약재 전문가, 동래부 아전 등 조선인 협조자들을 조직적으로 규합했던 점이다. 특히 그 과정에서 이석린 같은 인물은 왜관과 가까운 경상도 부근은 물론, 멀리 평안도와 함경도 지역까지 나아가 왜관 측이 요구하는 동식물을 채집, 포획하는데 협조했다고 한다. 명목은 '동식물 조사'였지만 그것의 진행 과정에서는 조선 정부의 허가를 전혀 받지 않은 채, 첩보전을 방불케 하는 비밀스런 방식이 사용되었다. 왜관이 과연 조선에게 어떤 존재였는지를 다시 한번 생각하게 하는 심각한 사례가 아닐 수 없다.

5. 조선의 왜관 통제와 접왜지도의 모색

1) 왜관 통제를 위한 노력

왜구를 평화적인 통교자로 전환시키겠다는 목적에서 일본인들의 조선 거류를 허용하고 왜관도 설치해 주었지만, 이후 왜관 문제는 조선에게는 너무도 성가신 현안이었다. 임진왜란을 도발했던 '원죄' 때문에 17세기 초

잠시 동안 상대적으로 공손한 태도를 보였던 거왜들의 태도는 시간이 지나면서 달라졌다. 그들은 조선 측이 자신들의 요구에 호락호락하지 않을 경우, 수시로 난출闌出 등을 일삼았다. 왜관의 관문을 뛰쳐나와 동래부사나 부산첨사에게 달려가 자신들의 요구 조건을 막무가내로 들이미는 방식이었다. 상경을 허용하라는 요구, 왜관을 이전해 달라는 요구 등을 한창 내세울 때 난출이 빈발하곤 했다.

왜관이 존재하는 한 늘 그러했지만, 임진왜란 이후에도 조선은 왜관의 왜인들을 통제하는 문제를 놓고 심각한 고민에 빠졌다. 그들을 달래 과거 왜구처럼 되거나 임진왜란과 같은 침략이 반복되는 것을 막아야 하는 한편에서는 그들을 적절히 규제하여 국가의 위신을 세워야 하는 이중의 과제를 안고 있었기 때문이다.

위와 같은 고민 속에서 조선 전기 이후 조선과 일본, 쓰시마 사이에는 수많은 약조約條들이 성립되었다. 잘 알려진 것만 해도 계해약조(1443), 임신약조(1512), 기유약조(1609) 등이 있다. 이것들은 대체로 쓰시마와의 세견선 문제 등 주로 교역이나 그에 수반한 규정들을 약속한 것이다.

병자호란 직후에도 다양한 규정들이 만들어졌다. 1653년(효종 4)의 경우 '왜인의 빚을 쓴 자는 극률로 다스린다', '허가 받지 않고 왜관에 출입하는 자는 치죄한다', '왜인에게 아국 사정을 누설하는 자는 치죄한다', '왜관에서 무역할 때 잠상 행위를 즉시 보고하지 않는 자는 중벌에 처한다', '왜관에 금물禁物을 매매하는 자는 치죄한다' 등의 조항이 마련되었다. 1678년(숙종 4)에는 주로 왜관의 왜인들의 행동을 규제하기 위한 조항을 만들었다. '왜인들은 절영도에 갈 수 없고, 서쪽으로는 연향청宴享廳을 넘을 수 없으며, 동쪽으로는 객사客舍를 지날 수 없다'고 하여 그들의 동선動線을 제한하면서 어길 경우 쓰시마로 보내 치죄하도록 하였다. 또 '개시 때 대청을 벗어나 각방에 들어갈 수 없다', '조선인 민가에 출입할 수 없다', '잡물을 지급 받을 때 조선의 하리下吏들에게 화를 내거나 구타하지 않는다' 는 등의 조항을 약속하였다. 이어 1683년(숙종 9)에는 다시 왜인들의 출입 동선을 규제하는 문제, 잠상 행위를 금하는 문제, 조선인 하급 관리를 왜인들이 구타하지 못하게 규제하는 문제 등에 대한 약조가 이루어졌다.

하지만 왜인들이 정해진 경계를 계속 넘어 출몰하자 1709년(숙종 35)에는 보다 강경한 처벌 조항이 만들어졌다. 조선의 촌가에 들어온 왜인은 관수館守에게 넘겨 처벌하고 그를 만난 조선인은 잠상 행위에 준해 처벌한다는 것, 역관이나 훈도 등이 혼자서는 왜관에 출입하거나 왜인과 접촉하지 못하도록 규정하였다.

무엇보다 양국 사이에 쉽게 합의가 이뤄지지 않은 것은 통간자를 처벌하는 문제였다. 조선은 통간에 관여한 조선인들을 엄벌했는데 비해 쓰시마 측은 일본인 처벌에 미온적이었다. 조선이 혐의자를 처벌하라고 요구하면 그를 쓰시마로 귀환시켜 버리는 경우가 많았다. 1710년(숙종 36), 왜관 측이 통간자 처벌에 여전히 미온적인 태도를 보이자 조선 조정은 왜관에 대해 공작미公作米 지급을 중단하는 강수를 선택했다. 이어 1711년 방일했던 통신사 일행은 쓰시마에 들렀을 때, '통간 문제'에 대한 대책을 막부에 알려 해결하겠다고 '협박'하여 쓰시마로부터 성의껏 임하겠다는 약속을 받았다. 조선 여자를 강간할 경우, 왜인 남자를 법규에 따라 처벌한다는 조항을 약속받았다. 구체적으로 왜인이 왜관 밖에서 강간한 경우 일죄一罪로 처단하고, 강간 미수나 화간의 경우는 영원히 귀양 보내되, 조선 여인이 왜관 내부에서 잡힐 경우에는 양자 모두를 처벌한다는 것이었다. 일본 측과의 협의를 통해 왜인 남자의 처벌을 약속받았는데, 조선인의 경우 '무조건 처형한다'는 엄형주의에서는 어느 정도 물러난 처벌 규정이었다.

2) 접왜지도의 모색

조선은 왜관과 거왜들을 제대로 통제할 수 있는 방도를 모색하기 위해 부심하였다. 그 과정에서 우선 강조된 것은 일선에서 왜관, 거왜들과 직접 접촉하고 있는 동래부사, 부산첨사, 나아가 그들을 감독하는 경상감사를 제대로 인선人選하는 문제였다. 17세기 중반 이후 왜관 주변에서 갈등이 빈발하자 조정에서는 위의 관직 인선에 특히 관심을 기울였다. 동래부사는 일찍부터 특별한 자질이나 덕목이 필요한 자리로 인식되고 있었다. 일본인, 그 가운데서도 무역 상인들을 상대해야 하는 개시처開市處인 동래의 특성을 고려할 때, 동래부사는 무엇보다도 '청명清明한 인물'이 임명되어야 한다는 주장이 제기되었다. 상업을 둘러싼 이利가 넘치는 '이원利源'을 제대로 다스리려면 청렴한 인물이 아니면 곤란하다는 입장인 셈이다.

그 뿐만이 아니었다. '종잡을 수 없는' 왜인들을 상대할 때 그들의 요구를 적당한 선에서 자름으로써 국가의 부담을 줄여야 하는 책무를 안고 있는 만큼 동래부사는 '위엄과 강단이 있는 인물'이 맡아야 한다는 주장도 만만치 않았다. 실제 1666년 현종은 동래부사 이지익李之翼을 인견했던 자리에서 "왜인은 다그치면 일이 생기고 늦추어 주면 점점 해이해 진다"고 전제하고, 너그러움과 맹렬함을 적절히 응용하고 강경함과 유순함을 알맞게 적용해야 한다고 강조한 바 있다. 이 같은 분위기를 반영하여 17세기 중반에 오면 '동래부사가 감당해야 할 일들은 삼사三司의 그것보다 힘들다'는 평가가 나올 정도였다. 다소 차이가 있긴 하지만 부산첨사나 경상감사 또한 그 임무의 중요성을 고려할 때, 동래부사 못지않은 덕목과 자질이 필요한 자리로 인식되고 있었다.

한편 조선의 신료들이나 지식인들은 일찍부터 왜관, 그리고 왜인들을 대하는 과정에서 어떤 방식을 채택할 것인지? 방식 문제를 놓고 일종의 철학적인 고민을 하고 있었다. 조선시대 당대의 표현을 빌리자면 이른바 접왜지도接倭之道를 둘러싼 고민이었다. 그것은 일본과 일본인들을 '해도海島의 별종別種'이자 '조선보다 문화적으로 아래에 있는 오랑캐'라고 여기는 상대적 우월의식 속에서 나온 고민이기도 하였다. 그리고 그 '고민'의 연원은 자못 오래된 것이었다.

일찍이 15세기 후반의 김흔(金訢, 1448~1492)은 '변덕이 심한 오랑캐를 우리 백성들의 제한된 재물로써 다독여야 하므로 적절한 은혜와 위엄을 병용하지 않으면, 그들을 기쁘게 할 수도 복종시킬 수도 없다'고 강조한 바 있다. 바로 '은혜'와 '위엄'이야말로 조선이 왜관과 일본인들을 대할 때 사용할 수 있는 덕목이자 수단인 셈이었다. 그리고 그것을 어떤 비율로 병용할 것인지는 상황의 변화에 따라 가변적인 것으로 인식되었다. 임진왜란 무렵, 일본인들과 잦은 접촉을 통해 외교력을 인정받은 바 있던 이덕형李德馨은 1612년(광해군 4), 일본인들을 대할 때 사안의 경중輕重에 따라 우리의 입장을 확실하고 딱 부러지게 전달해야 한다고 강조했다.

> 왕이 말하기를, "왜인을 접대할 때 여악女樂을 베풀지 않은 탓으로 화를 많이 내고 있다고 하는데, 어떻게 하면 좋겠는가?"하니 이덕형이 아뢰기를 "물력이 탕갈된 이때 여악을 베풀기가 온당치 않으므로 행하지 못하게 했습니다. 근래 듣건대 그곳을 맡고 있는 관원이 이미 조처했다고 합니다. 대개 크게 관계되지 않는 일은 비록 설행하게 하더라도 무방합니다. 그러나 뒤 폐단이 있는 일에 이르러서는 금지시키지 않을 수 없습니다.… 왜인의 정상은 교활하고 불측하니 화를 내는 기색이 있을 때 우리 나라에서 더한층 화를 내는 모습을 보여주면 저들 역시 저절로 기가 꺾일 것입니다. 지금 왜인의 정상을 잘 모르는 탓에 왜인을 대하는 방도로 그들을 대하지 않고 있는데, 이 때문에 많은 요청을 해서 점차 막기 어렵게 된 것입니다. 상경上京하는 것과 같이 중대한 일은 마땅히 딱 부러지게 금지시키고, 여악과 같은 일에 대해서는 비록 허락해 주더라도 무방합니다."
> 《광해군일기》권57 광해군 4년 9월 기유)

"화를 내는 기색이 있을 때 우리 나라에서 더한층 화를 내는 모습을 보여주어야 한다"는 주장 속에서 임진왜란 직후 조선이 품고 있던 강경한 적개심이 느껴진다.

하지만 병자호란 이후 조선이 안팎으로 위기에 처하면서 이덕형이 말한 것처럼 '위엄을 강하게 보여' 일본인들을 복속시키는 것은 여의치 않았던 것으로 보인다. 이 때문에 '은혜'를 베풀어 그들의 마음을 얻되, 동시에 '위엄'을 통해 그들을 제어하는 문제를 놓고 고민을 거듭할 수밖에 없었다. 그 과정에서는 동래부사 등이 뜻하지 않게 곤욕을 치르는 경우도 있었다. 1659년 동래부사 이만웅李萬雄은 난출을 감행했던 거왜들을 병력을 풀어 응징했다가 '강경책으로 변방의 흔단釁端을 야기했다'는 탄핵을 받아 하옥되는 수모를 겪었다. 그와 반대로 1677년 부산첨사 박문서朴文瑞는 왜관 공사에 필요한 목재의 공급을 경상감영에 요청했다가 '왜인을 빙자하여 백성들에게 민폐를 끼쳤다'는 죄목으로 곤장을 맞은 바 있었다. '위엄'과 '은혜' 가운데 어떤 것에 중점을 둘 지를 결정하고, 그 비율을 어떻게 맞출 것인지를 결정하는 일이 대단히 어려운 것임을 웅변하는 대목이다.

왜관에 거주하는 일본인들의 수가 1,700명에 이르고, 관왜들의 이런저런 요구가 늘어나서 위기의식이 높아졌던 영조대에도 '접왜지도'를 둘러싼 고민은 계속되었다. 당시 왜관에서는 조선이 제공하는 예단삼禮單蔘의 품질에 대해 불만이 많았거니와, 그들은 품질이 떨어지는 인삼의 경우 포장도 뜯지 않고 반환하는 이른바 점퇴點退 행위를 자행하기도 하였다. 이런 와중에 1753년 동래부사로 부임하여 예단삼을 둘러싼 갈등을 해결한 바 있는 이이장李彝章은 "왜인을 상대하려면 은혜와 위엄을 3:7로 병용해야 한다"고 주장한 바 있다. 크게 보면 앞서 이덕형이 주장한 '위엄 우선론'과 비슷한 주장인 셈이다.

이이장은 또한 왜관을 운영하는 쓰시마 왜인들을 대할 때, 우리 측 관원의 격을 적당한 선에 맞춰야지 너무 높은 관원을 내세우면 체통이 서지 않는다고 하였다. 당시 조선에서는 쓰시마를 '형제국의 번외藩外 신하'라고 규정하는 신료도 있었거니와 조선은 왜관의 운영 주체인 쓰시마를 어떤 수준에서 대접할 것인지에 대해서도 고민을 거듭했던 것이다.

요컨대 왜관은 조선에게 한마디로 '골치 아픈 존재'였다. 이미 조선 초에 왜관을 가리켜 '뱃속의 종기'라고 경고하는 인식이 있었거니와 임진왜란 이후에도 그 같은 인식은 크게 달라지지 않았다. '만세불공의 원수'에게 복수하는 대신, 자국 땅의 일부를 내주고 거주를 허용했던 것은 분명 내키지 않는 일이었다. 18세기 이후 청과의 관계가 안정되어 조선이 일본 쪽으로 관방關防의 관심을 옮길 수 있었을 때, 왜관을 바라보는 조선의 시선은 참으로 복잡한 것이었다.

맺음말

왜관은 '왜구 문제'를 해결하기 위한 목적에서 등장하였다. 고려 말, 조선 초를 거치면서 왜구 때문에 막심한 피해를 입었던 상황을 해결하기 위한 일종의 대안이었던 셈이다.

왜관으로 대표되는 회유책을 통해 왜구의 피해는 어느 정도 종식되었지만 그것으로 문제가 끝난 것이 아니었다. 삼포를 비롯한 왜관 설치 지역에서는 일본인들의 수가 증가하고, 일본 사신과 상인들이 서울의 동평관을 왕래하는 과정에서 막대한 재정 부담과 민폐가 야기될 수밖에 없었다. 왜관 주변의 일본인들이 농업, 어업 등을 영위하며 빠르게 정착하는가 하면 일부는 여전히 밀무역, 밀엽, 인신매매 등의 일탈을 자행하였다. 조선 조정이 통제의 끈을 조이자 그들은 반발하였다. 16세기 중반 삼포왜란을 비롯하여 일련의 무장 폭동이 빈발했던 것은 조선의 왜구 대책, 대일 외교가 결국 파탄에 이른 것이자 향후 임진왜란이라는 대전란이 일어날 것임을 예고하는 것이었다.

임진왜란이라는 미증유의 침략을 당하고 엄청난 피해를 입었던 조선이 종전 이후 일본에 대해 적개심과 원한을 품었던 것은 극히 당연했다. 하지만 그럼에도 불구하고, 왜란 이후 조선은 일본에 복수하거나 그들과의 관계를 단절하지 못했다. 중국과 일본 사이에 끼여 있는 지정학적 취약성 속에서 서북방에서 후금의 세력이 날로 커졌기 때문이다. 조선이 남북 양쪽을 모두 적으로 만들 수 없는 현실에서 일본 막부와 쓰시마는 적극적으로 국교 재개에 나섰다. 조선은 결코 내키지 않았지만 국교를 재개하고 왜관을 재건하여 일본과 화호和好를 맺었다. 상황에 떠밀려, 또 역량의 부족 때문에 '만세불공의 원수'인 일본과 다시 국교를 재개해야 했던 조선 위정자들의 고뇌는 컸다.

하지만 현실은 엄혹하였다. 17세기 초반 이후 후금(청)의 위협이 날로 커지면서 조선은 - 원한과 적개심을 접고 - 일본에서 조총 등 무기를 수입했는가 하면 일각에서는 일본의 원조를 받아 후금을 견제해야 한다는 주장까지 대두하고 있었다. 결국 조선이 정묘호란, 병자호란으로 수세에 처하자 일본은 쓰시마를 통해 조선으로부터 외교적, 경제적 실리를 챙겼다. 그리고 왜관은 그 과정의 교섭을 담당하는 최일선에 있었다.

병자호란 이후 왜관은 확실하게 자리를 잡았다. 조선은 왜관을 초량으로 옮겨 주었고, 이후 왜관에는 천 명 이상의 일본인들이 거주하게 되었다. 자연히 다양한 문제들이 속출하였다. 밀무역·통간·부채·난출·정보 유출 등이 그것이었다. 조선은 이런 현안들을 해결하고 왜관과 왜인들을 제대로 통제하기 위해 부심하였다. 동래부사와 부산첨사 등 접왜接倭의 일선에 있는 지방관들의 자질을 높이고 그들의 역할을 강조하였다. 동시에 '대국'이자 '문명국'으로서 '섬나라 오랑캐'들을 어떻게 대할 것인지를 놓고 '접왜지도'를 고민하였다. 그 핵심은 '은혜'와 '위엄'이었고 양자를 어떤 비율로 병용할 것인지도 조선을 고민하게 만드는 문제였다.

왜관은 조선에게 무엇이었으며 과연 어떤 의미를 지니는 것이었을까?

왜관은 분명 '외교의 공간', '교역의 공간', '문화 교류와 접촉의 공간' 등 다양한 의미를 갖고 있었다. 하지만 필자는 그 무엇보다도 왜관이 지닌 '비대칭성'에 주목하고자 한다. 왜관은 일본에는 없이 조선 영토 안에만 일방적으로 자리 잡고 있었다. 나아가 천 명 이상의 일본인들이 머물고 있던 조선후기의 왜관은 일본인들의 '거주 공간'이자, '교역 공간'을 넘어 너무도 편리하고 일방적인 '조선 정보의 탐색과 수집 장소'가 될 수밖에 없었다. 그리고 왜관은 결국 19세기 후반에 이르러 '정한론征韓論'에 입각한 '조선 침략의 전진 기지'가 되기도 하였다. 일본이 조선, 조선 사람들을 너무도 잘 알게 되었던 것은 바로 왜관 때문에 그런 것은 아니었을까?

요컨대 왜관이 지닌 역사적 의미와 그것을 유지하고 통제하는 과정에서 조선의 위정자들이 지녔던 고뇌를 제대로 이해하는 것은 오늘날의 한일관계와 동아시아 관계를 헤쳐 나가는 과정에서 소중한 거울이 될 것이다.

〈참고문헌〉

※ 田代和生 저, 정성일 역, 2005《왜관─조선은 왜 일본사람들을 가두었을까?》(논형)

※ 村井章介 저, 손승철・김강일 편역, 2008《동아시아 속의 중세한국과 일본》(경인문화사)

※ 손승철, 1994《조선시대 한일과계사 연구》(지성의 샘)

※ 민덕기, 2007《전근대 동아시아 세계의 한・일 관계》(경인문화사)

※ 장순순, 2002 〈조선전기 왜관의 성립과 조・일외교의 특질〉《한일관계사연구》15

※ 허지은, 2002 〈17세기 조선의 왜관통제책과 조일관계〉《한일관계사연구》15

※ 김동철, 1995 〈17세기 일본과의 교역・교역품에 관한 연구〉《국사관논총》61

집필자

조　광　고려대학교 한국사학과 교수
이찬희　한국교육개발원 석좌연구위원
신주백　연세대학교 국학연구원 HK연구교수
조법종　우석대학교 사회교육과 교수
김태식　홍익대학교 역사교육과 교수
노태돈　서울대학교 국사학과 교수
손승철　강원대학교 사학과 교수
이계황　인하대학교 동양어문학부 교수
한명기　명지대학교 사학과 교수

현명철　경기고등학교 교사
주진오　상명대학교 역사컨텐츠학과 교수
김도형　연세대학교 사학과 교수
정재정　서울시립대학교 국사학과 교수
정진성　서울대학교 사회학과 교수
하종문　한신대학교 일본지역학과 교수
류승렬　강원대학교 역사교육과 교수
이석우　인하대학교 법학전문대학원 교수

한일역사의 쟁점 2010 ❶
―하나의 역사 두가지 생각

초판 인쇄 | 2010년 3월 20일
초판 발행 | 2010년 3월 25일

편　자 | 한일관계사연구논집 편찬위원회
발행인 | 한정희
발행처 | 경인문화사
　　　　서울특별시 마포구 마포동 324-3
　　　　전화 · 718-4831~2, 팩스 · 703-9711
　　　　http://www.kyunginp.com, E-mail:kyunginp@chol.com

등록번호 | 제10-18호(1973년 11월 8일)

ISBN 978-89-499-0692-8　94910

값 16,000원

저자와 출판사의 동의 없이 내용의 일부를 인용, 발췌를 금합니다.
파본 및 훼손된 책은 교환해 드립니다.